西洋近代における個と共同性

✶編者代表✶
友田卓爾

✶執筆者✶
井内太郎　久木尚志
山田園子　岡本　明
岡本　勝　加藤克夫
東田雅博　田中　優
安原義仁　田村栄子

溪水社

目　次

序　西洋近代における個と共同性 …………………………… 3

I 部　個の解放と社会化

第 1 章　近世イギリスにおける議会課税の政治学
　　　　——10 分 1 税・15 分 1 税の問題を中心として——
　　　　　　　　　　　　　　………　井　内　太　郎 … 17

第 2 章　イギリス革命期の「大衆請願」にみる革新的共同性
　　　　　　　　　　　　　　………　友　田　卓　爾 … 41

第 3 章　ジョン・ロック『寛容論』における「個」と「共同性」
　　　　　　　　　　　　　　………　山　田　園　子 … 63

第 4 章　アメリカ独立革命とタヴァン
　　　　——共同性を育む市民社会の空間——
　　　　　　　　　　　　　　………　岡　本　　　勝 … 85

II 部　社会の分節化と個

第 5 章　ヴィクトリア朝女性の public sphere
　　　　——女たちの「個」と「共同性」——
　　　　　　　　　　　　　　………　東　田　雅　博 … 109

第 6 章　初期チュートリアル・クラス労働者成人学生の
　　　　オックスフォード進学と奨学金問題
　　　　——個人の上昇か集団としての向上か——
　　　　　　　　　　　　　　………　安　原　義　仁 … 133

第 7 章　1911 年カーディフ港湾争議
　　　　——「中国人問題」をめぐる共同性——
　　　　　　　　　　　　　　………　久　木　尚　志 … 159

III部　個の揺らぎと国民化

第8章　フランス革命の共同性と公共性
　　　　──宗教・教会史を軸に──
　　　　　　　　　　　　　……… 岡　本　　　明 … 183

第9章　19世紀フランス・ユダヤ人の「個」と「共同性」
　　　　　　　　　　　　　……… 加　藤　克　夫 … 205

第10章　ビスマルク帝国期の共同性と労働者保護
　　　　──職業協同組合を中心にして──
　　　　　　　　　　　　　……… 田　中　　　優 … 227

第11章　ヴァイマル共和国とナチス時代における
　　　　自然治癒医療の一側面　──「個」の揺らぎから
　　　　「民族の共同体」を求めてナチズムへ──
　　　　　　　　　　　　　……… 田　村　栄　子 … 253

　あとがき ………………………………………………… 277

　執筆者紹介 ……………………………………………… 281

西洋近代における個と共同性

序　西洋近代における個と共同性

　現代社会（とりわけ20世紀の第４四半期）に顕著となったといわれる「個人化」のもとで、さまざまなレベルで病理現象が進行しているが、日本を含む先進諸国に共通する病理には、日常生活の基礎に在るはずの共同性——一方では「市民社会」を支えてきた任意の対面的な共同性、他方では「国民国家」という枠組による強制的な共同性——が揺らいでいることが深く関係していると思われる。その結果、個の孤立化（私人化）のもとで個人や集団のアイデンティティの混迷が生じるのは避けられない。
　本書は、そうした今日的な問題意識を共有しながら、国家に代表される強制的な共同性と、中間諸団体（アソシエーション等）に代表される選択的（自発的・任意的）な共同性との相互関係（対立・緊張・補完などの関係）のもとを生きる個人の重層的複合的な共同性・アイデンティティの問題を歴史的に考察することを共通の課題とする。換言すれば、リバタリアンが重視する個人の自由とコミュニタリアンが優先する共同性を、歴史の文脈のなかで関連づけて捉えようと試みる。方法的には、国民国家という枠組を自明の前提として個人を国家共同体との二元論で捉えるのではなく、個人と国家の間の中間領域（中間諸団体）を重視する観点から、国民統合の歴史過程において個人の共同性とアイデンティティがどう変転したかを多角的に探る。

　本書は３部11章で構成されており、いずれの章においても、個人と国家の間の中間領域・中間諸団体に照準が合わされている。ここで各章の内容をかいつまんで紹介しておく。

I部　個の解放と社会化

　近代国家の特徴は、国境線に区切られた一定の領域から成ること、主権を備えた国家であること、その領域に住む人々が一体感（国民的アイデンティティ）を共有していることにあるが、国家としての領域性・主権性という点にのみ着目した場合には、その歴史はヨーロッパの＜君主＝国家＞体制（いわゆる絶対主義国家）にまでさかのぼることができる。I部では、イギリス社会（「社団的な編成」というよりも「地域的な編成」の社会システム）とその植民地アメリカ（イギリス社会の拡大）を対象として、「存在の大いなる連鎖」から解放された個人を単位とする共同性について考察する。

　近世イギリスの＜君主＝国家＞体制は、個人を直接に把握（権力支配）するのではなく、地域に根ざした共同体秩序を統御することによって統合を果たした。第1章（井内太郎）は、16世紀末に多発した議会課税をめぐる地方の税負担者（個）の反発理由をノーフォーク州の事例を中心に解読して、以下のことを明らかにする。テューダー王政期の議会課税である1／10税・1／15税は議会制定法に基づいて賦課された（いわば「王国全体の承認」を得た税であった）から、地方社会は同税の支払いを州共同体の義務として捉えており、税トラブルから共同体的秩序が乱れるのを防ぐためにいろいろな方策を試みた。地方社会での調停がうまくいかなかった場合でも、集団的な暴力に訴えるのではなく、地方－議会－中央政府の相互に開かれていた政治的回路を介して、中央政府（財務府）に訴訟して裁定や調停に委ねた。また、同税の徴収業務は「委託（Commission）制」によるものであり、地方社会の自主性に任されていたから、中央政府や国家への剥き出しの敵対とはならなかった。それゆえ、議会課税をめぐる紛争は、「中央と地方の関係の悪化」を意味するというよりも、むしろ地方社会の「慣習や特権に基づく税の割当の公平性」に関わる問題（地方社会内

部における＜個と共同性の関係＞の問題）であった。

　17世紀になると、こうした国家と社会のバランス関係（中央と地方の間にみられた一定の政治的社会的な共生関係）は大きく揺らぐ。第２章（友田卓爾）は、イギリス革命期（1640－60年）の「大衆請願」に焦点を合わせてその革新的な性格を明らかにするとともに、印刷出版（情報公開）が果たした役割を考察して、以下のことを論じる。個人の私的請願から区別される共同請願（住民や自治体による集団請願）は「秘匿」の原則に立ち、ローカルな苦情の救済を訴える共同行為であったが、革命期にはそうした伝統的な「作法」を逸脱した共同請願が出現した。つまり、ナショナルな要求を掲げて議会にロビー活動することを目的とする「大衆請願」（多数の人びとの署名リストを添付した集団請願）が、議会派および国王派、長老派・独立派・レベラーなどの諸党派によって頻繁に組織された。そうした大衆請願キャンペーンによる党派抗争の背景には印刷・出版革命があった。この「情報革命」のもとで、印刷された請願書を公表（パブリッシュ）することじたいが目的になり、「個々人の承認」を求めて広く社会（「輿論」）に訴える「作法」が切り開かれた。個人の原理に立つ革新的な共同性（議会による政治的公共圏の独占への異議申し立て）は、議会の外に原初的な（民衆的な）公共圏を誕生させたといえるであろう。

　17世紀の後半、ジョン・ロックは、国家と社会を峻別し、市民の利益を外的に担保する国家が個人の魂の救済に関わる事柄に介入してはならないとした。従来のロック研究では、ロックは非国教徒の信仰の自由を主張し、かつ自律的な判断力をもって自発的に社会を形成する個人を主張したとされる。だが、ロックの議論を当時の歴史的文脈に置いて読み込むと、そうしたロック像には修正がせまられる。第３章（山田園子）は、信仰の自由（個人の権利）と秩序の維持（社会の共同性）との折り合いという文脈のなかにロックの『寛容論』を捉え返すものであり、次のことを明らかにする。『寛容論』は、たんに非国教徒への寛容を唱えるのではなく、主

教制国教会の改編も唱える包容・寛容策を主張する。このことを＜個と共同性の関係＞という視点から見れば、次のように言い換えることができる。『寛容論』は、非国教徒のために信仰の自由や個人としての自律性を手放しで主張したものではなく、社会の共同性からの逸脱が懸念される非国教徒（いわば脆弱な個人）に共同性への志向を付与する宗教政策を模索したものである。ロックにとって「寛容」は、社会の共同性を担保するという視点に立って、社会的共同性からの逸脱が懸念される存在である非国教徒を、それに有為な、少なくとも無害な存在にするための一処方箋であった。

　西洋「近代」の鍵概念である「自由」には、個人の解放という側面だけでなく、任意的（自発的）な社会集団や共同社会（中間諸団体）の形成というもう一つの側面があった。個人を単位とする自由な社会をいかにして実現するか。17世紀のイギリス思想の総括者であるジョン・ロックが模索した共同性（総体としての「市民社会」）は、海外に拡大したイギリス社会であるアメリカ植民地で形成された。第4章（岡本勝）は、アメリカ独立運動の拠点になるタヴァン（酒類販売所――旅行者には止宿ができ、地域住民には飲酒と会話が楽しめる建物）に焦点を絞り込んで、仲間として集った個人たちの共同社会的性格を考察し、以下のことを明らかにする。植民地時代のアメリカでは、クラブとかソサエティなどと呼ばれた任意団体が、タヴァンを舞台にしてさまざまな活動をおこなった。つまり、タヴァンは植民地時代を通して、その共同社会的性格（見せ物や公共娯楽の施設として気分転換をはかる空間、情報交換・商取引・投票・裁判などの社会的機能をもつ空間、民兵訓練の集散場所として連帯・防衛意識や独立気運を育む空間）ゆえに、共同性を創造し維持する上で重要な機能を果たした。そのような伝統をもつタヴァンであるが、イギリス本国に対する抵抗運動のなかで特段の政治的意味と新たな機能を帯びるようになった。伝統的に地域住民や民兵に集会・集合の場を提供してきたタヴァンは、私的な共同性を越えた公的な大義を旗印に掲げた「自由を育む」空間になったのである。

II部　社会の分節化と個

　西洋近代はさまざまな対面的な人間関係（共同性）のネットワークとしての「市民社会」を誕生させるが、19世紀後半のイギリス社会では、「社会的専制」という言葉でJ.S. ミルが危惧した権力性のほかに、差異性（差別や格差、抑圧や排除）が顕在化した。それでは、社会の分節化——階級だけでなくジェンダーやエスニシティなどによる序列化——によって分断された人たち（個）は、どのような共同性をとり結んだであろうか。II部では、19世紀末から20世紀はじめのイギリス社会を考察対象として、周縁化された人々の共同性の多様な局面を明らかにする。

　ヴィクトリア朝は、政治やビジネスなどの「公的な領域」を「男の領域」とし、家庭という「私的な領域」を「女の領域」とする「性別領域分離論」（separate spheres）というイデオロギーが支配的であった時代として知られている。第5章（東田雅博）が取りあげるのは、女性を排除しようとする傾向を強くもった公的領域と女性たちとの関係である。女性を公的領域から排除しようとするイデオロギーに女性たちはどう対応しようとしたのか。女性を排除しようとする現状を肯定したのか、それとも変革しようとしたのか。変革しようとしたとすれば、どのように変革しようとしたのか。19世紀末から20世紀初めにかけて活躍した三人の女性（イザベラ・バード、メアリー・アーノルド・ウォード、ミリスント・ガレット・フォーセット）をとりあげ、試論として以下の三つの類型を析出する。（1）性別領域分離論を黙認し、自らの力量でもって＜個＞として男の「公的領域」に潜り込んだ女性たち。（2）性別領域分離論を遵守しつつも、女性の領域を拡大することで、実質的に女性が公的な活動をおこなえるよう奮闘した女性たち。（3）性別領域分離論に縛られつつも、女という「性の連帯」（共同性）を基礎にして、これまで男が支配してきた公的領域の再構築（「女性化」）を目指した女性たち。まだ特定の方向性は指し示されて

いなかったが、大衆社会・大衆民主主義の時代の到来のもとで差異化の壁は揺さぶられ始めていた。

　近代社会を分断したさまざまな境界線のうち、ジェンダーのほかに階級の境界線が重要である。『シビル』(1845年)のなかでディズレーリは、「二つの国民」——階級的な分裂——への危惧を表明している。それゆえ、19世紀後半から世紀転換期には、いかにして「二つの文化」の融和(知識や価値観の共有)、階級協調的な「社会調和」を図るかがイギリス社会の課題であった。この時期に公教育をはじめとする教育機会が飛躍的に拡大し、教育に重大な社会的な意味が付与されたのもその証左であろう。例えばオックスフォードとケンブリッジ両大学の労働者階級への門戸開放についてみると、1873年にケンブリッジで大学拡張講義が始められ、その経験を踏まえた延長線上に労働者教育協会(ＷＥＡ)と大学の合同委員会による「チュートリアル・クラス」がオックスフォードで発足した。第6章(安原義仁)は、1908年に発足した二つのチュートリアル・クラス学生の大学進学と奨学金をめぐる問題を取り上げ、この問題に対する彼らの見解を分析することを通して、＜個と共同性の関係＞について以下のことを明らかにする。チュートリアル・クラスは、学習主体である労働者成人学生のイニシアティブの下に大学が協力して、少人数による高度な水準の大学教育を提供しようとするものであった。最初の二つのチュートリアル・クラスの終了とともに、チュートリアル・クラス出身の労働者成人学生に奨学金を提供して、正規の学生として大学に進学させるかどうかという問題が浮上した。大学進学と奨学金の問題をめぐる労働者成人学生とＷＥＡ関係者の態度には注目すべき特徴がみられた。それは、教育を通じての個々人の社会的上昇移動よりも集団としての労働者階級全体の生活・教育・文化の向上を重視し、個人の利益や栄誉よりも共同善や共通の文化、競争や選抜よりも共同・連帯に価値をおく志向であった。この志向性——彼らが大学教育に期待した価値意識——は、差異化された労働者階級がめざす方向性を映しだしているであ

序

ろう。

　19世紀末から20世紀初めのイギリス社会を分断した境界線の一つにエスニシティがある。人種や民族による差異化は「人種暴動」（労働者や若者による暴力的事件）を生じさせるが、そうした事件の諸要因や社会的性格（階級性、地域性など）はどのように捉えられるであろうか。第7章（久木尚志）は、同じ場所で同じ時期に起こった労働争議（港湾争議）と人種暴動（中国人襲撃事件）の関連性を＜個と共同性の関係＞の観点から以下のように読み解く。1911年7月、イギリスの主要港湾都市で大規模なストライキが発生した。南ウェールズのカーディフでは、分立する組合間の関係が敵対的であり、港湾組合の全国組織も統制力を欠いていたにもかかわらず、海員を中心とする争議は労働者側の勝利で終結した。1911年カーディフ港湾争議の成功は、海員ストが港湾全体に波及し、さらに市内の他職種へと拡大したことによってもたらされた。そこには階級的な連帯の広がりを確認できるけれども、見落とせないのは勝利の背後にカーディフ市民の積極的な支援があった点である。カーディフ市民の標的が海運会社ではなく中国人に向けられたという事実（市内の中国人経営の洗濯屋が襲撃された事件）から判断するならば、彼らはストの大義に賛同したというよりも、その共同性から異質な存在を排除することに力を尽くしたとみるべきである。20世紀初頭までにウェールズ語話者の比率が激減し、伝統と固有の文化に依拠した共同性を維持することが困難になっていたカーディフ市民にとって、わかりやすい身体的特徴を備えた外部要因の存在は、自らの共同性を再定義するにあたって重要な意味をもったと考えられる。

III部　個の揺らぎと国民化

　「強制されない共同性」の領域としての市民社会は、国家から相対的に自立・独立した（ときには国家権力に対立する）存在であった。しかし、＜国民＝国家＞体制が成立する19世紀後半以降、階級・ジェンダー・エスニ

シティなどで分節化された、多様性に満ちた社会は、国家の「強制的な共同性」への依存度を強める。19世紀ナショナリズムの発祥の地であるフランスとドイツでは、社会を統制する国家の領域が肥大化し、国家による社会の侵食がみられた。つまり、国家の凝集力（求心力）が異常に強まるなかで、これまで国家を相対化してきた市民社会は、次第に国家のもとに取り込まれる。Ⅲ部では、任意的な中間諸団体の弱体化と社会関係の揺らぎのもとで、個人が国家的共同性に抱え込まれる「国民化」（国民統合）の諸相を明らかにする。

　＜君主＝国家＞体制を打倒して『人権宣言』によって中間団体を排除したフランス革命のもとで、「社団的な編成」の拘束から解放された個人が「国家と直接向き合う」ことになったとするのが定説であるが、『人権宣言』を現実態として捉えるのは正しいであろうか。第8章（岡本明）は、国家の非宗教化（政教分離）の第一ステップ（人権宣言からコンコルダまで）におけるカトリック教会（個と国家の中間に位置する最大の中間団体）と革命政権（国家）の相克・緊張関係を考察して、世俗国家（国民国家）成立への道筋を次のように捕捉する。近代フランスの出発点である『人権宣言』は、カトリックの思想を押しやって、国家の拠って立つ「世俗的な原理」を「個の自然権」思想にもとめた。しかし、カトリック教会という最大の中間団体（共同性的存在）は存続し、カトリック聖職者（個）が公的活動をおこなう余地は残された。革命国家は教会を管理するためにいろいろな方策を試みた。聖職者が公共圏（宗教における公）に関わることを容認した『聖職者民事基本法』（1790年）は、県・市町村等世俗の行政区分を基準にして司教区・教区を改編し、住民（能動市民）の選挙によって司教・司祭を任用した。選ばれた聖職者には「憲法」を遵守するという「公民宣誓」が要求されたので、革命の大義（いわば「踏み絵」）をめぐって宣誓派（少数派）と反宣誓派の内部分裂が生じ、この対立は民衆をも巻き込んで全国的に広がった。その後、ロベスピエール政権の「市民宗教」の企てなどのさまざまな選択肢を経たのち、対立を最終的に収束させたのは

（決定的な終着点ではないが）ナポレオン政権の『コンコルダ』（1801年）であった。革命国家は、教会を法制度のなかに押し込み（＝「国家への教会の再挿入」）、民衆生活の指導の一端を聖職者に委ねた。それは、これまでカトリック教会を管理することに腐心してきた革命国家が、教会に対して主導性を発揮した姿である。

『コンコルダ』によって複数の公認宗教システムが創設されたことで、カトリックのほか、ルター派とカルヴァン派のプロテスタント（1802年）、ユダヤ教（1808年）が公認された。第9章（加藤克夫）は、フランスのユダヤ人の教会に焦点を合わせて、国民国家と宗教的マイノリティの関係を追究する。つまり、フランスのユダヤ人が国家・国民に統合されるメカニズムと、そこで育まれた意識の特質を検討して、ユダヤ人（個）の重層的な共同性について以下のことを明らかにする。フランス・ユダヤ人はフランス革命期（1791年）に解放された。「ナシオンとしてのユダヤ人にたいしてはすべてを拒否しなければならない。個人としてのユダヤ人にはすべてを与えるべきである」（クレルモン＝トネールの言葉）。フランス・ユダヤ人の旧い共同体は基本的には解体されたけれども、ユダヤ人は1808年に成立した「一種の中間団体である長老会体制」のもとに包摂されて一定の共同体生活を維持しながら、この行政的な中央集権的体制を媒介として「国民化」（同化――国家への服従）されていった。こうして彼らは、フランスへの帰属意識を強め、ユダヤ的価値とフランス的価値を一体のものとして捉える独自の意識（フランコ＝ユダイスム）を抱くに至る。しかし彼らは、宗教、苦難の歴史、伝統を共有する「イスラエルの民」としてのエスニック・アイデンティティをなお保持しつづけた。19世紀のフランス・ユダヤ人は、国境を越えた宗教・民族共同体、国民共同体、フランスのユダヤ教徒共同体、そして各人が属する種々の集団に帰属して、重層的な共同性を育んでいたのである。

フランスの競争相手であったドイツでは、1871年の帝国建設によって連

邦制に立脚した統合様式が確立する。政治主体（政党や団体）や政治制度（各邦政府ないしは各邦官僚）との交渉・協調を通して国家の凝集中を高めようとした帝国は、その出発点から急激な工業化のもとで生じた「社会問題」（まずもって労働者問題）を抱えていた。それゆえ、国民国家形成の力点のひとつは、「労働者保護」（労働力保全）を通して国民統合を強化すること（いわゆる「飴」政策）におかれた。第10章（田中優）は、「労働者保護」システムの成立に焦点を据えて、労働大衆（個）が「労働者」としてドイツ帝国（国民国家）に統合される「国民化」の過程とメカニズムを探り、以下の点を明らかにする。深刻な「社会問題」となっていた「労働時間（短縮）」や「労災（予防）」の問題は、帝国レヴェルの国家機能の拡大によって解決を図られた。したがって「労働者保護」の法的定着は「国民国家の形成」と不可分の関係にあり、それは労働者を「職業協同組合」（中間団体）というドイツ特有の団体主義的結合に組織化することを通しておこなわれた。労働者の組織化は、「職業協同組合」の構成や公法団体としての位置づけをめぐる政治諸勢力の構想の違いに対応して、固有の現われ方をした。ビスマルク政府は「職業協同組合」を保障する力を帝国に求めたが、中央党はそれを邦に求めた。「職業協同組合」の構成についてみると、ビスマルク政府がそれを資本と労働の合意形成の場として捉えたのに対して、中央党は事業主と労働者が一体不可分に結びつく場として捉えた。それゆえ、「労働者保護」の法的定着は、分立した「職業協同組合」構想を共存させることによって可能であった。「職業協同組合」という共同性は、帝国のみならず、邦によっても保障される途が選ばれたのである。このことは、「国民国家的共同性」が強まりながらも、この時点では未完のままであったことを示している。

　帝政から民主主義国家へと激変したヴァイマル共和国の時代は、伝統的な家族的・共同体的な人間関係に基づく集団・社会（「ゲマインシャフト」）から、一定の目的に基づく集団・社会（「ゲゼルシャフト」）への移行期でもあった。こうした社会変化（「大衆社会」化）は、共同性の喪失感覚をも

序

たらし、「ホーリズム」（全体性）への志向を高めた。第11章（田村栄子）は、ヴァイマル共和国の「医の世界」（医師や治療師の諸協会──中間団体）に焦点を合わせて、同時代の医学・医療の危機的な状況を、「ホーリズム」の視点を挿入して以下のように読み解く。ヴァイマル共和国では、大学の医師養成教育を修了した「学校医学」医師のみならず、それを経ていない自然治癒医療師にも営業が認められていた。医師過剰現象のもとで「学校医学」の地位が相対的に低下したなかで、国民の間では自然治癒医療への関心が高まった。自然治癒医療への期待は個人の病気を個別の器官疾患としてみる「学校医学」（西洋医学）への不信の高まりを示すものであり、「学校医学」医師の側は「医学・医療の危機」として強く意識した。そうした西洋医学に対する不信や「医学・医療の危機」を克服しようとする「ホーリステックな」思想と実践は、ナチズム（政治的全体性）に繋がる要素を有していた。つまり、自然治癒医療の場合は、人間（精神と身体）の「全体性」（共同性）を取り戻す方向をナチスのドイツ「民族共同体」の創出と連動させた。他方、西洋医学への不信からの脱却をはかろうとする「学校医学」の場合は、医師（個人）の地位や医学（個別科学）への信頼が揺らいだことへの対応として、医学・医療を個人・集団の全体性から見直す傾向を強めるが、それをドイツ民族の共同性へと繋げようとする医師はナチズムへ接近していった。そしてナチス時代には、ナチスに積極的に加担したり賛同した医師と医療師は、「学校医学」と自然治癒医療を「新ドイツ治療学」（医学的ホーリズム）として統合して、ともにナチスの医療犯罪に加担することになったのである。

ナチス時代の状況──国家による社会の領域の侵食──は、本来自由に行動する中間団体が法の領域で法のもとに行動する国家によって規制される集団になることを意味する。つまり、国家の制度・機構が弱体であった時代には社会の領域は国家から相対的に自立しており、個人は任意的な種類の行動をすることができたけれども、国民国家が成立すると必ずしもそうでない状況が生じたのである。一元的な国家体制の下で、個人は国民と

して、法のもとに統制された種類の行動を強いられるようになったのであり、その極限状況が1930年代の国家権力・イデオロギー「絶対化」時代である。

(友田　卓爾)

Ⅰ部　個の解放と社会化

第1章　近世イギリスにおける議会課税の政治学
　　　──10分1税・15分1税の問題を中心として──

井　内　太　郎

　はじめに

　テューダー朝期の議会的直接税[1]は、補助税（Subsidy）と10分1税・15分1税（以下、10分1税と略記）から構成されており、両税は王領地とならび国家財政を支える二大収入源であった。両税はいずれも、戦時などの非常時に国王が議会の承認のもとに課税する非経常収入であったが、10分1税がヘンリ2世時代から継続的に用いられてきたのに対して、補助税は16世紀初頭に新規に導入されたものである。したがって、テューダー朝期に入ってから議会的直接税は両税がセットで課されることになった。

　テューダー・初期ステュアート朝期における10分1税に関する研究は、非常に立ち遅れた状況にある[2]。その理由の一つは、同税がテューダー朝初期に導入される補助税に取って代わられる時代遅れの税として、その問題点ばかりが強調されてきたためであろう。しかも従来の研究では税収額や徴税制度の検討に重きが置かれており、その運用面、とくに地方における徴税官と税負担者との間で税査定や徴税がいかに行われたのか、またそこから当時のいかなる国家と社会あるいは中央と地方の関係などが見えてくるのかが判然としない。そのため、当時すでに同制度の問題点はよく理解されていたにもかかわらず、なぜ後述のように16世紀末に補助税とともに同税の課税額が急増し、1624年を最後に10分1税が事実上、廃棄されることになったのか、その間の事情について十分な説明がつかないのである。

　そこで本稿では、地方社会における10分1税の徴収の実態について検討しながら、1580年代以降に同税の徴収を巡り、地方で紛争が頻発してくる

ことの意味について考えてみる。その際に、この問題を単なる税制上の問題にとどまらず、課税の合法性を巡る国家と社会、中央と地方、あるいは村落共同体内部の政治・社会的問題として捉え直してみたい。

1 テューダー朝時代における議会課税問題のとらえ方

当時の王国臣民とって議会制定法（the Statute）に基づき課税されることは、いかなる意味を持っていたのだろうか。16世紀後半以降に政府は、戦費調達手段として議会課税収入への依存度を高めていく[3]。王国内の各地域代表からなる議会が王国の防衛のために課税を承認することは、少なくとも理論的には王国の臣民の総意として国王へ税を供与することを意味し、また王国の臣民としての共同体意識を高める契機ともなった。このように課税が議会制定法により承認された場合、地方の側あるいは個々の臣民（＝税負担者）は、それをただちに拒否することはできなかった。しかしながら、実際の徴税の過程において、地方の側が中央政府の期待通りに税を負担してくれるとは限らない。16世紀末の議会課税問題とは、対スペイン戦やアイルランドにおける反乱の鎮圧を遂行するための膨大な戦費を賄うために、課税額を引き上げ徴税効率を高めようとする中央政府と、可能な限り税負担を軽減し、逃れようとする地方の側とのせめぎ合いであったのである。

一方、地方社会内部において、補助税や10分1税などの議会的直接税の徴収にかかわった徴税委員（commissioner）、査定官（assessor）、徴税官（collector）たちは、中央から派遣される勅任官ではなく、いずれも在地の貴族・ジェントリあるいは有力者たちであった。そのため彼らは中央の権力機構の末端に位置すると同時に、地方社会の指導的立場にあって地方の財産の保全に配慮せねばならなかったのである。したがって彼らが地域住民に10分1税を課す場合、この二重のアイデンティティのバランスを常に考えながら行う必要があった。

個々の税負担者の問題に目を転じてみよう。彼らにとって課税を支払う

ことは、王国に対する義務というよりも、まず地方共同体の構成員としてのアイデンティティに関わる重要な共同体的行為の一つであった。彼らの基本的認識として、議会の承認のもとに王国全体に課される広い意味での国税と、道路・教区教会の維持や救貧税のような地方で課される税の支払いの間に明確な差はなかったのである。したがって、共同体内部の構成員が税負担を拒否するなど共同体的秩序を乱した場合には、罰則として税査定額の引き上げなど、様々な共同体的「制裁」を受けることになった[4]。ヴィルトシャのメイドン・ブラドリィ（Mayden Bradley）の住民たちは、ファーウェル（G. Farwell）に対する10分1税の資産査定額を彼の先祖のものより高く設定した。その理由の一つは、彼が村内におけるホスピタリティに欠けているからであった。ダービシャのレプトン（Lepton）の住人サッカー（G. Thacker）は、同税の支払いを拒否したために、住民からたびたび財務府裁判所へ訴えられている。訴状によれば、彼は村の共有地を勝手に囲い込み、父親から相続した羊の数を四倍に増やしていた。さらに、彼はこれまで父親や彼自身が村内で負担してきた15分1税や教会税の支払いなど、いわゆる村内の正規のメンバーとしての共通の義務を負わなくなっていた。これに対してサッカーは、彼の土地はもともと旧修道院領であり、したがって俗人課税は免除されるべきであると反論している。また彼は自分の製粉所に水が回ってこないことに対して不満をぶちまけているが、これも村民による彼に対する制裁の可能性が高い。

　しかしながら、住民の共同体的行為といっても、たとえば、徴税官たちが私腹を肥やしているといった噂が広まったり、住民間の税負担額に不平等が生じた場合、税負担者の間で激しくて断固とした反発を招くこともあった。このように、地方における徴税業務は、その運用次第で個と共同性の問題をむき出しの形で露呈することになったのである。

　テューダー朝国家における個と共同性の関係は多様であり、国家レヴェルから村レヴェルにおける個と共同性の問題まで重層的に関わり合っていた。しかも、それらは整然と固定的な枠組みの中にとどまっていたのではなく、それらを取り巻く状況の変化に応じて緊張感が高まったり、変化し

ていく可能性を常に持っていた。このように個と共同性の関係にほころびや軋轢が生じた場合、いかにして調停や修復が行われたのかを探ることは、テューダー朝時代の国家と社会の関係を考える上で有効な方法といえよう。16世紀後半以降に10分1税に対する地方の反発が高まり、税逃れが横行した要因を探り、それに対して中央・地方レヴェルでいかなる対応がなされていたのかを明らかにすることの意味もそこにある。

2　10分1税・15分1税の徴税システム

10分1税は14世紀初頭には個人の動産に対して査定官が直接に資産査定を行う直接査定税であり、王領地や都市に属する被課税者には、その査定額の10分1、その他の地域に属するものには、その15分1を税として課すものであった。しかしながら、1334年以降に1332年の支払い実績をもとに各州や都市さらにハンドレッド（hundred）単位で割当額が固定化された。そのため、税収総額も約37,000ポンドに固定されることになった[5]。1446年までに税収総額が6,000ポンドほど減額され、それにともない割当額も部分的に改定されたが、その後、この配分額は基本的に、ずっと維持されテューダー朝時代に至ったのである[6]。

中央政府にとって、割当税方式の同税を用いることのメリットは、税収総額が固定されているため予測がたてやすいこと、また各徴税区内での割当額の配分・徴税業務は地方の裁量に任されたため、徴税をめぐる地方の側の反発を軽減することができた点にある。（表1）のように、通常一つの課税供与法では、同税と補助税とがセットで認められていた。しかしながら、徴税手続きの規定の分量は、圧倒的に補助税に関する規定の方が多く、規定内容も細部に及んでいた。その理由の一つは、数世紀にわたり同税の割当額、査定方法に基本的に変わりがなかったためであろう。一連の課税供与法をもとに、徴税手続きを再現してみよう。まず割当額の徴収にあたっては、各州や都市ごとに2名の徴税委員（commissioner）が任命されたが[7]、実質的に徴税業務を行っていたのは徴税官（collector）である。

第 1 章　近世イギリスにおける議会課税の政治学

徴税官に関しては財産資格、任命方法、財務府（the Exchequer）への徴収金の納入手続きなどが規定されているが、注目されるのは、その任命方法であり、州の場合はナイト（knights）により、都市やバラの場合は、バージェス（burgesses）や他の市民により任命されることになっていた[8]。彼らの社会的出自は、州の徴税官の場合、地元の騎士、（単なる）ジェントルマン、ヨーマンであったのに対して、都市の場合、バージェスや職人たちであった[9]。地方社会内部においてトップクラスの階層とはいえなかったものの、かなりの財産を有し、ある程度の社会的重要性を持つ人々であったと見てよかろう。このように徴税業務を在地の有力者へ委託するやり方は、補助税にも共通しており、治安判事職（justice of peace）なども含めて近世イギリスにおける地方統治の一つの特徴をなしていた。

徴税官は大法官府（the Chancery）より発行された授権書（the royal commission）に基づき、彼らが担当する村（the vill）や区（ward）に赴いて、都市の場合、市長、ベイリフ、4人の住民、それ以外の場合、有力者（prepositus）と2人の住民を招集し、議会制定法に基づき課税理由を説明し、それぞれの割当額の徴収を命じた[10]。この割当額は数世紀にわたり維持されたため、問題はそれを村や区の住民の間で、どのように配分するかということであった。残念ながら、その実態について語ってくれる史料は、断片的にしか残っていない。少なくとも、それは「地方の慣習」に基づいて行われていたため、地方により査定・配分方法はまちまちであったと考えられる。たとえば、ヘレフォード（Hereford）のように、「はるか昔から同税を少しでも支払う能力と資力がある同都市内のすべての市民や住民」により支払額の査定が行われる場合もあれば、ノッティンガムシャのサウスウェルのように、税査定が数名の有力者により行われることもあった[11]。一つの事例を紹介してみよう。

1541年にオックスフォードシャのバーフォード（Burford）で、割当額を住民間で分担するためにコモン・ホールで住民集会が開催されたが、この時に百人以上の住民が参集している点が注目される。そもそも、この史料が残ったのは、この時に同税の分担を巡って紛争し、同地の王領地管理

官（the king's steward）や治安判事らが事態の収拾にあたったがうまくいかず、最終的に星室庁（the Star Chamber）へ訴訟として持ち込まれ、中央の裁定を仰ぐことになったためである。この訴訟に関する証言録取書（deposition）の中で興味深いことは、バーフォードにおける割当額の徴収は、同市内の住民の共同作業（communal effort）で行われるべきものと証言されていることである。つまり住民集会で決定され割り振られた税額の支払いは、共同体の構成員としての義務であり、また村・区・教区の地理的・行政的境界線や共同体の構成員を相互に確認する機会ともなったのである[12]。ダイヤーは、16世紀初頭の五つの地区の住民による同税の支払額について分析しているが、それによれば、さらにこの点の重要性が見えてくる。五つの地区全体で11ペンス以下という低額査定をうけたものが約76％にものぼり、そのうちのかなりの住民の税支払額が6ペンスを下回っていた。たとえばニューバラでは25名（全体の約30％）が1ペンスしか支払っておらず、エマトン（Emberton）でも15名（約30％）が2ペンス、4名が1ペンスしか支払っていなかった[13]。おそらく彼らは共同体内部において賃金労働者など経済的には下位に属していたものと思われる。彼らに1〜2ペンスを課しているということは、彼らが同税への実質的な財政的貢献を期待されていたというよりも、むしろ共同体の構成員としての証を示す、あるいは最低限の義務を果たすことを求められていたのであろう。

　また多くの場合、地方の住民たちの間で、国税の支払いと、道路・教区教会の維持に関わる税や救貧税のような地方で課される税との間に明確な区分はなく、いずれも公的な税負担とみなされていた。アーチャーは1540年代に補助税の賦課される最低財産資格である（動産で）3ポンドの資産査定を受けたロンドン市の世帯主たちが、どれほどの税負担を負っていたのか推測している。彼らは国税を課された年に補助税（8シリング）、15分1税（6シリング8ペンス）、さらにロンドン市の経常税として毎年、教会書記の賃金（clerk's wage）（1シリング4ペンス）、街路清掃人（scavenger）の賃金（1シリング4ペンス）、教区の10税1税（Tithe）（3シリング8ペンス）、救貧税（6シリング4ペンス）、したがって総額にし

て年平均で27シリングを支払っていたことになる[14]。つまり当時の住民にとって、税の支払いは村の共同権（common rights）の維持、貧民救済の責務などと同じくらい重要な共同体的行為であり、また共同体の絆の強さをはかる試金石でもあったのである。

3 10分1税と15分1税の徴収実態

（1） 同税の徴収額

テューダー、初期ステュアート朝期における議会的直接税は同税と補助税からなっており、原則として戦時などの緊急時においてのみ、議会は国王の求めに応じて課税を承認した。通常の場合、議会は課税供与法において同税を2回、補助税を1回ほどセットで徴収することを承認した。したがって課税方式の点から見ると、1624年を最後に10分1税が用いられなくなるまで、イングランドでは直接査定税である補助税と割当税である10分1税が併用されていたことになる。（表1）は両税の供与された年と、そ

表1　テューダー・初期ステュアート朝期における課税供与法

year	(1)	(2)	statute	year	(1)	(2)	statute	year	(1)	(2)	statute
1487	2	−	Rot.VI, pp.400-2	1540	4	1	32 Hen VIII c.50	1587	2	1	29 Eliz c.8
1489	−	1	Ibid., pp.420-4	1543	−	1	34 & 35 Hen VIII c.27	1589	4	2	31 Eliz c.15
1490	1	−	Ibid., pp.437-9	1545	2	1	37 Hen VIII c.25	1593	6	3	35 Eliz c.13
1491	3	−	7 Hen VII c.11	1553	2	1	7 Ed VI c.12	1597	6	3	39 Eliz c.27
1497	2	2	12 Hen VII c. 12,13	1555	−	1	2 & 3 Philip & Mary c. 23	1601	8	4	43 Eliz c.18
1504	−	1	19 Hen VII c. 32	1558	1	1	4 & 5 Philip & Mary c. 11	1606	6	3	3 Jac c.26
1512	2	−	3 Hen VIII c. 22	1559	2	1	1 Eliz c. 21	1610	1	1	7 Jac c.23
1512	1	1	4 Hen VIII c. 19	1563	2	1	5 Eliz c. 31	1621	−	2	18 & 19 Jac c.1
1514	−	1	5 Hen VIII c. 17	1566	1	1	8 Eliz c. 18	1624	3	3	21 Jac c.33
1515	−	1	6 Hen VIII c. 26	1571	2	1	13 Eliz c. 27	1625	−	2	1 Car c.6
1515	1	1	7 Hen VIII c. 9	1576	2	1	18 Eliz c. 23	1628	−	5	3 Car c.8
1523	−	4	14 & 15 Hen VIII c. 16	1581	2	1	23 Eliz c. 15	1640	−	4	16 Car c.2
1534	1	1	26 Hen VIII c. 19	1585	2	1	27 Eliz c. 29	1641	−	2	16 Car c.3,4

＊ （1）＝10分1・15分1税　（2）＝補助税
＊ Rot.＝Rotuli Parliamentorum, 1278-1504 (6 vols, 1767-77)
＊ Statute of Realm., vol.III-V より作成。

I部　個の解放と社会化

の課税回数、（表2）は各年度ごとの両税の税率を示したものである。それらによると、両税の供与は対仏・スコットランド戦争の遂行により戦費が増大する1550年前後から供与回数、さらには補助税の資産査定額の1ポンド当たり税率が増加しはじめる。1580年代末から1590年代にかけて、いわゆる対スペイン戦争用の戦費が激増すると、両税はほぼ毎年課され、補助税の税率も大幅に引き上げられていく様子をはっきりと見てとれる。

　しかしながら、ここでいくつかの疑問が生じる。まず16世紀半ば以降に10分1税は通常2回の課税を認められていたが、1589年以降に課税回数が急増することの意味である。もともと、新たに補助税が導入されたのは、10分1税の割当額が数百年も硬直したままで、イングランドの経済状況を反映していなかったからである[15]。つまり、政府としては同税の割当額の大幅な増加、あるいは割当税方式の課税に見切りをつけたといってもよい。にもかかわらず1624年をもって事実上の廃棄に追い込まれる直前になって、なぜ同税の課税回数を急激に引き上げる必要があったのだろう

表2　テューダー朝期における議会的直接税の負担額と課税回数

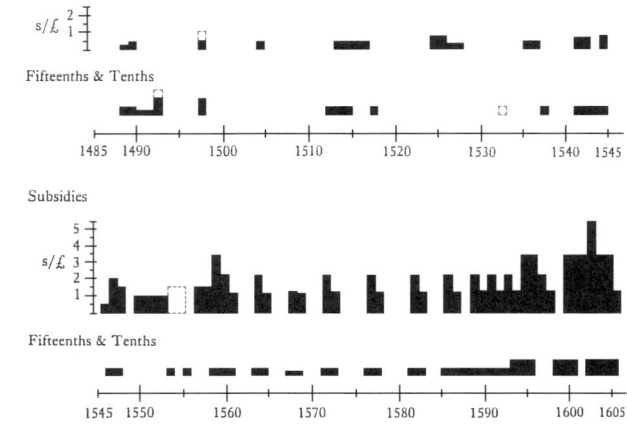

＊Schofield (1988), p.231より作成。
＊縦軸の目盛りは査定額1ポンド当たりの税額を示している。
＊10分1税の税額は、1ポンド当たり6ペンスに換算している。
＊波線の囲み部分は、供与されたものの、実際には徴収されなかったことを示している。

第1章　近世イギリスにおける議会課税の政治学

か。第2に理論的に考えれば、16世紀末に財務府で受領された同税の税収額は急増していくはずである。しかしながら（表3）に明らかなように、実際には両税の総収入額は課税規模の拡大に反比例するかのように減少していくのである[16]。10分1税の1回の徴収金額が約3万ポンドに固定され、ほぼ確実に納税されていたことから考えて、その原因の多くは地方における補助税の査定・徴収過程で何らかの問題が生じたとしか考えようがない。本章で扱うにはあまりにも大きすぎる問題であるが、おそらく、次のような事情があったものと思われる。すなわち、政府は当初、補助税による課税を強化しようと考えていたが、地方の側で次第に意図的な査定額の過小評価など「税逃れ」が横行したため徴収額が減少していき、それに歯止めがかからなかった[17]。そのため、やむなく割当税である10分1税の徴収額を増加させ、不足分を補填しようとしたのである。

表3　10分1税と補助税の徴収額　　（単位＝1,000ポンド）

year	receipts	year	receipts	year	receipts
1488	1	1544	77	1576-7	115
1489	c.24	1545	57	1581-2	110
1497	31	1546 ('43)	55	1585-6	106
1504	31	1546 ('45)	110	1588-9	105
1513	33	1547	97	1590-1	103
1514	50	1549	54	1592-3	97
1515	45	1550	47	1594	95
1516	44	1551	40	1595	91
1524	73	1552	43	1596-7	87
1525	65	1556	68	1599	83
1526	6	1557	77	1600	81
1527	9	1558	134	1601	?
1535	22	1559-60	137	1602	76
1536	23	1563-4	150	1602-3	76
1541	47	1567-8	87	1603-4	67
1542	48	1571-2	117	1604-5	67

＊補助税は査定額に基づく徴収額を示す。
＊10分1税の1回の徴収額は約3万ポンド（ただし1537年には36,000ポンド）。
＊1546年は1543・1545年の課税供与法に基づく徴収額。
　Schofield (1988), pp.231-2 より作成。

I部　個の解放と社会化

（2）　同税の地方における負担額

16世紀後半になると、補助税の減収分を埋め合わせるために、同税の課税回数が増していった。では、それが各徴税地域の税負担者にとって、どれほどの経済的負担となっていたのだろうか。残念ながら各村や区(ward)の割当額はわかっても、どのような基準に基づいてそれが税負担者の間で配分されたのかを知るための史料は、断片的にしか残っていない。補助税の場合、課税がなされるたびに個々人の資産査定が行われたが、同税の場合、割当額が長期にわたり固定されており、税負担額の配分も「地方の慣習」に基づいて行なわれたため、その都度、財産査定の資料を残しておく必要はなかったのである。このような史料上の制約を踏まえたうえで、ノーフォーク州とロンドン市の事例を中心に、この問題について考えてみよう。

ノーフォーク州に注目する理由の一つは、中世における経済的豊かさを反映して、同州は同税の総収入額の約10％にあたる3,486ポンドの割当額を課されており、王国内で最も多くの割当額を負担をしていたからである。先述のように各州や都市に対する同税の割当額は、1449年に1度だけ本格的な再査定が行われたが、それ以後、約200年あまりの間ずっと有効であり続けた。（表4）はノーフォーク州内の35の徴税地区のうち12の徴

表4　ノーフォーク州における10分1税割り当て額の配分額

（単位＝ポンド）

	1449	1605	% Total		1449	1605	% Total
Freebridge	384.32	341.48	(−) 12.03	S. Greenhoe	110.91	110.91	3.91
Lynn	−	42.33	(+) 1.49	Mitford	71.40	71.45	(+) 2.52
Launditch	122.40	122.40	4.31	Depwade	65.70	65.70	2.31
Thetford	−	16.00	(+) 0.56	Loddon	57.33	57.93	(+) 2.04
S.Erpingham	109.37	109.37	3.85	Tunstead	99.66	99.66	3.51
Norwich	84.70	89.23	(+) 3.14	Yarmouth	−	−	

＊ Hudson, *op.cit.*, pp.266-97; Braddick (1994) p.55, App.1, 3より作成。
＊ % Total は各地区への配分額の同州全体の割当額に占める割合
＊ （+）（−）は、それぞれ負担額の増減を示す。

第 1 章　近世イギリスにおける議会課税の政治学

税区の配分額（全体の約40％）を示したものだが、それが1449年と1605年の間で殆ど変わっていないとしても、全く驚くにはあたらない。1593年から17世紀初頭にかけて、王国全体で補助税と10分1税の課税額が急増していくが、ノーフォーク州の住民にとって同税は、補助税以上の経済的負担になっていた。その意味で王国内において同州は特異な状況にあったといえる。たとえばロンドン市の場合、同税の割当額は612ポンドで王国全体のわずか2％に過ぎなかったのに対して、補助税の支払額は王国全体の10～12％に達しており、一般的にはこのように補助税の負担割合の方が大きくなる傾向があったのである[18]。

　16世紀末のノーフォーク州における10分1税と15分1税の割当額は、もはや実際の経済状況を反映していなかったのみならず、その負担額も急増していった。そのため、同州内における各徴税区間の負担額にいちじるしい不均衡が生じていた。（表4）によれば、ヤーマスは同税を免除されており、ノリッチ（Norwich）の貢献度も3％にとどまっていることからも明らかなように、ノーフォーク州内における同税の配分額は、16世紀における両地区の経済的豊かさを全く反映していなかった。一方、フリーブリッジでは、その割当額が1449年のものと殆ど変わらず、負担率も高かったわけであるから、同地区において同税を巡る反発や紛争が頻発するのも当然のことであった。

　次に議会の承認を得て王国全体に課される国税（補助税、10分1税と15分1税）と地方で個別に住民に課される税との関係について検討してみよう。先述のように、10分1税は補助税に比べて、徴税区域内の低所得層にまで、しかもより均等に近いかたちで課税されていた。たとえばロンドン市の場合、10分1税はほぼすべての世帯主が負担していたのに対して、補助税はその約3分1が負担したに過ぎなかった[19]。一方、ノーフォーク州は10分1税の負担額の割合は多かったものの、補助税の負担額は1620年代後半の段階で王国全体の4％を占めていたに過ぎない。ブラディックも指摘するように、これは明らかに同州の10分1税の負担率が高かったことを考慮して、同州内の査定官や徴税官の間で意図的に補助税の負担の軽減が

27

I部　個の解放と社会化

表5　ノーフォーク州における10分の1税ならびに補助税の負担率（％）

	10分1税	補助税			10分1税	補助税	
		1589	1621			1589	1621
Depwade	7.32	11.37	10.68	Tunstead	(10.05)		
S.Erpingham	(16.54) 31.29	24.11	22.52	Mitford	6.48	9.53	7.17
Launditch	(14.75)			Norwich	3.14	9.41	15.12
Freebridge	17.39	9.39	9.66	Lynn	1.49	2.46	3.42
S.Greenhoe	13.41	10.99	7.65	Yarmouth	―	3.08	4.89
Loddon	(8.85) 18.90	19.32	18.54	Thetford	0.56	0.35	0.35

＊ Braddick (1994), p.59. より作成。
＊ S.Erpingham と Launditch、Loddon と Tunstead は、いっしょに計算してある。

図られた可能性が高い。しかも（表5）で興味深いことは、フリーブリッジのように10分1税の負担率が高いところでは、補助税の負担率が低く、逆にノリッチやヤーマスでは補助税の割合が高くなっており、それによって州全体の税負担の均衡化が図られているようにも見えることである[20]。もとより、この問題は、今後、各州の事例を蓄積してさらに検討していく必要がある。

　10分1税と地方で課される税を比較しようとした場合、前者の負担額に関する史料が殆ど残っていないため、それはかなり困難な作業となる。幸運にもブラディックは、同税の査定に関するいくつかの史料を突き止めている[21]。1624年にノーフォーク州のバジンガム（Bassingham）で同税の査定が行われたが、前年に同教区の教会税を支払っていた27名中、20名が同税の支払いを行なっていた。一方、同年の補助税の資産査定を受けた者の中で、同税も支払っていたのは唯一サクスター（W. Thaxter）だけであった。彼は10分1税の負担額では上位に位置していたが、補助税の資産査定額からすると決して裕福な人物ではなかった。サリー州のエプサム（Epsom）では39名が同税を負担していたが、そのうち補助税を課されたのは13名にとどまっている。この村では20名の小屋住農（cottagers）でさえ「昔からの慣習に従って」1ペンスを課されていた。さらにノーフォーク州では民兵に関する査定簿（an assessment for a muster）の基礎データの一つに同税の負担者の数が用いられていた。ロンドン市においても事情

は同じである。たとえば、ロンドン市が臨時税としてロンドン市民へ課した都市15分１税（the city 15ths）は、一度の徴収額が618ポンドに固定されていたが、この額は国税である15分１税の徴収額612ポンドにほぼ相当しており、割当税化していたものと考えられる。しかも1585年以降に軍事的危機が高まりロンドン市の民兵制度が強化された時に、その負担の増加分も都市15分１税で支払われている[22]。16世紀末にロンドン市民の間で割当税に対する不満が高まっていくが、その際にそれが国税かロンドン市税かということは、あまり問題ではなかった。むしろ、それらがおしなべて逆進的傾向が強く、貧民層に負担がかかる点に不満の原因があったのである。

　このように補助税の負担者は中流層以上に偏りが見られるのに対して、10分１税は低所得層まで広く課されていた。また各地方において課される同税とその他の税の査定・徴税業務が、密接な連携のもとに行われていたと考えるべきであろう。

4　10分１税と15分１税を巡る紛争と調停

（１）　財務府における紛争の調停

　ここまでの議論を踏まえると、1590年代以降の同税を巡る紛争の本質的部分がある程度まで見えてくる。地方において次第に補助税の査定額が減少していったために、富裕層の税負担が軽減されることになった。しかしながら、その減収分を補うために10分１税の課税が強化されていったことは、以前からくすぶり続けていた各地域間の割当額の不平等の問題を顕在化させ、さらに低所得層に重い税負担を強いることにもなった。こうしてイングランドの議会的直接税は、逆進化の傾向を強めていったのである。

　地方社会における同税の紛争が実際にはどのようなもので、いかなる調停が行われていたのかを知ることは、極めて難しい。通常、地方において同税を巡る紛争が生じた場合には、まず共同体内部で解決がはかられたが、それが不可能な場合には中央政府や裁判所による司法判断に、調停・

解決が委ねられた。この時にはじめて同税を巡る紛争の実態を、史料を通じて垣間見ることができるのである。10分1税を巡る訴訟は、多くの場合、財務府監査部（the Audit of the Exchequer）内の衡平法部門（the equity side）に持ち込まれたが、16世紀末になると、同税に関わる訴訟件数が増加していく[23]。訴訟に際して原告側が訴状の中で開示した争点を見てみると、徴税委員や徴税官が彼らの立場を利用して私腹を肥やしていることを告発したり、それがある人物に対する復讐に利用されることもあったが、多くの場合、同税の不払いによる差押えの法的正当性を巡る問題であった。いくつかの代表的な訴訟について見てみよう。

（2） 自由や特権を巡る問題

　中世以来、何らかの理由により特権（liberty）を授与されたことにより、個人や法人に対して10分1税と15分1税の免税特権を与えられる場合が少なからずあった。

　まず慣習に基づき免税措置を施された地域として、チェシャとウェールズがある。その後1392年から1415年の間に、カンバーランド、ウエストモアランド、ノーサンバーランドの各州が加えられた。チェシャに関しては、同州が王権伯領（the county palatin）であったことによるものであり、当時の同州の主張に従えば、これまで議会に代表を送ったことはなく、またウェールズと同様に新王の即位ないし伯爵位の継承が行われる時に賦課されるマイズ（Mise）を支払ってきたというものであった[24]。あとの3州は、北部辺境域にあって外的の侵入に常に防備を固めておく必要があったからである[25]。またイングランド沿岸部の主要5港（the cinque ports）も国王大権に基づき免税特権を与えられているが、それも同様の理由に基づいていた。議会制定法によるものとしては、1512年にオックスフォード・ケンブリッジ両大学ならびにイートン・ウィンチェスター校の各コレッジ（the colleges）、1515年にはすべてのコレッジ、修道院、ホスピタル、カルドシオ会修道院（charterhouses）ほかの法人団体に対しても免税特権が与えられている[26]。

第1章　近世イギリスにおける議会課税の政治学

　他にも免税特権を与えられた事例はあるが、ここではそれはあまり重要な意味を持たない。むしろ問題なのは、それらが中世以来の伝統的な特権であったにもかかわらず、16世紀末から1640年の内乱前夜まで、わけても1590年代から1600年代初頭にかけて財務府裁判所の衡平部門における訴訟の争点となっていったことである。1602年に先述のヴィルトシャのG.ファーウェルが訴えられた時、原告はおよそ次のような興味深い訴答を行なっている。すなわち近年、多くの人々が情実（by favour）により「'共通の税（the common tax）'を逃れている。……こうした問題は、これらの税が課されることがめったになかった昔には、まず起こることはなかったし、ことさらに騒ぎ立てることでもなかった」[27]。しかしながら、もはやそのような時代ではなくなっていたのである。1600年にラヴディ（R. Loveday）が、ノリッチ市の教会領（the close）内の住民の「特権（Liberty）」を侵して課税しようとしたノリッチ市長ならびにオーダーメンらを訴えている[28]。また当時、徴税官であったジェントルマンのショヴェル（J. Shovell）が徴税を行なおうとした時に、住民が次のような理由から支払いを拒んだと訴答している。すなわち、この地区はウィリアム2世（在位：1087～1100年）の時代よりノリッチ市の参事会長や参事会員（the dean and chapter）らが代々相続してきた領内（the close）にあって聖職者課税を支払っていたため、「古来の慣習」により俗人課税を免除されてきたというものであった。16世紀末になると王国内の多くの地域において10分1税の課税負担が増大し、州内外の負担格差が広がっていた[29]。そのため中世以来ずっと享受されてきた免税特権の合法性は、もはや既得のものではなくなり、衡平法の観点から問題視されるにいたったのである。もちろん、免税特権を守ろうとする側が、課税の試みに激しく反発し係争を長引かせたのにも、彼らなりの理由があった。たとえ10分1税の負担額が小さかったとしても、かりに課税を認めたなら、それが先例となって地方で新たな税を押しつけられる危険性があった。また免税特権を失うことは、彼らが伝統的に享受してきた「特権（Liberty）」そのものが脅かされることを意味しており、それらを守ることは彼らの名誉や威信に関わ

（3）「地方の慣習」と衡平の原則

　同税を巡るもう一つの重要な問題は、古き慣習として継承されてきた地域社会内部の割当額が硬直したため、地域間の負担格差が広がり、住民の間で不公平感が増したことにある。それはノーフォーク州が相対的に見て多くの割当額を課されたのに対して、チェシャは免除されているという州レヴェルから、村レヴェルの税負担の格差まで様々な要因が含まれていた。つまり「地方の慣習」の正当性が、衡平法の観点から問い直されることになったのである。

　たとえばノーフォーク州の北部に位置するビナム（Binham）の謄本土地保有農（コピーホルダー）に15分1税が課されていたが、旧来の慣習に反して新たに王領地（the demesne lands）内の住民にも課税されることになった。というのも、王領地が同税を免れていたために、周辺地域と比べてビナムの税負担額が少なく不公平であるという批判が高まったからである[30]。また同州のブラマートンのヨーマンであったダジング（J. Dussing）とウォーモット（F. Warmott）は、村の慣習を遵守し、謄本土地保有農である彼らに対する課税の無効を求めている。というのもこの村では、中世以来、同税は住民の間での正当な税率設定と査定に基づき自由土地保有農（フリーホルダー）に課されてきたからである。このように同じ州内においてさえ、村々の慣習に基づく査定・徴収方法が多種多様であり、それが同税を巡る問題をさらに複雑なものにしていたのである[31]。

　王国内の他の地域でも、16世紀末以降、同税を巡り様々な問題が噴出していた。バッキンガムシャのヘドサーのハムレット（the hamlet of Hedsor）は、以前からの慣習に従いリトルマーロウ（Little Marlow）と共同で10分1税と15分1税を支払っていた。ところが1589年に突然、ヘドサーの住民が同税の支払いを拒否した。当時のリトル・マーロウは肥沃な土地からなり、テームズ川に面した波止場を通じて交易活動も活発な地域であったことから経済的豊かさを享受していた。そのため、ヘドサーの住

民たちは、中世以来の割当額を支払うことで、彼らの方が明らかに経済的な損失を被っていると不満を感じていたからである[32]。リンカンシャのモウルトン（Moulton）では、2人のよそ者ブルック（W. Brooke, ウェストミンスター出身のヨーマン）とブッチャー（T. Butcher, ロンドン市出身の肉屋）が、この地の住民を告発している。同地の慣習によれば、同税はまず共有地を利用するよそ者の家畜に課税し、その残りを住民の土地に課税して徴収されることになっていた。ところが、彼らは勝手によそ者の家畜に対する税率を引き上げたというのである。それに対して住民たちは、彼らが裕福であるのに何ら村内の共同体的負担を共有しておらず、またホスピタリティにも欠け、村の貧民を援助するという責任さえ果たそうとしていないためだと抗弁している[33]。この事例は、共同体の秩序を乱す者に対する制裁措置（＝税率の引き上げ）としての一面も合わせ持っており興味深い。

（4）「地方の慣習」を媒介とした共同性

　同税を巡る紛争の検討から見えてきたことは、16世紀イングランドの地方社会の共同性が「地方の慣習」の正統性を媒介として維持されてきたという点である。中世以来、課税はそう度々行われるものではなかったし、税負担者も代替わりしていく。住民の多くが文盲である以上、「地方の慣習」は口承を通じて確認していく必要があった。「地方の慣習」は、村落共同体の合意事項として代々口承されていく中で正統性を付与されることになったのである。一方、徴税官から委託されて実際に徴税を行っていた治安官（constable）の中に占める文盲率も地域によっては、かなり高くなった。1616年にヴィルトシャのある治安官は、命令書を受け取るたびに、2マイルも離れたところに赴いて、その内容を代読してもらっていたが、そのような治安官は当時としては、珍しくなかったものと思われる[34]。したがって訴訟において文書記録が最良の証拠であることに間違いないが、それ以外の場合、住民たちの共通の記憶に基づく証言に依存するしかなかった。この問題については、今後の検討課題にせざるをえないが、それ

Ⅰ部　個の解放と社会化

に関してトーマス（K. Thomas）が非常に興味深い指摘を行っている。すなわち、「地方の慣習」が過去の共同体の記憶に依存していたため、地方共同体における社会的ステイタスは資産や官職だけではなく、年齢によっても決まったというのである。つまり多くの村では「教区内の長老」たちにより非公式に統治されていた側面があるのである。1643年にオックスフォードシャのいくつかの村で恐ろしい事態が生じた。この年に流行した疫病により村の長老たちがすべて犠牲になってしまったというのである。そのためこの教区の慣習や特権を十分に記憶している人物が殆どいなくなり、村の共同体的秩序を揺るがしかねない問題が生じたのである[35]。

ブラディックによれば、財務府の衡平部門の訴訟において証言を行ったものの平均年齢は54歳であり、416名の全証言者のうち181（43％）名が60歳を越えていた。その中には90歳以上の人物が3名、ハズバンドマンであったカルティス（R. Curtis）なる人物は、自称、100歳であった。ここでは、彼らの年齢の真偽が問題なのではない。彼らは証人として遠い昔の記憶をたどりながら古来の慣習を暗誦したのである[36]。16世紀イングランドでは、確かに中央政府レヴェルにおいては「行政革命」の時代と評されるように文書行政の発達を見た。しかしながら、いったん地方社会のレヴェルまで降りてみると、そこには依然として法的行為、口承、慣習、儀礼、誓約、文書などが複雑に絡み合う社会があったのである。こうした社会においては、法的行為を記された文書は常に読み上げられ、その場に居合わせた者たちに「読み聞かせる」ことにより内容を確認していく必要があった。また同時にそうした法的行為や「地方の慣習」を記憶している人々が存在することも、同じくらいに重要な意味を持っていた。

では、最後に中世以来つづいてきた10分1税の終焉の場面に目を転じてみよう。（表1）に見られるように、1621年の議会で国王の課税要求に関して議論が重ねられ、2回の補助税は認められたものの、10分1税は貧民に対して過大な税負担をもたらすという反対理由で却下された[37]。1625年の議会でもE．ガイルズ（E. Giles）は次のような演説を行っている。多くの貧民たちが先の3度の補助税（1624年）の支払いのために家財道具を

第 1 章　近世イギリスにおける議会課税の政治学

売却する憂き目にあい、彼らの中には15分1税の支払いに反発したものさえあった。というのも同税がわけても都市や古びたバラ（boroughs）に住む貧民に多大な税負担を強いていたからである[38]。こうして1621年と同様に2回の補助税は認められたものの、10分1税は認められなかった。これ以降、議会において同税の是非自体が審議されなくなり、事実上、廃棄されるにいたったのである。

　地方社会において同税に対する不満が高まっていることは、中央政府や議会でも十分に認識されていた。中央政府の側の対応は、各地域の割当額の改定などを通じて同税の延命を図るのではなく、それを廃棄することで地方社会の内部でほころびかけていた共同性の修復、中央と地方の政治的・社会的関係の安定性の回復が試みられたのである。この問題を地方の徴税官や治安官の立場から考えると、「地方の慣習」が想像以上に彼らの活動に対する抑制効果を発揮していたことを意味する。つまり彼らの地方社会における権威の源は、官職そのものよりもむしろ、彼ら自身の名誉や名声に関わるものであり、それを維持するためにも「地方の慣習」をないがしろにするわけにはいかなかった。地方の官職保有者たちは、常に国家と地方の二つのレヴェルの秩序観を持ち、状況に応じて両者を使い分けていく必要があったのである[39]。

おわりに

　共同体内部における10分1税の支払いは、古来の「地方の慣習」に基づく住民間の合意を前提として行われた。したがって、同税の支払いを拒否するということは、共同体の秩序を乱す行為であり、住民による制裁の対象となった。また税負担の不公平さが生じた場合にも、10分1税と補助税の負担額の調整、あるいは後者の免除といった形で各地域で柔軟に対応されていた。しかしながら、1580年代末以降の戦費の増大にともない、同税の課税強化がなされたことで、地域間の税負担の格差や逆進化の傾向が強まり、地方内部で様々な紛争が生じるようになったのである。

I部　個の解放と社会化

　紛争の性格について考える際に、まず基本的な事実として、同税は議会制定法に基づいて課されるのであり、いわば王国全体の同意を得ていたことを確認しておきたい。つまり、同税は十分に法的正当性を有しており、地方の側でも同税の支払いは、王国を構成する共同体の義務と捉えられていた。また同税ならびに補助税の査定・徴税業務は委託（Commission）制度に基づき、地方の自主性に任されていた。少なくとも、この二つの点が国王＝政府により保証されている限り、同税を巡る紛争の性格が、中央政府や国家への反発、あるいは課税そのものの正当性を否定するものとはならなかった。同税をめぐる紛争とは、あくまでも地方社会内部の問題、より具体的には「地方の慣習」や特権に基づく割当額の公平性に関わる問題であったのである。たとえ地方社会内部における調停がうまくいかなかったとしても、集団的暴力に訴えるのではなく、中央政府＝財務府による調停や裁定に委ねられたことに象徴されるように、合法的手段による解決が図られた点は重要であろう[40]。地方の側は地方統治の自主性を認められながらも、同時に国家の調停・裁定機能に大きく依存している以上、テューダー朝国家や法の正当性を否定することはできなかったのである。

　確かに16世紀末以降に同税に対する地方の側の不満が高まり、財務府における訴訟件数が激増することは、当時の議会課税システムの限界を示している。しかしながら、それは内乱（Civil War）の予見として安易に中央と地方の関係の悪化と捉えられるべきではない。むしろ両者の間に一定の政治的・社会的共生関係が維持されていた、あるいはそのための努力が繰り返されていた点をこそ強調されるべきであろう。このように中央政府―議会―地方社会の相互に、ある程度まで政治的回路が開かれていたことで、はじめてテューダー朝国家はその前後の時代に挟まれて政治的安定性を享受しえたのである。

註
1）国王による課税は大権的課税（Prerogative Tax）と議会の承認を必要とす

第1章　近世イギリスにおける議会課税の政治学

る議会的課税（Parliamentary Tax）とに分かれる。議会的課税は、さらに直接税と間接税（主なものは関税、内国消費税）とに分かれている。

2）10分1税に関する研究としては、以下を参照。Hudson, Revd W., 'The assessment of the townships of the county of Norfolk for the King's tenths and fifteenths as settled in 1334', *Norfolk Archaeology,* xii(1895), pp.243-97; Willard, J.F., *Parliamentary Taxes on Personal Property 1290 to 1334* (Cambridge, Mass., 1934); Dietz, F.C., *English Government Finance, 1485-1558* (London, 1964(1932)); do, *English Public Finance* (London, 1964(1932)); Schofield, R., 'Parliamentary lay taxation 1485-1547' (PhD thesis, Cambridge, 1963); do, 'Taxation and the political limits of the Tudor state', in Cross, C., eds., *Law and government under the Tudors* (Cambridge, 1988); Glasscock, R.E., ed., *The Lay Subsidy of 1334* (London, 1975); Brradick, M., *Parliamentary taxation in seventeenth-century England* (Woodbridge, 1994); do, *The nerves of state : taxation and the financing of the English state* (Manchester, 1996) ［酒井重喜訳『イギリスにおける租税国家の成立』ミネルヴァ書房、1996年］; Hoyle, R., *Tudor Taxation Records* (London, 1994); Jurkowski.M., eds., Lay Taxes in England and Wales 1188-1688 (London, 1998); 拙稿「近世イギリスにおける国家と社会―10分1税・15分1税の課税問題の分析を中心として―」（佐藤眞典先生御退職記念論集準備会編『歴史家のパレット』溪水社、2004年、150-170頁、所収）

3）当時、国王が議会に課税の承認を求めることができるのは、戦争などの非常時に限るという課税原則が存在していた。エルトンは1534年以降にこの原則が拡大解釈され、平時の統治費の支弁のために課税が認められるようになったと主張したが、その後、有力な反論が加えられている。この論争については、さしあたり以下を参照。Elton, G.R., 'Taxation for War and Peace in Early-Tudor England', in do, *Studies in Tudor and Stuart Politics and Government,* 4 vols, (Cambridge, 1974, 1983, 1992), vol.4, pp.216-33; Alsop, J.D., 'The Theory and Practice of Tudor taxation', *(E)nglish (H)istorical (R)eview,* vol.97 (1982), pp.1-30; Hoyle, 'Crown, parliament, and taxation in sixteenth-century England', *E.H.R.,* vol.109 (1994), pp.1175-96; 酒井重喜『混合王政と租税国家』弘文堂、1997年；拙稿「絶対王政と「行政革命」」（指・岩井編『イギリス史の新潮流―修正主義の近世史―』彩流社、2000年、所収）。

4）Braddick (1994), pp.26-30; Wrightson, K., 'Two concepts of order : justices, constables and jurymen in 17th-century England', in Brewer, J. and Styles, J., eds., *An ungovernable people* (London, 1980), pp.21-46.

5）Willard, *op.cit.*, pp.9-13; Jurkowski, *op.cit.*, pp.xxvi-xxxv; Dyer, C., 'Taxa-

37

I部　個の解放と社会化

tion and communities in late medieval England', in Britnell, R., eds., *Progress and problems in medieval England,* (Cambridge, 1996), pp.168-190; 拙稿、153－4頁。

6) *Rotuli Parliamentorum,* 1278-1504, vol.IV, p.425; *ibid.,* vol.V, pp.68, 623; 拙稿、154－5頁。

7) Willard, *op.cit.,* pp.11-2; Schofield (1963), p.62.

8) たとえば1545年法（37Hen VIII c.25）は、徴税官の財産資格を年価値10ポンドの土地かあるいは100マルクの評価額以上の動産を所有する人物に限定している。

9) Schofield (1963), pp.70-1; Braddick(1994), p.24. 詳しくは、拙稿、155－7頁を参照。

10) 多くの場合、実際の徴税は治安官（constable）、ベイリフ（bailiff）、市長、教区の指導者たちに委託された。Schofield (1963), p.81;Braddick (1994), pp.25-6.

11) Braddick(1994), pp.24-5; do(1996), p.92（邦訳、89頁）.

12) この訴訟については、スコフィールドが詳しく紹介してくれている。Schofield(1963), pp.84-5; Dyer, *op.cit.,* p.186. 拙稿、157頁。

13) Dyre, *op.cit.,* Table 9.1, 9.2. 五つの地区は以下の通りである。Emberton (Buckinghamshire), Newborough & Hoar Cross (Staffordshire), Walfold & Howle (Herefordshire), West Horndon & Childerditch (Essex), Writtle (Essex)。もちろん、これだけの断片的なデータに基づくデータを、イングランド全体に一般化することはできない。拙稿、160－3頁も合わせ参照。

14) Archer, I., 'The Burden of taxation on Sixteenth-Century London', *Historical Journal,* vol.44 (2001), p.626.

15) 1487～1515年までが補助税導入の試行期間であり、1523年に定型化したと考えているが、この問題については別稿において論じたい。

16) ロンドンでは補助税額が13,945（1571－2年）ポンドから5,585（1602－3年）ポンドへと約40％ほど減少した。これは同じ時期の補助税の総収入額が117,000ポンドから76,000ポンドへと約35％ほど減少していたことからして、ロンドンにおける税逃れは目に余るものであったといえるだろう。これらのデータについては

　　http://senior.keble.ox.ac.uk/fellows/extrapages/iarcher/levies.htm を参照。

17) 大蔵卿（the Lord Treasurer）のウィンチェスター侯は、1559年に1,200ポンドの査定を受けたが、1566年には早くもそれが800ポンドに減少している。財務官僚のトップがこのような状況であれば、王国全体でいかなる査定が行

第1章　近世イギリスにおける議会課税の政治学

われていたのか、おおよその検討はつくであろう。Miller, H., 'Subsidy assessments of the peerage in the sixteenth century', *Bulletin of the Institute of Historical Research,* vol.28 (1954), pp.15-34.

18) Braddick (1994), p.54; Archer, *op.cit.,* p.605.
19) Archer, *op.cit.,* p.624.
20) Braddick (1994), pp.56-8.
21) *Ibid.,* p.59-61.
22) Archer, *op.cit.,* pp.614-23.
23) Braddick(1994), p.42. 衡平法はコモン・ローと並ぶ一つの独立の法体系であり、後者では救済が与えられないタイプの事件に正義と衡平の見地から救済を与えるための法。特に財産没収などの差し止め命令（injunction）は、衡平法の重要な分野であった。テューダー朝期に衡平法裁判所と大権裁判所が急速に発達していったと言われている。T. プラクネット／伊藤正巳監訳『イギリス法制史（上）』東大出版会、1980年、第7・8章。Bryson, W.H., The *Equityside of the exchequer, its jurisduction, administration, procedure and records* (Cambridge, 1975).
24) Schofield (1963), p.145; Braddick(1994), p.26.
25) たとえば *Letters and Papers, Foreign and Domestic, of the Reign of Hen VIII, 1509-1547,* vol.XVII, no.799 を参照。
26) 3Hen VIII c.22; 7Hen VIII c.9.
27) (P)ublic (R)ecord (O)ffice, E112/48/160, fo.4. また Braddick(1994), p.42; Braddik (1996), p.112（邦訳、108頁）にも要約が掲載されている。
28) *Ibid.,* E112/31/263.
29) *Ibid.,* E112/31/313.
30) Braddick(1994), p.47; do(1996), p.156（邦訳153頁）.
31) PRO, E112/31/308.
32) Braddick (1994), p.49.
33) *Ibid.,* p.48; J. Thirsk, eds., *Seventeenth-century economic documents* (Oxford, 1972), p.603.
34) Wrightson, *op.cit.,* p.27.
35) Thomas, K.V., 'Age and authority in early modern England', *Proceedings of the British Academy,* vol. lxii (1976), pp.205-248, esp. pp.207-9, 233-4.
36) Braddick (1994) pp.51-2.
37) Russell, C., *Parliaments and English Politics 1621-1629* (Oxford, 1979), p.91.
38) Jansson, M., and Bidwell, W.B., eds., *Proceedings in Parliament 1625*

Ⅰ部　個の解放と社会化

(London, 1987), p.274.
39) Wrightson, *op.cit.,* pp.21-6;Fletcher, A.J., 'Honour, Reputation and Local Officeholding in Elizabethan and Stuart England' in Fletcher and Stevenson, J., eds., *Order and disorder in early modern England* (Cambridge, 1985), pp.92-115, esp.pp.92-4, 113-5;Braddick, 'Administrative performance : the representation of political authority in early modern England', in Braddick and Walter, J., eds., *Negotiating Power in Early Modern Society : order, hierarchy and subordination in Britain and Ireland,* (Cambridge, 2001), pp.166-187, esp., p.171.
40) Braddick (1994), pp.53-4, 63, ch.6; Braddick (1996), ch.8, ch.9（邦訳、第8・9章）; Fletcher, *op.cit.,* pp.113-5.

第2章　イギリス革命期の「大衆請願」にみる革新的共同性

友　田　卓　爾

はじめに

　共同して陳情又は苦情を国家機関に申し立てることは臣民の権利として中世以来保障されていたが、イギリス革命期（1640～60年）には議会に圧力をかけるロビー活動を目的とする「大衆請願_{マス・ペティション}」（多数の人びとの署名リストを付した、集団による請願）が頻繁に組織された。つまり、初めは議会派が、次いで（高）長老派・独立派・レベラーなどの政治党派が多数の署名を集め、デモンストレーションを伴う請願を組織した。
　大衆請願が出現した背景には「印刷・出版革命」[1]があった。本章では、活字で印刷された請願書の用い方に注目して、大衆請願という革新的な共同行為の歴史的意義を考察する。このような研究課題を設定した理由は、「ただ統治されるだけの存在」[2]とみなされていた職人・労働者・女性などの一般民衆が大衆請願を媒体にして政治的空間に登場した革命のもとでリベラルな民主主義の政治文化が醸成したからである。イギリス革命期に「印刷と民主主義の醱酵とが組み合って、イギリス史上はじめて公衆の耳が利用できるようになり重要になった」[3]とフランクは指摘しているが、ここでは大衆請願に焦点を合わせて、議会の外に原初的な（民衆的な）「公共圏」が誕生した（「公衆」が出現した）ことを明らかにしたい。

1　大衆請願の政治的革新性

　革命の初期（1640～42年）に、反国王派の指導的な議員は、請願書を印

I部　個の解放と社会化

刷してプロパガンダのために用いた。しかし、請願書の印刷（情報開示）は、議員たちが本来意図しない結果を招いた。つまり、請願書の写しを携えた大集団のデモンストレーションが組織された。また、整然としたデモ行進と代表者による請願書の提出方法を目撃しようとする大群衆が、議会前の広場や街路などの公共の場に出現した。はじめに、革命初期の主だった大衆請願の共同行為（コミュニケーション行為）について、その政治的な革新性を考察する。

（1）1640年9月はじめに、国王に敵対する庶民院の指導的議員ピム（John Pym）らは、国王に議会開催を求めた12人の貴族の請願書（9月5日提出）[4]を印刷してロンドン市民に開示した。間もなく作成された『ロンドン市民の請願』"The Humble Petition of your Majesties Subjects the Citizens of London."[5]の内容は、「12人の貴族の請願書と全く同じ趣旨」であった。それは、4人の市参事会員のほかに1万人以上の署名を付して9月22日に国王へ提出された[6]。

『ロンドン市民の請願』は、市当局（市長・市参事会・市会）の請願書ではなかった。請願書が「市民の名で」（自治体住民の名で）作成されたということは、都市自治体を代表して請願書を出す権限を有する市当局をバイパスして、市民（上層・中層市民）から直接提出されたことを意味する。したがって、この請願運動は伝統と慣習を逸脱した「非常に危険な」共同行為とみなされた。枢密院はこう非難している。「ロンドン市民の名で陛下に差し出すと見せかけている請願書の写しが存在し、幾らかの区（Wards）において請願書への署名をたくさん集めようと骨折られていることをわれわれは知っている。……われわれは、市民の名で請願書が作成され、シティの勅許状と慣習によって認可されていない方法で署名が手を尽くして集められていることを、非常に危険であり奇妙なことだと考えざるをえない」[7]。

（2）1640年12月11日に、一般に『根と枝』として知られる請願書"The Humble Petition of many of His Majesty's Subjects in and about the City of London, and several Counties of the Kingdom."[8]が庶民院に提

第2章　イギリス革命期の「大衆請願」にみる革新的共同性

出された。主教制国家教会体制の弊害を28ヵ条にわたって列挙し、「この教会管理が、そのあらゆる付属物とともに根も枝も廃止される」[9]ことを要求する『根と枝』請願は「ロンドンの市民たちによって持ち込まれた。それは、表を作って1万5,000人の署名を添付していた。2人の市参事会員が2、3人のシティ・キャプテンを伴って、この請願書を議会に引き渡した。同じ時刻に数千人の市民がこの提出作法(ビジネス)を見守ろうとしてウェストミンスターに集まったので、ホールとその近辺は再び群衆でいっぱいになった。」[10]

この大衆請願の革新性は、多数の署名が集められたことや、「市民の請願」として市当局を介さず直接庶民院に差し出されたことのほかに、群衆の圧力を利用して議会に提出されたことにあった。数千人の市民がこの提出作法を見守ろうとしてウェストミンスターに集まったことは、この請願が議会へのロビー活動を目的にしたものであったことを暗示している。この点についてデグビィ（Digby）卿はこう攻撃している。「この請願書の大胆な部分について言えば、何をいかになすかについて、請願者が議会に向かって指図している。それだけでない。民衆の集団（a multitude）が、政府は何であり何でないかを、神の言葉にしたがって議会に教えている。これ以上に大きなでしゃばりがありえるであろうか」[11]。

（3）ロンドン市民の『根と枝』請願の内容をモデルにして、多くの州から請願書が議会に提出された。それらの請願書は、数千人の署名を付して、大勢の騎乗や徒歩の人びとによる盛儀堂々としたデモンストレーションでもって持ち込まれ、州選出議員によって議長に手渡された。最初に到着したのはケント州の請願者たちであり、1641年1月13日に『根と枝』請願と同じ趣旨の請願書を同州選出議員ディアリング（Sir Edward Dering）を通じて提出した。その写しが"The Humble Petition of many of the Inhabitants within His Majesty's County of Kent."[12]であり、1640年12月に署名を集めるために州内を回覧されていた。

同日（1月13日）にはエセックス州からも同様な請願書が提出された。これを口火に1月末までに13州から請願書が提出された[13]。ディアリング

43

Ⅰ部　個の解放と社会化

はこう書きとめている。「多数のロンドン市民から差し出された請願書と同じ内容の請願書がケントから……私のもとに提出された。現在それは印刷物になっている。それはロンドン市民請願の卵でないにせよ、この請願の音節の発音を教え込まれて『根と枝』をまねて繰り返すオウムである」[14]。

地方からの請願に共通した特徴的な用法は、ロンドンの市民請願を「まねて繰り返すオウム」であった。それゆえ、署名とデモンストレーションでもって『根と枝』請願に呼応した一連の地方請願の目的は議会へのロビー活動にあったといえる。

（4）1641年11月に庶民院は、チャールズ1世の治世15年間における教会と国家の統治に関する苦情を204項目にわたって列挙した告訴状を作成し、これを伝統的な請願の形式でもって国王に差し出した。一般に『大抗議』として知られるこの告訴状 "The Petition of the House of Commons, which accompanied the Remonstrance of the State of the Kingdom, when it was presented to His Majesty at Hampton-Court, Decemb. 1st.1641."[15] について審議したとき、庶民院議員は真っ二つに分裂した。意見の際立った対立は、内容や表現よりもむしろ、印刷して民衆に開示するという作法（行動様式）をめぐる衝突であった。多くの議員が反対した理由は、『大抗議』の真の狙いが国王への訴えというよりも「民衆へのアピール」にあったからである。カルペッパー（Sir John Colepeper）はこう異議を申し立てた。「すべての訴えごとは国王に申し出られるべきであり、民衆に宛てられるべきではない。というのは、国王だけがわれわれの苦情をとり去ることができるからである」。「われわれの文書は、国王および貴族院との交渉なしに民衆に宣言を送る権限をわれわれに認めていない。また、かつてどの議会もそのようなことをしなかった。公共の平和にとって危険である」[16]。彼の見解では、訴えごとは本来国王に向けてなされるものであり、しかも苦情の救済を求めるものであるから、一般民衆の感情を扇動するプロパガンダであってはならない。ハイド（Edward Hyde. のちのクラレンドン Clarendon 伯）も非常に熱をこめて、次のように異議を唱えた。「大抗議は、民衆へのアピールという性格によって、民

第2章　イギリス革命期の「大衆請願」にみる革新的共同性

衆にとって従来用いられることのなかった道具になると思われる。非常に危険な結果をもたらすことがわかるであろう。……おそらくそれは民衆に既成の政体への嫌悪を吹き込むであろう」。それが、国王と貴族院を「公共の正義の妨害者、改革の敵であるとして民衆にアピールする」とき、国王と貴族院に対して「当然払われるべき尊敬が多くの点で減じる」であろう[17]。ディアリングも反対してこう述べた。「私がはじめて大抗議について聞いたとき……下方に向けて訴えかけ、民衆にいろいろ話をし、第三者としての国王について語るとは夢にも思わなかった。そのような大抗議の効用と目的を私は理解しないし、少なくとも理解したくない」。「私は、われわれの苦情の救済を一般民衆に求めないし、また彼らに救われるのを願いはしない」[18]。

ハイドたちの認識によると、従来秘密とされてきた議会での討議や請願書の内容を印刷して議会の外に公表すること[19]は、先例のない「危険な企て」であり、次節でみるように「恐るべき」機能を請願書に帯びさせることになる。

　［小括］国王反対派の急進的な議員を支持するロンドン市民が請願書を作成して印刷し、それを配布して多数の署名を集めた。次いで、請願書の写しを携えた人びとの整然としたデモンストレーションの後に、代表者が議会や国王に請願書と署名表を差し出した。続いてこれに呼応して、多くの地方から請願デモが連鎖して首都とウェストミンスターへ繰り込むことによって、全国的な規模の共同性が表現された。そうした革新的な請願（請願書の用い方）は、旧来の政治的コミュニケーション行為の範囲や目的を逸脱するものであった。というのは第一に、「秘密保持」の規範に違反して、請願書の内容が印刷出版（情報開示）されたからである。第二に、請願書がロビングの手段として用いられたからである。その結果、急進的な議員が予測しなかった厄介で危険な事態が生じることになった。日々首都とウェストミンスターに繰り込む整然としたデモ行進や代表者による請願書の提出マナーを目撃することによって、多くのロンドン住民が新しい型の政治的コミュニケーションに強い関心をもったのである。

2 大衆請願の社会的革新性

　政治的コミュニケーション行為の伝統を逸脱した新しいタイプの請願は、一般民衆の政治参加を不可避にした。本節では、従来「ただ統治されるだけの存在」であった「貧しい人びと」が、国王と議会の衝突を決定づけた大事件（『大抗議』の出版公表と国王の議会侵入）を契機にして、政治的なコミュニケーション行為の主体として登場する社会的経済的なコンテクストを探る。

　（1）1641年12月1日、『大抗議』がハンプトン・コートの国王に提出された。国王は返事を送るまで『大抗議』を出版しないように指示したが、それは直ちに出版公表された。12月の第1週に、ロンドンでは請願書 "The Petition of Aldermen, Common-Councelmen, and other inhabitants of London." [20] が作成された。この請願書は、『根と枝』請願の1周年記念日である12月11日に庶民院へ提出された。つまり、「請願書を提出するために選ばれた市参事会員、同代理、商人、市会議員、その他多数の上層の身なりのよい人びと400名」が50台の馬車に分乗してウェストミンスターへ行進した。彼らは「自分たちが最下層の民衆だけであるという中傷を避けるために、できる限り最善の仕方で身なりを整え、馬車でやって来た。それは気取った態度であった」。この請願書は「幅が約4分の3ヤード、長さが約24ヤード」であり、1万5,000名ないし2万名が署名していた。フォーク（John Fowke）が「丁重かつ慎重な演説をして」請願書を提出した[21]。

　この請願書は、議会による教会と国家の諸改革に感謝しながらも、貴族院におけるカトリック教徒議員と主教の投票権のために十分な効果があがっていないことを嘆いたあと、「カトリック陰謀」への怖れを表明し、その対策として、アイルランド反乱を鎮圧するために相当数の兵員を直ちにアイルランドへ派遣すること、シティと王国は平和を確保するために防御体制をとること、「請願者たちが反徒への恐怖から免れ、営業に力づけ

第 2 章　イギリス革命期の「大衆請願」にみる革新的共同性

られる」ようにカトリック教徒議員と主教を貴族院から排斥することを要請した。この請願が組織された目的は、ピムらに指導される反国王派の政策を支持することにあった。

　ところで、この請願はカトリック教徒への恐怖心を利用して街区共同体で組織された。署名を拒否すれば、誰それは隠れカトリック教徒であるとかカトリックのシンパであると刻印することができたから、署名への圧力は大きかった。庶民院にもたらされた情報によると、「アベ・マリア・レィンの the Maidenhead の反物商ウイリアム・ホブソン（William Hobson）が夜の 9 時から10時まで、警官とともに教区民を自分の家に召集した。そこで彼は教区民にこう言った。この請願書への署名を拒む者は善きクリスチャンでもなければ正直者でもなく、また愛国者でもない、と。さらに彼は、自分の役割をかたづけたあと請願書を次の市会議員に送ると言った。このボブソンは危険な党派的人物であり、多くの嘘をついて署名させた。次の区では、パタノスター・ロウの the Hen and Chickens の市参事会員代理テイラー（Taylor）が、大部分の教区民を彼の家に召集し、署名するよう説得した。アベ・マリア・レィンの端にある the Seven Stars の反物商ジョージ・クラーク（George Clarke）と彼の隣人である the Cock のアダム・ホートン（Adam Houghton）は、彼の教区の主要な扇動者である」[22]。この情報からわかるように、この請願は行政区を単位として上からの強制力とパトロネジのもとで中層の商人、商店主たちによって組織された。彼らは同時に警官などのロンドン下級役職にあり、近隣にある種の影響力と権威をもち、隣人たちを自分の家や店に召集するのに慣れていた。署名は区毎に集められた。市内では区が、郊外では教区が組織上の単位であった。店は政治を論ずる場所や政治活動の拠点にもなった。商人や商店主たちは、請願書を預かり、顧客に署名を頼むことに慣れていた。居酒屋や旅籠も、政治を論じたり署名を集めるのに好都合な会合場所であった。12月11日のロンドンの請願書は White Lion Tavern に貼り出されたようである[23]。

　（2）1642年 1 月 4 日、国王はピムやハムデン（John Hampden）など

Ⅰ部　個の解放と社会化

5名の急進的な議員を逮捕するために武装警備隊を率いて庶民院に侵入した。事前に情報を得ていた5名はシティに逃亡して難を免れた。彼らがウェストミンスターに凱旋した翌日（1月12日）、ハムデンの選出州バッキンガムシャから「3,000人以上が乗馬でやって来た。光栄ある法廷に提出する請願書を持っていることをほのめかして、個々人が抗議書を携えていた。他の人びとは徒歩であった。全員が3、4列に並んで王立取引所からニューゲートに到着し、ウェストミンスターに入った」。全部で5,000人から6,000人の多数にのぼったといわれる[24]。バッキンガムシャ住民の請願書には幾つかの写しが現存するが、その中の"The Humble Petition of the Inhabitants of the County of Buckingham, Presented to the kings most Excellent Majestie at Windsor the thirteenth of this instant January. 1642.……Printed for John Burroghes 1641."（ブロードサイド刷）[25]は、提出後に「議会の回答」を載せて出版されたものである。このほかにパンフレット刷のものも出版されている。一般的にいって、複数の写しが存在する場合には、一つは署名を集める目的のものであり、ブロードサイド刷が多い。もう一つは、提出後に不特定多数の読み手（公衆）に宛てられたものであり、パンフレット刷のものもあるし、別個の請願書を添付している場合もある[26]。

　バッキンガムシャからの請願デモを起点として6週間のあいだ、ロンドンの一般民衆は騎乗か徒歩でウェストミンスターに繰り込む数百人から数千人の人びとの縦隊を目撃した。ろくろ職人ウォリントン（Nehemiah Wallinton）はこう書きとめている。「ケントの人びとがフィッシュ・ストリート・ヒルへ来るのを私はこの眼で見た。抗議書を帽子や腰帯にさした騎乗の数百名の人びと。彼らは3列になって整然とやって来た。先頭にはナイトとジェントルマン。次に約20名の牧師、その後にそのほかの騎乗や徒歩の人びと」[27]。地方から繰り込む請願デモはジェントリの統制下にあり、整然としていた。1642年1月から同年8月までの期間にイングランド40州のうち38州で請願が組織された[28]。印刷された請願書の写しを携えてひっきりなしにやって来る請願者たちのデモ行進は、目撃した一般民衆の

第2章　イギリス革命期の「大衆請願」にみる革新的共同性

ホットな話題になり、彼らに大きな衝撃を与えた。

（3）「多頭の怪獣」[29] として恐れられた、暴力に訴えるのを常とした下層民衆さえもが、請願の行為や内容に強い関心をもった。上京中のケントの地主オクシンデン（Henry Oxinden）は、「これほど大勢の、あらゆる類の抑圧された臣民（oppressed subjects of all sorts）が請願したことは歴史上いまだかつてない」[30] と1月末に書きとめている。

サフォークから請願書が提出された1月31日に、数百名の職人や「貧しい人たち」がモア・フィールズに集まり、請願書の写し"The humble Petition of many thousand poore people, in and about the Citie of London."（ブロードサイド刷）[31] を携えて庶民院へ行進した。

彼らは、営業の衰退のために生じている困窮からの救済だけでなく、政治について意見を述べた。つまり、営業の大衰退によって自分たちは「すっかり貧乏になった」こと、その原因が貴族院のなかの主教、カトリック教徒、悪質な徒党の優勢さにあることを訴えた。

ところで、請願書の写しは、個人に呼びかけて公共の場に貼り出されるポスターの機能を有していた。この写しのボトムに、次の言葉が刻印されているからである。'For the use of the Petitioners who are to meet this present day in More Fields, and from thence to go to the house of Parliament with it in their hands'. 文面からわかるように、「モア・フィールズに集まる請願者たち」がこの写しを「それぞれ手に持って議会にやって来る」ことによって、請願デモはアソシエーショナルな共同性（アイデンティティ）を表現した[32]。

（4）同日（1月31日）、職人たちと生活苦を共有する女性たちの一団が、「営業の大衰退によって引き起こされた彼女らの難渋と窮乏」を主教と貴族院のせいであると訴えた。この貴族院宛の請願書の写しが"The Humble Petition of many hundreds of distressed Women, Trades-mens Wives, and Widdowes."（ブロードサイド刷）[33] である。翌2月1日、この請願書への回答を求めて約400名の女性がパレス・ヤードを埋め尽くし、こう叫んだといわれる。「私たちは、自分の子供を連れてきた。家で飢え

I部　個の解放と社会化

させるぐらいなら、貴族院の扉の前に置き去りにしたほうがましだ」[34]。

（5）2月2日、「運び屋として知られていた貧しい労働者とロンドン市の最下層のメンバー」1,500名の請願書が庶民院に差し出された。彼らは、失業しているために、家賃の支払いもできず、わずかな持物を売るか質入れし、「街に出て物乞いせんばかりである」と窮状を訴えた。提出された後に出版された請願書の写しが"The humble Petition of 15,000 poore labouring men, known by the name of Porters, and the lowest Members of the Citie of London.."（ブロードサイド刷）[35]である。そのボトムには、6人の代表が請願書を議会に提出した際の「作法」が"A true relation of the manner how it was delivered."として伝達されている。それによると、「これらの表現については容認された。われわれ請願者たちは、服従しつづけることを望まれた。要求の一部が認められた。その他の要求については特別の考慮を約束された。われわれは満足すべきである。議長が請願者に与えた回答に対してわれわれは感謝を述べた。われわれは庶民院が注目してくれることを望んだ。自分らの急を要する救済について、遅れることなく意をはらってほしいとわれわれは頼んだ」。

［小括］以上のことから、「貧しい人たち」の請願活動の社会的な性格について、次のような革新性を指摘できるであろう。急進的なピューリタン議員を支持するロンドン中層市民は、パトロネジや強制力を背景に、街区（行政組織）を基盤にして大衆請願を組織した。これに対して、この請願から排除された「貧しい人たち」は、個々の「世帯」に共通した経済的な危機を背景に、家族関係や友人関係を基盤にして大衆請願を組織した。つまり、ギルド・職種を越えて連帯した職人たち、これに共振する女性（妻）たち、そして労働者たちという順番（社会的序列）で連鎖した請願を組織することによって、「ただ統治されるだけの存在」であった一般民衆が、コミュニケーション行為の主体として政治的空間に登場したのである。

第2章　イギリス革命期の「大衆請願」にみる革新的共同性

3　大衆請願キャンペーンが切り開いた地平

　すでにみたように、『大抗議』の印刷出版は、議会の分裂を決定的にするとともに、民衆が政治に介入する「好機」をもたらした。また内戦が勃発すると、印刷出版は政治党派の誕生と対立に大きな力をもった。そして、第一次内戦後の「ロンドン大闘争」(高長老派と独立派による大衆請願キャンペーン)において、党派の抗争は政策論争のかたちをとった。この闘争のイニシァティブを掌ったのはロンドン市当局(高長老派の牙城)であった。主要な係争点は、1646年には宗教上の寛容の問題であり、1647年に入ると議会軍解体の問題であった。そして、この反革命の政治過程に民衆の党派「レベラー」が登場した[36]。この節では、政策をめぐる党派間のオープンな論争が議会の外に政治的空間(公共圏)を創りだしたコンテクストを明らかにする。

A．ロンドン市当局の『シティの抗議』

　（1）1645年12月はじめに、高長老制を支持するロンドン市民たちが請願行動を起こし、請願文を起草して各区に送った。行政区が請願を組織する単位であった。請願文の写しは、区を回覧されたのち、署名とともに区集会（Court Ward Moot）に提出された。区集会において、この請願を支持する説教がおこなわれた。参集した住民たちは、恒久的な教会統治体制の早急な確立と「反寛容」を支持して議会に訴えるよう市参事会員に嘆願した。2週間後の1645年12月22日に、ファリントン・ウイズイン区から住民の請願書が市当局へ提出された。その写しが、"To the Right Worshipfull the Alderman, and Common Counsell-men of the Ward of Farrington within, at their Ward-Moot, 22. Decemb. 1645. A Representation of the humble and earnest Desires of the Inhabitants of the said ward."（ブロードサイド刷）[37]である。そのボトムには次のようなことが記されている。

51

I部　個の解放と社会化

　ファリントン・ウイズイン区に届けられた請願文は、区集会に「参集した住民全体の同意でもって承認された」。隣のファリントン・ウイズアウト区でも、同様の手続きを経て請願文が承認された。そして、「同一の請願文がロンドンの他の区でも提出され、承認された」。

　上の記述からわかるように、高長老派はロンドンの行政区を単位として署名を集めた。そのことを裏づける請願文の写しが"To the right Honourable the Lords and Commons assembled in Parliament, the Humble Petition of ［ブランク］."（ブロードサイド刷）[38]である。この印刷物は、ブランクの箇所に区名を記入して市当局に提出するための請願フォームである。

　1646年1月16日、市参事会員ギブス（William Gibbs）が市会の請願書を作成し、これを"Farrington-Within Petition"と一緒に貴族院へ提出した。この『1月請願』は、教区から分離したコングリゲーションの全面的禁止を求めて「反寛容」を訴え、『厳粛な同盟と契約』にしたがってスコットランド流の教会体制が早急に樹立されることを強く要求した。『1月請願』は、提出された後に"Farrington-Within Petition"と併せた版にして印刷されて公表された。その写しが"The humble Petition of The Lord Mayor, Aldermen, and Commons of the City of London in Common Councell Assembled."[39]である。

　（2）1646年4月14日、ロンドン市会は、王国に大量発生している分離主義と異端について討議した後、請願書作成委員会の設置を決議したが、ほどなくしてラディカルな提案が市会に出された。すなわち、これまでの請願書の多くが議会によって無視されるか、「議会特権の侵害」とみなされて拒否されたので、幾らかの市民が、おそらくロンドン市選出議員スティプルトン（Sir Philip Stapleton）の助言にしたがって、「抗議書」として訴えるよう促したのである[40]。

　5月はじめに市会は、両院へ提出する2通の抗議書について検討を始めた。3日間激論が戦わされ、採択の容易な項目に討議を限定したのち、5月22日に抗議書の内容がまとまった[41]。市民のあいだを回覧されたのち5

第2章　イギリス革命期の「大衆請願」にみる革新的共同性

月26日に代表委員団によって両院に提出されたこの請願書は一般に『シティの抗議』と称される。その写しが "To the Commons, the Remonstrance and Petition of the Lord Mayor and Common Councell"/"To the Lords. The Remonstrance and Petition of the Lord Mayor and Common Councell."[42)] である。

　庶民院宛ての抗議書は17項目から成っており、はじめにこれまでの請願書に掲げられた以下の諸要求が表明された。「秘密の分離教会」が全面的に禁圧されるべきこと。「すべての再洗礼派、ブラウニスト派、分離派、異端者、冒涜者、議会によって定められた、または定められるであろう公の規律に従わないすべてのセクトが訴えられ、そして彼らを起訴するためになんらかの有効な方策が打ち立てられるべきこと」。「神の言葉にしたがって」教会統治体制が確立されるべきこと。さらに抗議書は、「傷つきやすい良心者のために考慮を払う」議会の調停（寛容）政策を、「国民契約に反する寛容をセクトに期待させる」結果を招くという理由から攻撃し、「議会によって発布された、あるいは発布される長老制教会統治に不満をいだく者は公職に就くべきでない」と主張した。

　ところで、庶民院宛ての抗議書に関して注目すべきことは、それが宗教問題のほかに国政の基本的事項に触れている点である。すなわち、国王への早急な和平の提案、スコットランドとの連合の維持、アイルランドの再征服が要求されているのである。それゆえ、長時間に及ぶ論議が起こされ、庶民院は真っ二つに分裂した。その結果、「適切な時期に」考慮すると答えることでようやく意見がまとまったけれども、抗議書を考慮する「適切な時期」は見いだされなかった。一方、貴族院宛ての抗議書は、庶民院宛てのそれに比べて簡潔であり、さほど耳ざわりな表現でなかった。しかし、貴族院でも市当局の期待する返答は得られなかった[43)]。

　『シティの抗議』は議会に承認されなかったけれども、「単なる請願」をのりこえた「抗議」によって『1月請願』の切り開いた視界が拡大し、ロンドンと議会の関係は新たな段階を画した。なぜならば、宗教事項のみならず国政一般に関する政策綱領が作成されたことによって、「侵すべから

53

Ⅰ部　個の解放と社会化

ざる」議会特権が容易ならぬほど掘り崩されたからである。その意味で『シティの抗議』は、議会の権威に対する挑戦という性格をもつ文書であった。

（3）『シティの抗議』の提出後、多数の「ロンドンの市民と自由民」がこれを支持する請願書を作成した。その写しが"The Humble Petition of divers well affected Citizens and Free-men of London, under the Jurisdiction of the Lord Major."（ブロードサイド刷）[44]である。トマソン・コレクションで知られるトマソン（George Thomason）は、この写しに次のように手書きしている。「6月5日にできあがった。私自身、その作成と推進に一役買った」。この請願書は、諸区を回覧して6月23日に市当局へ提出された[45]。

ところで、この写し（署名集め用のオリジナル刷）のほかに、別のブロードサイド刷が出版されている。そのタイトルは"The true Copy of a Petition, delivered to the Right Honorable the Lord Major, Aldermen, and Commons of the City of London, in Common-Councell assembled, on Tuesday the 23 of June, 1646."である[46]。そのボトムにはこう記されている。「この請願書には数千人が署名した。すべての署名者が、上流市民・自由民および市長の管轄範囲の住民であった。請願書は、多数の立派な人士の手によって、彼ら自身とすべての署名者の名において、提出された」。文面からわかるように、この写しは、請願書が提出されたあとに改めて印刷出版されたものである。

B.　『シティの抗議』への「対抗請願」

（4）市会の1月請願（1646年1月15日）に「対抗する」請願書を準備するために、セクトの会合が1646年2月の最後の週にシティで開かれたといわれる。この会合では、「分離した集会を続けているすべての人びとの署名」を含めて4、5万人の署名を得ることや、「署名を得るために請願文をそれぞれの集会に送ること」が提案された。しかし、「対抗する」請願書は提出されなかった[47]。また、同年3月17日、独立教会派の人たちが

第 2 章 イギリス革命期の「大衆請願」にみる革新的共同性

「シティのすべての地区および郊外から」集まった支持者たちにデモを組織させた。そして彼らは、午後4時から9時まで「多数の敬虔な正統派キリスト教徒」とギルドの「ホールで幾つかのグループにかたまって」寛容問題を論議したといわれる[48]。その後5月にも、市会が『シティ抗議書』の最終形式について討議していたとき、その機先を制し、反対勢力（独立教会派の人たちと寛容の支持者たち）が市会へやって来て、彼ら自身の請願書を一緒に議会へ提出するように要請したが、それは議会に提出されなかった[49]。市会に提出した後に出版された請願書の写しが"A Petition of Citizens of London. Presented to the Common Councell for their Concurrence with, and thankfulness and submission to the Parliament; and that nothing may be done, tending to disturb the Parliament."（ブロードサイド刷）[50] である。そのボトムには 'This Petition was delivered May 22.1646. Subscribed by many Citizens, and assented unto by many more.' と記されている。

　高長老派の1月請願以後、ロンドンでは一般民衆を巻き込んで宗教上の寛容をめぐる対立が深まったが、そうした事態は、5月26日の『シティの抗議』を契機にして直接的な対決という様相を呈する。つまり6月2日、急進的な市民たちが「対抗する」請願書を提出した。「ロンドンの何千人もの人たちの謙虚な請願書が庶民院へ提出された。……これは、シティから提出された先の請願書に対する対抗請願（a Counter Petition）であった。今や、諸政策が対立を生み出すことになり、武器が執られ始める」[51]。提出後に出版された請願書の写しが"The Humble Acknowledgement and Petition of divers inhabitants in and about the Citie of London."[52] である。この「対抗請願」には2万人の署名が付されており、『シティ抗議書』に対する反撃と見なされた。エドワーズ（Thomas Edwards）によれば、ピーターズ（Hugh Peters）がこの「対抗請願」の準備に加わり、「署名を得るために彼の下男が請願文をシティのあちこちに運んだ」[53]。

　（5）市当局および高長老派市民の攻勢に対して危機意識をつのらせた独立教会派の人たちは、自己防衛のためにパンフレットでもって反撃を開

I部　個の解放と社会化

始した。最初の一撃が6月16日頃に出版された"A New Petition：Earnestly entreating Subscription of Hands to back the late City Remonstrance."である[54]。このパンフレットは、はじめに高長老派市民の市当局への請願書（6月5日作成）の内容を載せている。次に、この請願書が「危険な」内容であることを啓蒙宣伝するために「教区委員と教区民の対話」の形式をふんで、高長老派市民の請願内容に反対する「所見」("Observations upon the fore-going Petition by way of Dialogue between a Church-warden and a Parishioner.")を提示している。それによると、教区委員は教区民に『シティの抗議』を支持する請願書への署名を強要する際にこう言った。'it is as harmless a petition as ever was subscribed unto, and many honest and understanding men have subscribed it.' これに反論した教区民の言葉はこうである。'I will not make other men's examples, but my own reason the rule of my actions. …I look upon it as a very dangerous petition.' この反撃から明らかなように、「対抗請願」は新たな連帯を説明するための革新的な観念（民主主義の思想）を醸酵させつつあった。

（6）宗教上の寛容のみならず政治上の諸政策をめぐる対立は、7月7日に『イングランドの数千人の市民と自由民の抗議』"A Remonstrance of Many Thousand Citizens, and other Free-born People of England, to their owne House of Commons."[55]が出版されたことによって両極性を与えられた。オーバートン（Richard Overton）が執筆したといわれるこのレベラー文書は、貴族院によるリルバーン（John Lilburne）の投獄と不当な扱いに対して公に抗議する形式をふんでいるけれども、それは議会の権威に対する市当局の挑戦という政治局面のもとで作成された政治的社会的急進主義の表明にほかならなかった。「イングランドの数千人の市民と自由民」は「彼ら自身の庶民院」にこう抗議している。「あなた方は長い間、庶民院というよりも貴族院のように振舞ってきた、とあからさまに申し上げねばならない。請願という形式をふんで要望や動議を携えてわれわれがあなた方の扉あたりに近づくと、あなた方はきまって、われわれがあなた

第2章　イギリス革命期の「大衆請願」にみる革新的共同性

方の特権を侵しているのではないかと長い時間審議するからである」[56]。

『シティの抗議』が長老制教会体制の樹立と早急な和平の実現を訴える政策綱領宣言であったのに対して、『イングランドの数千人の市民と自由民の抗議』は、寛容の確立と国王権力の廃止を提唱する政策綱領宣言であった。それゆえ、ロンドンで展開した請願キャンペーンは、議会の権威と政策決定特権（公共圏の独占）に対する挑戦という地平を切り開いたといえるであろう。

［小括］以上のことから、党派間の抗争が切り開いた新たな地平について、次の点を指摘できる。寛容問題をめぐる論争が引き起こした宗教上の対立は、「ロンドン大闘争」のもとで政治的な対立に転換した。その決定的な契機は『シティの抗議』であった。宗教問題だけでなく国政全般に亘る諸政策を提言することによって、議会の権威と政策決定特権に挑戦したからである。その結果、党派間の請願合戦でもってオープンに論議する政治的空間（公共圏）が議会の外に切開された。そうした中で、パトロネジや強制力から自由な「公衆」として個人が連帯することを訴えかける党派「レベラー」が登場したのである。

おわりに

『大抗議』の出版が議会の分裂（国王派と議会派の形成）を決定的にし、『シティの抗議』の出版が主導権をめぐる議会派内部の対立を決定づけた。このことから分かるように、印刷・出版が革命の政治過程に果たした役割は多大であった。印刷・出版という視点から大衆請願という共同行為の革新性（個と共同性の関係）について整理すると、以下のことを指摘できるであろう。

①請願書が印刷されて配布されたのは、署名を集める目的のためだけではなかった。請願者たちに政治参加の「作法」を指示するためでもあった。たとえば、第2節（3）の職人請願書（写し）のボトムには、「モア・フィールズに集まり」、個人が「それぞれ手に持って議会にやって来る」

ようにとの指令が載せられている。このことは、請願書の写しが公共の場に貼り出されるポスターやビラの機能をもつものであったことを意味する。

②多くの請願書が、提出後に文書として印刷されて不特定多数の読者に向けて公表された。たとえば、第2節（5）の労働者請願書は、"A true relation of the manner how it was delivered."という一文を付帯して出版された。このことは、請願書が議会や国王に宛てられると同時に、民衆に向けられるコミュニケーションの媒体であったことを意味する。

③請願書の内容が不特定多数の読者に向けて公表された（パブリッシュ）ことによって、これに対応する公衆（パブリック）が出現した。したがって、第3節でみたようにロンドンを舞台にした党派間の大衆請願キャンペーンは、議会の外に政治的空間（公共圏）を切り開いたのである。

④開かれた政治的コミュニケーションのもとで、パトロネジや強制力に縛られない自由な個人の連帯・共同性を訴える民衆派「レベラー」が登場した。第3節（5）のパンフレットに掲載された「教区委員と教区民の対話」は、シティ当局の権威の虚偽性をあばくとともに、それに「対抗」する権威を個人の理性に求めた。請願書の写しを政治的コミュニケーションの媒体とした党派抗争は、レベラーの出現により、宗教の壁を超えたコミュニケーションのネットワーク構築を可能にしたのである。

註
1）拙稿（研究ノート）「イギリス革命におけるニュース報道と職人ウォリントン」『地域文化研究』（広島大学総合科学部紀要）第31巻、2005年参照。
2）トーマス・スミス（Thomas Smith）は1580年代に職人や日雇労働者たちのことを次のように表現している。この社会通念はイギリス革命期にも生きていた。'The fourth sort or classe amongest us, is ……day labourers, poore husbandmen, yea marchantes or retailers which have no free lande, copiholders, all artificers, as Taylers, Shoomakers, Carpenters, Brickemakers, Bricklayers, Masons, & c. These have no voice nor authoritie in our common wealth, and no account is made of them but onlie to be ruled, not

第2章　イギリス革命期の「大衆請願」にみる革新的共同性

to rule other, and yet they be not altogether neglected.' Mary Dewar ed., *De Republica Anglorum by Sir Thomas Smith,* Cambridge, 1982,p.76.

3) J.Frank, *The Levellers. A History of the Writings of Three Seventeenth-Century Social Democrats, John Lilburne, Richard Overton, William Walwyn,* Cambridge, Massachusetts, 1955,p.60.

4) J. Rushworth ed., *Historical Collections,* 10vols., 1680-1722 repr. 1969, PT II -2, pp.1260-2. K. Lindley, *The English Civil War and Revolution. A Sourcebook,* London and New York, 1998, pp.57-9.

5) Rushworth *op.cit.,* PT II -2, pp.1263-4.

6) B.Whitelocke, *Memorials of the English Affairs,* 2nd edn., London, 1732, p.36. S. R. Gardiner, *History of England from the Accession of James 1 to the Outbreak of the Civil War 1603-1642,* 10 vols., New York, 1965, IX,p.207.

7) Rushworth, *op. cit.,* PT II -2, pp.1262-3.

8) Rushworth, *op. cit.,* PT III-1, pp.93-6.

9) *Ibid,* p.93.

10) B.L.Additional Ms.11045, f.135, in Lindley, *op. cit.,* p.62.「市参事会員ペニントン（Pennington）が、数百名の人びととともに、ロンドン市民の請願書（Citizens Petition）を提出した。それは1万5,000人によって署名されていた」。Whitelocke, *op. cit.,* p.39.

11) Rushworth, *op.cit.,* PT III -1, p.172; B.L., E.196(30), pp.10-1.

12) B.L., 664.f.4(9); Rushworth, *op.cit.,* PT III -1, pp.135-6.

13) そのほかに、デボンシャ（2月19日）、ランカシャ、ノッティンガムシャ（4月21日）、リンカンシャ（5月27日）、オックスフォードシャ（7月27日）、サマセットシャ（翌年12月）から請願書が出された。したがって反主教制請願を提出したのは19州である。A.Fletcher, *The Outbreak of the English Civil War,* London, 1981, p.92.

14) *A Collection of Speeches made by Sir Edward Dering Knight and Baronet, in matter of Religion,* B.L., E.197(1), p.17 (1641.Nov.22.)

15) Rushworth, *op.cit.,* PT III-1, pp.437-51.

16) *Verney Papers. Notes of Proceedings in the Long Parliament by Sir Ralph Verney,* Camden Society, 1st Series, Vol.31,1845, repr. New York, 1968, p.122.

17) Clarendon, *The History of the Rebellion and Civil Wars in England,* 7vols., Oxford, 1849, VI , p.310.

18) B.L., E.197(1), pp.109, 118.

19) 王権との抗争時代以来、議会は議会討論の秘密保持の原則を「議会特権」とした。したがって、議会討論の公表は「議会特権の侵犯」であった。 J・

I部　個の解放と社会化

ハーバーマス（細谷貞雄・山田正行訳）『公共性の構造転換』（未来社、第2版、1997年）p.90. Keith Lindley, "London and Popular Freedom in the 1640s," in R.C.Richardson and G.M.Ridden, *Freedom and the English Revolution,* Manchester,1986, p.112. Sheila Lambert, "The Beginning of Printing for the House of Commons," *Library,* 6th series, 3(1981) pp. 43-61. D.Zaret, "Religion, Science, and Printing in the Public Spheres in Seventeenth-Century England", in C. Calhoun ed., *Habermas and the Public Sphere,* London, 1992, p.217.

20) B.L., E.180(16); B.L., 669.f.4(33); *C.S.P.D.*1641-43.pp.195-6.
21) Captain Robert Slingesby to Sir John Penington, London, Dec.16.1641, in *C.S.P.D.* 1641-43.p.202. 拙著『レベラー運動の研究』（溪水社、2000年）73頁参照。
22) *C.S.P.D.*1641-43, p.193.
23) V. Pearl, *London and the Outbreak of the Puritan Revolution,* London, 1961,pp.232-4; B. *Manning, The English People and the English Revolution 1640-1649,* London, 1976,pp.62-3.
24) *Historical Notices of Events occurring chiefly in the reign of charles I by Nehemiah Wallington,of St.Leonard's, Eastcheap, London,* 2vols., London, 1869,Vol.2, p.2.
25) B.L.,669.f.3(33).
26) 正式なタイトルを示すと、続けてこう印字されている。"……In the behalfe of Mr. Hampden Knight for the said County, and of the rest of the members of Parliament, accused by his Majestieof Treaso. With his Majesties gratious answere thereunto. London Printed for John Burroughes 1641". トマソン・コレクションのなかにパンフレット刷の請願書の写しとして次のものがある。"To the Kings most excellent Majestie. The Petition of the Inhabitants of the County of Buckingham, concerning Mr. Hampden, Mr. Hollis, Mr. Pym, Sir Arthur Haslerigge, and Mr. Strowd. With his Majestie's Answer or Message, sent by the Lord Keeper to both Houses of Parliament, From Windsor, January 13.1641. London. Prited for John Thomas,1641."B.L.,E.131(21). 庶民院に提出された請願書 "The humble Petition of the trained Band, and other Inhabitants of Westminster." が添付されている。このほかに、議会に訴えた請願書の写し（パンフレット刷）として次のものがある。① "The Two Petitions of the County of Buckingham: As they were presented to both Houses, by Knights, Esquires, Captaines, and Gentlemen, with a very great number of Freeholders, being the true

第２章　イギリス革命期の「大衆請願」にみる革新的共同性

Copy as it was presented to the Houses of Parliament, January 11.1641.Printed at London for F. Coles, & T.Banks, 1641." (B .L., E.131(20).) 庶民院に提出された別の請願書 "The humble Petition of the Marriners and Sea-men, Inhabitants in, and about the Ports of London, and the River Thames." が添付されている。② "The Two Petitions of the County of Buckingham, as they were presented to both Houses, by Knights, Esquires, Captaines, and Gentlemen, with a very great number of Freeholders, being the true Copy as it was presented to the Houses of Parliament, January 11.1641."(B.L., E.181(29)).

27) *Historical Notices of Events……by Nehemiah Wallington,* Vol.2,p.9.
28) Fletcher, *op.cit.,* Chapter 6.
29) 民衆が 'many-headed monster' とみなされていたことについては C.Hill, *Change and Continuity in 17th-Century England,* London, 1974, pp.181-204.
30) D.Gardiner ed., *The Oxinden Letters 1607-1642,* London, 1933, p.286.
31) B.L., 669.f.4(54).
32) 請願集団に共通した行動様式は「作法」(manner) と言われた。この共通の「作法」によって各請願集団は老若・男女の「一体性」を表現していたと考えられる。
33) B.L., 669.f.4(57). この請願集団との関係は定かでないが、サザックの醸造業者の妻アン・スタッグを指導者とする女性集団 ('Mrs.Anne Stagg, a gentlewomen, and Brewer's wife, and many others with her of like rank and qualty') の請願書の写しが２月４日付けの次のパンフレットに複写されている。"A True Copie of the Petition of the Gentle Women, and Tradesmenswives, in and about the City of London. Delivered, to the Honourable, the Knights, Citizens, and Burgesses, of the House of Commpns in Parliament, the 4th of February, 1641. London, Printed by R.O. & G.D. for John Bull, 1641." このパンフレットは、請願書の写しのほかに "Their severall Reasons why their sex ought thus to Petition, as well as the Men." と "The manner how both their Petition and Reasons was delivered." を載せている。B.L., E.134(17). *Harleian Miscellany,* 12vols., 1810, V, pp.268-72.
34) Salvetti's Newsletter 4(14) February 1641 (1642) quoted by B.Manning ed., *Politics, Religion and the English Civil War,* London, 1973,p.185. S.R.Gardiner, *op. cit.,* X, p.162.
35) B.L., 669f.4(55). 印刷者はラーナー (William Larner) とデクスター (Gregory Dexter) であった。
36) 本稿では議会軍解体をめぐる請願キャンペーンを扱えなかった。この点に

Ⅰ部　個の解放と社会化

ついては拙稿「イギリス革命における一般民衆の政治化―B・ホワイトロックの『メモリアルズ』に関する覚え書き（2）1646年10月～1647年6月―」『地域文化研究』第27巻、2001年参照。

37) B.L.,669.f.10(41).
38) B.L.,669.f.10(37).
39) B.L.,E.316(20).
40) M. A. Kishlansky, *The Rise of the New Model Army*, Cambridge, 1979, p.85.
41) *Ibid.*, p.86.
42) 庶民院への請願書は B.L.,E.338(7). 貴族院への請願書は B.L.,E.339(1).
43) Kishlansky, *op.cit.*, p.87.
44) B.L.,669.f.10(58). このほかに "The true Copy……" として別のブロードサイド B.L.,669.f.10(63). がある。
45) M・トルミー著（大西晴樹・浜林正夫訳）『ピューリタン革命の担い手たち』（ヨルダン社、1983年）248頁。
46) B.L.,669.f.10(63). 6月5日までに市民たちが『シティの抗議』を支持して請願書 "To the Lord Mayor and Common Councell of London" を作成し、諸区で回覧して6月23日に市会へ提出した。また6月には8,000名以上の市民が請願書 "A Justification of the City Remonstrance" に署名しており、2万枚の写しが印刷されて宣伝用に配布されたと言われる。V. Pearl,"London's Counter Revolution", in G. E.. Aylmer, ed., *The Interregnum; The Quest for Settlement 1646-1660*, London, 1972, p.36.
47) トルミー前掲訳書264頁。
48) 同訳書241頁。
49) Kishlansky, *op.cit.*, pp.88-9. Pearl, "London's Counter Revolution", p.36.
50) B.L.,669.f.10(57).
51) Whitelocke, *op.cit.*, p.208.
52) B.L., E.339(12).
53) トルミー前掲訳書264頁。Thomas Edwards,*The Third Part of Gangraena*,1646, p.146
54) B.L., E.340(24).
55) B.L., E.343(11). D. M. Wolfe, ed., *Leveller Manifestoes of the Puritan Revolution*, 1944, repr. New York, 1967, pp.112-30. W. Haller ed., *Tracts on liberty in the Puritan revolution 1638-1647*, 3vols., Ⅲ, 1934, repr. New York, 1965, pp.351-70. Wolfe と Haller の写しは McAlpin Collection of Union Theological Seminary から複写したものである。
56) Wolfe, *op.cit.*, p.120.

第3章　ジョン・ロック『寛容論』における「個」と「共同性」[1]

山田　園子

はじめに

　本章のねらいは、ジョン・ロック（John Locke）の『寛容論』の特質を、「個」と「共同性」の関係認識という視点から明らかにすることにある。『寛容論』は1667年に起草され、1670年代半ばまで加筆・修正が続けられた[2]。したがって、1660年代から70年代初頭までのイングランドの宗教政策にかんするさまざまな議論を、「個」と「共同性」の関係という視点から整理して、ねらいに迫りたい。

　ロックは『寛容論』冒頭において、復古政権期における宗教政策の議論の多様性を指摘し、これらの議論に「混乱」と「憎悪」を見るほどの紛糾ぶりを見出した。本章はその原因を、「個」と「共同性」の関係認識の相違に求める。そのさい「個」としては、国教会に信従せず、自己の良心を貫こうとする非国教徒の存在を、「共同性」としては、社会における人々の平和的共存と繁栄を念頭におく。この種の「共同性」は、当時の文書では、「共通善」「公共善」「公共社会の善」「公共の福祉」「公共の平和」「公共の利益」等の用語で語られる。

　当時の議論の「混乱」と「憎悪」の背景には、非国教徒にたいする認識の相違とともに、追求すべき「共同性」の内実、その「共同性」の獲得や維持の方法、及び「共同性」にたいする非国教徒の役割や位置づけにかんする認識の相違が横たわる。

　以下では、主に三つの作業を行なう。第一に、当時の宗教政策にかんする議論を五分類して整理する。第二に、「個」と「共同性」の関係認識と

いう視点から、五つの議論の特色をそれぞれ検討する。第三に、これらの検討を踏まえた上で、ロックの『寛容論』の議論の特色を明らかにする。

1 五つの宗教政策論

　王政復古に伴う国教会復活は、国教会側と非国教徒との対立を表面化させた。統一法を含むクラレンドン法典と通称される一連の弾圧立法は、オリヴァー・クロムウェル時代の相対的な宗教的自由を除去し、非国教徒を国教会の敵に追いやる。非国教徒は弾圧立法への反発を強めるものの、一致団結した対応をとれず、他方、国教会側も非国教徒の処遇にかんして統一見解をもてなかった。

　復古後、1670年代初頭までの宗教政策をめぐる議論は、五大別される[3]。

　第一は、現行主教制国教会を護持する議論である。この議論をする人々は、国教会の再編、ましてや廃止は望まず、非国教徒の弾圧を公然と主張する。本章では彼らを護持派と呼ぶ。彼らに共通するのは、教会と国家、すなわち信仰共同体と世俗共同体との本質的一体性を重視し、国家の統一は宗教の統一によってこそ保てる、と考えた点にある。

　護持派の主だった者としては、ロジャー・レストレンジやサミュエル・パーカー等を指摘できる。彼らは皆、熱心な国王派であり、内戦期には非国教徒のせいで国王が殺され、自分や仲間も迫害された、という被害者意識を共有していた。大主教ギルバート・シェルドンの庇護下、検閲官等の職務を通じて、言論界にたいして強力な権限を行使する者も目立つ。

　第二は、上の強硬な護持派に似て非国教徒に寛容を認めないが、国教会にある程度の改善を加える用意があり、その一環として、ごく一部であるが、非国教徒の包容の可能性を語る議論である。この議論は、ギルバート・バーネット、エドワード・ファウラー、サイモン・パトリック、ロバート・サンダーソン、トマス・スプラット等により展開された。本章ではこれらの人々を包容派と呼ぶ。

　包容派には、自身や家族の体験において、非国教徒の見解や動向をいっ

第3章　ジョン・ロック『寛容論』における「個」と「共同性」

たんはわが物とした者、または身近に見聞した者が目立つ。護持派に似て、彼らも教会と国家の本質的一体性を主張し、非国教徒の存在はその一体性を崩壊させるという危機感をもつが、護持派と異なり、非国教徒の迫害を露骨には言わない。国教会の存続や発展のために、ある程度の改善を教会側に求め、とくに伝道、教理の理解及び聖職者教育において、新しい手法や学問を開発、摂取しようとする。それに呼応できる非国教徒がいれば、包容派は彼らを包容する用意があった。包容派の中でも、こうした考え方をとくに強く打ち出す人々は、護持派から「広教主義者」と呼ばれて非難された。これにたいして、ファウラーとパトリックは、「広教主義者」（Latitude-Men, Latitudinarians）という言葉を積極的に使用し、広教主義の正確な理解と擁護をねらった文書を発表した。

　第三は、非国教徒の包容を拒否して現行主教制を堅持しつつ、非国教徒を寛容するという議論である。主教制国教会と非国教徒の並存というこの主張は、名誉革命後のいわゆる「寛容法」で実現されることになるが、1660年代中葉から70年代初頭の議論の中では、一匿名者の論考においてのみ展開され、少数意見と考えられる[4]。

　この匿名者は、現行主教制国教会に改善の必要性を見るものの、主教制国教会を「公共集会」と考えて尊重する。しかし、それに加わろうとしない非国教徒を、国教会に包容または信従させるよりも、寛容する方がさまざまな点で得になると考える点で、護持派や包容派と決定的に異なる。

　第四は、国教会制度や教区制度をそもそも認めず、非国教徒への寛容と宗教的自由を望む議論である。この議論は、スリングズビー・ベセル、ジョン・ミルトン、ジョン・オウエン、そしてウィリアム・ペン他のクエイカー等によって展開された。これらの人々には、内戦時から国教会制度に反対した者、セクトの一員だった者、クロムウェル政権時代に官職、公職に従事した者、及び実業の経験をつんだ裕福な者が目立つ。

　国教会制度を拒否する徹底した非国教徒の主張には、次の二つの共通項が見られる。第一に、イングランド教会と世俗国家の一体性を否定すること、第二に、宗教的見解の多様性こそ国益につながると考えることであ

I部　個の解放と社会化

る。とはいえ、宗教政策の詳細について、彼らの見解が一致していたわけではなく、彼らの実際の宗教的見地、及び寛容を求める経緯や理由等は多様である。

　第五は、国教会を改編して非国教徒の一部を包容し、かつ包容できない非国教徒の相当多数を寛容するという議論である。この包容と寛容の両者を支持する論陣を、リチャード・バクスター、ジョン・コーベット、ジョン・ハンフリーらが張った。彼らは、非国教徒の心情や実践に沿う寛容策に共感と理解を示しつつ、改編された国教会の必要性も断固として主張した。本章では彼らを包容・寛容派と呼ぶ。彼らは、非国教徒への寛容を拒否する者を非難しつつ、非国教徒には一定の距離をおいて支持を与えた。バクスターは、非国教徒のオウエンと教会政策について協議するが、国教会制度を拒否して包容策を受容しないオウエンを、「あなたがたの分離の道は怠慢に向かう」と非難するに至った[5]。

　これら五種類の議論の中で、ロックの見解に一番近いと考えられるのは、包容・寛容派のそれである。しかし、「個」と「共同性」の関係認識という視点に立つと、ロックの包容・寛容策を、バクスターらのそれと同一視できない。以下では、それぞれの議論における「個」と「共同性」の関係認識を整理し、ロックの議論の特色を明らかにしたい。

2　護持派

　護持派に共通するのは、教会と国家、すなわち信仰共同体と世俗共同体とを一体視し、国家の統一と宗教の統一を不可分と考えたことである。彼らは、宗教統一による国家統一があってこそ、「公共社会の善」、「公共の福祉」の維持、通商の拡大、国民の生命と財産の確保が可能になる、と言う。先取りして言えば、非国教徒は通商の発展こそ「イングランド固有の利益」、「陛下の利益」につながると主張したが、護持派にとっては、「富と通商の利益」のためにこそ、国教会護持による「公共の平和と安定」の確保が必要だった[6]。

第3章　ジョン・ロック『寛容論』における「個」と「共同性」

　護持派が考える「共同性」の中味は、「共通の信仰」を全国民が同一の様式で信奉する、一つの国家を形成することだった。それは、統一法等の厳格な執行をつうじて、現行主教制国教会を堅持することによって可能になる。非国教徒の良心の主張は、護持派にとっては、「公的な法」に「私的な躊躇」をもちこむこと、「私的な良心」を「政治社会の尺度」にすることにすぎない。国家の法律に逆らってまで自己の良心を主張する非国教徒の存在を許せば、かつての内戦期のように党派抗争と叛逆を招き無政府を結果する、と護持派は恐れた[7]。そのため、たとえ暴力的な弾圧が非国教徒に向けられようと、それはやむをえないと彼らは考える。とくにパーカーは次のように明言する。

　「私利は公共善に服すべきである。両者が両立せず、どちらかが我慢する以外に策がなければ、共同体全体よりも少数者が滅びればよい。……時として無垢の人間が罰を受けることもありうるが、それは、無垢の人間が我慢する方が、公共の福祉に役立つからである……。あらゆる社会は法と罰によって統治される必要があり、そのさいには少数の個々人にふりかかる不運にかまっていられない。法が効力をもつ限り、そういうことは避けがたい。」[8]

　非国教徒の「個」としての良心の主張は、護持派にとっての「共同性」である宗教統一と国家統一の妨害にしかならない。護持派にとって「公共善」や「公共の福祉」とされるもののためには、非国教徒に象徴される個人や少数者が犠牲にされても当然だった。非国教徒を弾圧することは、護持派の意識においては、信仰や宗教上の抑圧ではまったくなく、「社会の公共的平和と利益」という「共同性」を確保するための、あくまで「政策」上の要請だった[9]。

3　包容派

　包容派は、護持派と同様に、主教制国教会の存続を支持し、国家への服従と教会への信従を不可分のものとして考えた。「イングランド教会とイ

I部　個の解放と社会化

ングランド王国は同一の人間社会である。……イングランド王国にとって真に善であるものは、イングランド教会にとっても悪ではありえず、イングランド教会にとって真に善であるものは、イングランド王国にとっても悪ではありえない。」[10]

　包容派にとって、教会と王国の善を判断して法を制定、施行するのは、統治者である。統治者の命令が人々の善に合致しているか、統治者の法が「公共善」のためになっているか、そんなことを判断する自由や力は臣民にはない。というのも、目先の「私利」、「自分達の福祉」を超えて全体の善を志向し、共同生活の利益を考えることができる者はごくまれだ、と考えられたからである。しかも、かりに法が悪意をもって制定され、公共社会に不利益や害をもたらす場合でも、臣民はその法に服従すべきだ、と包容派は言う。彼らがこのように言う最大の理由は、統治者が制定した事項を判断する自由を臣民に許せば、教会と国家の統治の転覆につながる、と恐れたことにある[11]。

　「公共秩序」維持のために統治者が定めた教会の礼拝や祈祷の様式に、非国教徒が良心を口実に信従しないのは、教会に逆らうだけでなく、統治者に反逆することでもあった。それは良心の自由を意味しない、とパトリックは言う。個人の良心を検証する二つの準則として、バーネットは統治者への服従と清らかな心を指摘する。良心に導かれている人間の状態とは、国法に服従し、かつ教会に信従していることだった[12]。

　包容派の「共同性」の中味は、護持派と同様、統治者が制定した法の下で、一つの教会と一つの国家を形成することである。包容派にとっても、非国教徒の「個」としての良心の主張は、国家と教会の転覆につながると恐れられた。しかし、包容派は非国教徒にたいして、護持派のように露骨には暴力的な弾圧を主張しない。包容派の非国教徒観は、次の二点に整理できる。

　第一に、非国教徒の「私的な会衆」は「公共にかんする神の命令」を放棄する。非国教徒の良心の自由は「私利」や「自分達の福祉」を追求するものにすぎず、「公共善」や「公共の福祉」の妨害にしかならない[13]。

第3章　ジョン・ロック『寛容論』における「個」と「共同性」

　第二に、非国教徒が「公共善」や「公共の福祉」に対立する原因として、彼らの熱狂、理性軽視、霊の強調が指摘される。こうした性向は、彼らに穏健な言動や妥協の可能性を失わせるだけでなく、「自身の私的関心に向かい、公共の害になることを帰結」させる[14]。

　第一の非国教徒観は護持派にも共通するが、第二のそれは包容派の論考に顕著である。包容派の文書には、理性（reason）、合理的・理性的（rational）、道理・道理ある（reasonableness, reasonable）という言葉を用いて非国教徒の言動を非難する文章が目立つ。護持派は非国教徒の徹底的な弾圧を望んだが、包容派は国教会の道理を説いて、非国教徒の熱狂を冷まし、非信従の原因や口実となるものを除去する方策を探ろうとした。

　こうした方策の一つが、スプラット等による王立協会の設立である。それは「新哲学」と呼ばれる自然哲学の振興によって、超自然的な事項の理解を進めるための組織である。「新哲学」によって人間の理性の力を高めれば、キリスト教を信じるべき「道理」を明確にできる、と期待された。こうした新しい学問を教会に導入することに、包容派の中でも目立って積極的な人々を、護持派は「広教主義者」と呼び、危険な異端者だと非難した[15]。

　だが、包容派や「広教主義者」はあくまで主教制国教会を支持した。「キリスト教の道理」（the Reasonableness of Christian precepts）に対置されるものは、非国教徒の存在と彼らの活動である。「新哲学」振興のねらいは、非国教徒に「イングランド教会」の信仰の「道理」を納得させて、「人間の心の自由と統治の安泰」を守ることにあった。包容派や「広教主義者」は、陪餐条件等の拡大や儀式の一部の廃止という譲歩の姿勢を見せ、それに呼応する非国教徒を国教会に包容すると一応は語る。だが、包容の対象や条件について、包容派の間で一貫した、かつ明確な見解はなく、非国教徒の即興的、または特異な様式をもつ祈祷に、彼らは断固反対した。包容派は、あくまで統一された公的な礼拝に「合理性」「厳粛性」「普遍性」「包容性」を見出し、国教会から非国教徒が分離する責めを、彼らが自分達の見解、儀式、礼拝に固執することに一方的に負わせた[16]。

I部　個の解放と社会化

4　主教制国教会存続と非国教徒寛容

　護持派や包容派が、主教制国教会を支持し、非国教徒にはまったく不寛容であるのにたいし、主教制国教会の存続と非国教徒の寛容をセットで主張し、しかも国教会側に包容策を求めない匿名の論考がある。『現議会議員への第二の手紙』と題され、1668年に出版されたこの文書は、主教制国教会を「公共集会」と見て尊重するが、それに加わろうとしない非国教徒を、国教会に信従させるのでも包容するのでもなく、寛容する立場をとる。

　匿名者は、クラレンドン法典による教会統一の強制は、主教の腐敗堕落、及び君主制の阻害と牧師の職務怠慢を招いたと憤る[17]。匿名者は主教制自体の廃止は言わないが、イングランド君主制の維持のために、主教の利益に立つのではない、国教会の「公共」性の回復を求めた。匿名者は次のように言う。

　「公共教会は公共の幹線道路と似たものであって、国王の裁量下にあり、それを建てた個人のためにあるのではない。」[18]

　国教会の「公共」性の回復のために、匿名者は、国教会における主教や牧師の統制の強化、並びに教理問答の徹底が必要だと訴えるが、包容策による国教会再編を拒否した。その理由は二つある。第一に、すでに宗教党派に多様性があり、包容的な信仰信条への同意に現実味がないこと、第二に、そもそも主教制と対立する考え方をもつ非国教徒を包容しても、彼らは国教会中の危険分子にしかならないこと、である[19]。

　このため匿名者は、主教や牧師の統制等による主教制国教会の改善と存続を言いつつ、「イングランド教会という公共集会」を拒否する非国教徒は彼ら自身の「教師と教会」を維持すればよい、と主張する。この「寛容」（Toleration）策は三つのことを可能にする。第一に、非国教徒との競争をつうじて国教会聖職者の資質の向上を促す。第二に、国教会に包容すれば危険分子になりかねない党派を、国教会外へと排除する。第三に、寛

容策による自分達の利益を認識して、非国教徒は言動を自重するようになる[20]。

　包容策に現実味や利益を見ない匿名者は、非国教徒の寛容が主教制国教会の「公共」性を回復し、君主制の維持と繁栄に資すると考えた。この「公共」性や君主制の繁栄について、具体的な中味は三つある。第一に、国内の宗教分裂による国家の破滅を回避する。第二に、国内分裂に伴うイングランドの威信の低下、及びそれに乗じるカトリック諸国の影響力を回避する。第三に、経済力、技術力ある非国教徒の国外流出を回避する。国内秩序の安定、カトリック大国に対抗しうる国家の威信と独立の維持、そしてイングランドの経済発展が、国教会の「公共」性回復と不可分のものとみなされ、かつ「陛下の統治の安全に貢献」することになる[21]。

　護持派や包容派は、非国教徒を「公共善」等の妨害者とみなし、彼らの寛容は国家の解体を招くと恐れたが、匿名者にとっては、英蘭戦争時の彼らの態度に見られるように、国家にたいする非国教徒の忠誠は証明済みだった[22]。むろん、非国教徒の寛容は匿名者において彼らの固有の権利として語られるのではない。むしろ寛容によって彼らを国教会から切断して、教会内及び国家内の紛擾を避け、かつ非国教徒の活動を弾圧という方法によらずに抑制する意図が、濃厚にうかがわれる。それでも、「公共」性の中味としては、宗教統一ではなく「通商と国力」が重視され、非国教徒を寛容することが、「通商と国力」の増強に貢献すると期待されている。匿名者において、主教制国教会の存続とその「公共」性は依然として強調されるが、一国一教会の原則は事実上崩壊している。

5　非国教徒

　国教会制度に反対し、包容策すら受け容れない徹底した非国教徒の主張には、次の二つの共通項が見られる。第一に、教会と世俗国家の一体性を否定すること、第二に、宗教的見解の多様性こそ国益につながると考えることである。

Ⅰ部　個の解放と社会化

　第一に、非国教徒は教会と世俗国家の一体性、すなわち一国一教会の原則を自覚的かつ徹底的に否定する。一体性を言えば、信仰や礼拝上の不一致が国家の崩壊に直結するからである。非国教徒は、教会と国家の成立や機能における、両者の相違を強調した。

　彼らにとって教会の土台は福音にあり、教会における霊的事項の支配はキリストの管轄下にあって、世俗権力の援助を要しない。一方、世俗統治の起源は「自然の光」や「自然法」にあり、その支配は国王の権限下にあって、あくまで「外的な公共の関心事」にのみ関わる。ペンは世俗統治の本質を「自由とプロパティ」に見る。非国教徒の迫害は、古くから「自由とプロパティ」を享受してきた人々を、宗教的異論だけを根拠に「イングランドの法」から排除するものだった。こうした排除は、人々の間に不満を醸成し、国王の下での統一と連帯を破壊して、国家を破滅させる原因と考えられた[23]。

　第二の共通項として非国教徒は、宗教的見解の多様性は不可避だと考え、その多様性を尊重することが「共同体」の維持につながると主張した。「共同体の調和は、そうした相違や多様性によるお互いの呼応から生まれ、この調和においてこそ世俗社会の最たる栄光と美が存し、それによって多様性をもつ各々が全体に貢献する。」この種の相違や多様性は、世俗の法をめぐる相違と異なり、「全体の善の侵害」や「公共の静穏の妨害」には結びつかない。むしろ、宗教統一によってこの種の相違や多様性を否定することこそ、「共同体」を壊滅させる[24]。宗教統一の問題として、非国教徒がとくに強調するのは、次の二つである。

　第一に、宗教における良心の強制は通商不振を引き起こす。非国教徒は自身の経済力を強調し、彼らの勤勉と努力にこそ国家の通商と富が依拠するという認識をもった。こうした認識は彼らを迫害する国教会の拒否に結びつく。先の匿名者のような、彼らの経済力を国教会の健全性回復につなげる意向は、非国教徒にはまったくない。「イングランド固有の利益」、「陛下の利益」は非国教徒による通商の発展にかかっていた[25]。

　実際、通商不振は非国教徒だけでなく、国家的な関心事であった。1669

第3章　ジョン・ロック『寛容論』における「個」と「共同性」

年10月以降、通商評議会委員は貴族院地代・通商委員会において、通商不振の原因について意見を述べた。意見聴取や議論の結果、12月に貴族院委員会は、「教会事項におけるある程度の緩和は、王国の通商改善の一手段となる」という意見を、8対1で委員会の意見として採択する。このことは1660年代末には、非国教徒寛容の経済的効果が議会レベルで確認されていたことを明らかにしている[26]。

　第二に、宗教統一は教皇主義を増長する。護持派や包容派は、非国教徒への寛容が教皇主義者へのそれにつながると考えたが、非国教徒は、強制的な宗教統一こそプロテスタントの連帯を阻害し、共通の敵である教皇主義を支持、助長すると恐れた。護持派のように世俗統治者に宗教事項を規制する権限を認め、それへの絶対服従を主張することは、国王を一党派の頭目に格下げして教皇主義を益する「イエズス会のご都合主義神学」に他ならない。イングランドの国王は「全プロテスタント派の守護者」、「全プロテスタント宗教の共通の父」となって、フランスやスペインの教皇主義大国とその「普遍的君主制」（an Universal Monarchy）の企図に対峙すべきである[27]。

　非国教徒にとって、彼らの「個」としての信仰にもとづくさまざまな結社の存在は、それとは別の土台や機能をもつ世俗国家の「共同性」、「公共の平和」にとって、破壊的なものではなかった。それどころか、非国教徒が担う通商の発展こそ、「イングランド固有の利益」として、世俗国家の「共同性」の要をなす。しかも、非国教徒の「個」を尊重する寛容策は、一国の「共同性」だけでなく、プロテスタント教界におけるイングランドの指導的な国際的地位の確立を望見する。復古政権期の国家再編過程において、教皇主義的な「帝国国家」（the Imperial powers）を向こうに回すだけのイングランド帝国形成が、寛容策と不可分に想念されている[28]。

6　包容・寛容派

　包容・寛容派は、実際に多くの人々が現行国教会に信従している事実を

Ⅰ部　個の解放と社会化

重んじ、国教会的な組織自体を否定しないが、主教の横暴に立つ現行国教会統治を問題とした。そこで彼らはまず、国教会や統治者に「度量」(Latitude)を求め、現行国教会に異論をもつ人々をできる限り国教会へ包容するために、国教会側に改革を求めた。彼らは、教会統治、礼典や儀式の改訂と規制緩和を、そして強制的な教会統治を支える神授権説に立つ主教制度の廃止を訴える[29]。

しかし、包容・寛容派は包容のみという策をとらない。包容のみという策の最大の問題は、実際に議論される包容策での規制緩和の度合いが小さく、結果的にはすべての者を国教会へと強制することになりかねない、という点にある。包容・寛容派は、寛容のみ、包容のみ、のどちらの策も極端としてしりぞけ、その「間」すなわち「まず法律によって適切な人々をできるだけ多く包容し、そしてその後陛下の力において、教会と国家の平和と便益に結びつくよう、残余の者の信仰を許容する(indulge)」のがもっとも望ましい方法であるとした。包容・寛容派は、従来の非国教徒を最大限包容しうる新国教会の存在を前提とした上で、そうした新国教会にも信従できない残余の非国教徒を「包容に伴う便益なし」で寛容する[30]。だが、残余の非国教徒すべてが寛容されるのではない。教皇主義者、そしてプロテスタント系の非国教徒の一部は寛容の対象にはならない。

包容・寛容派は教皇主義者を国王殺し、ロンドン大火の放火犯等とみなし、彼らの存在はプロテスタント国であるイングランドの「公益」(the Publick Weal)に合致しないと言う。包容・寛容策が主張されるのは、国内プロテスタントの同盟を形成して、教皇主義に対峙するためでもあった[31]。他方、プロテスタント系の非国教徒として寛容できない者は、包容的な新国教会の存在自体をも拒否する者達、たとえば独立派の一部やクエイカー等のセクトである。包容・寛容派は彼らを「分離派」や「セクト」と呼んで非難した。

彼らへの寛容拒否は、包容・寛容派独自の「国民教会」(the National Church)構想による。包容・寛容派は主教制国教会を廃止し、旧来の国教会徒はもとより、寛容された非国教徒をもその下にあるとみなす、幅広

第3章 ジョン・ロック『寛容論』における「個」と「共同性」

い「国民教会」を構想した。この「国民教会」は、旧来の国教会を改編した包容的な新国教会と、寛容された非国教徒の会衆を含む。新国教会の礼拝や儀式等に信従できない非国教徒であっても、新国教会の存在自体を拒否せず、かつ国家内での存在を国王によって許容された者達であれば、彼らは「陛下の下にある国民」として「国民教会」の一員とみなされる。「国民教会」の首長は国王であり、彼は国家の至高の統治者、かつキリスト教徒としてはプロテスタント統治者として、国家の福祉と宗教の隆盛を追求する。「分離派以外のすべての教会はイングランド教会を構成し、その本質はキリスト教徒統治者と各キリスト教会の連帯にある」とバクスターは言う[32]。

こうした「国民教会」の基盤に、包容・寛容派は「教区教会」をすえる。統一法は国教会への信従を拒否した牧師を放逐して、教区から司牧者を奪った。これによって、洗礼、教育や説教の機会を旧来の教区民に失わせてしまった事態を、包容・寛容派はとくに憂える。教区教会はすべての国民にたいして、どんな境遇の者にも開かれた、公共の説教と礼拝の拠点と彼らは見る。包容・寛容派は旧来の教区制度に改革を加え、「国民教会」を構成しうる長老派や独立派の会衆教会をも「教区教会」とみなして、国民教化を担わせようとした。今関恒夫氏はそれを「教派的禁欲を教区共同体のなかにもちこもうとする困難な道」と見るが、多くの非国教徒が教区の機能や政治力を完全に拒否せず、また多くの人々が、官職保持等の実利のためだけではなく、国教会と非国教徒集会の間を行き来したことを考慮すれば、まったく現実味のない構想ではなかった[33]。

包容・寛容派は、教会と国家を峻別せず、国王が頂点に立つ「国民教会」をつうじて一体化した国民から成り立つ「包容的国家」（Comprehensive state）においてこそ、「安全保障」や「共通の平和」が確保され、それがイングランドの対外的な力を強化することになると期待した[34]。彼らにとって、「国民教会」という新たな「共同性」を担える者であれば、非国教徒は「包容的国家」の一員として「共通の平和」に貢献するものとみなされる。包容・寛容派も、通商等に従事する非国教徒の経済力を重視し、

75

また苛酷な迫害は彼らを敵として団結させるという危機意識をもった。だが、「国民教会」や「教区教会」という、包容・寛容派が想定する「共同性」さえ峻拒する非国教徒は、一種の違法行為者として「包容的国家」の国民の枠から排除される。バクスターがオウエンの「分離」を強く諫めたのは、このためだった。

7　ロックの包容・寛容論

　ロックは『寛容論』冒頭で、宗教政策をめぐる当時の議論の多様性と激しさを指摘しつつ、それらの議論に欠落した視点を提示する。それは、統治者権力や政府が何のために存在するか、という問題である。この問題に彼は、統治者権力や政府の目的は、世俗社会の「共同性」の維持、つまりこの世の人々の保護、平和、共存にある、と答える。『寛容論』では、こうした世俗権力の目的にあくまで即して、望ましい宗教政策が模索される[35]。

　復古体制は非国教徒を敵視して、クラレンドン法典と呼ばれる一連の弾圧法を施行した。これは護持派が支持する策であるが、ロックにとってこの策は、政策当事者の意図とは裏腹に、イングランド社会の「共同性」に破壊的効果を及ぼす、と考えられた。それは、君主制と主教制国教会に支えられた現存社会の「共同性」へと、非国教徒を暴力的に追い込むからである。非国教徒への敵意や危機感をむき出しにする護持派の見解に、『寛容論』が対置したのは、社会の「共同性」維持にとって暴力的迫害はまったく効果がない、という信仰者の特性や統治のコストをふまえた議論だった。

　『寛容論』が荒削りながら打ち出そうとする宗教政策は、包容・寛容策である。それはまず、教義、儀式、礼典、叙任等において国教会の門戸を広げ、できるだけ多くの非国教徒を包容できるような新たな国教会を望む。従来の主教制国教会は、聖職神授権説を盾に聖職禄を独占し、世俗統治者を使って暴力的に宗教統一を強行する。ロックはこのことに、現在の紛擾の根本的原因を見、包容派の文書に見られる「広教主義」の語を用い

第3章　ジョン・ロック『寛容論』における「個」と「共同性」

て、煩瑣な礼拝様式の見直し等を国教会側にせまった[36]。

　この包容策をとった上で、新国教会にも包容されない非国教徒にたいしては、『寛容論』は寛容策を主張する。寛容策を拒否する護持派及び包容派と異なり、ロックは、非国教徒の「個」としての主張や行動が、直ちに「共同性」の破壊につながるとは考えなかった。ロックは、暴力的手段が人の信仰を心底から変えたためしがないことを、徳川幕府のキリシタン弾圧等の歴史的事件から例証した。非国教徒の見解や行動を、それで人々が団結して社会の「共同性」を破壊しかねない、という理由でただちに処罰するのは、信仰者の特性を理解しない誤った認識に立つものであり、「共同性」の維持を目的とする世俗統治にとって益にならない。「共同性」維持のためには、統治者が非国教徒を寛容し、社会の成員として公平に処遇することが必要だと言う。寛容されれば、彼らは互いの意見の相違をつうじて分裂を繰り返し、結果的に自分達の力を消耗させていくと期待されている[37]。

　ロックは非国教徒の特性を冷徹に見抜いた上で、非国教徒の「個」を社会の「共同性」にとってそもそも脅威にしない策として、包容・寛容策を考えた。それは、包容的国教会による緩やかな宗教統一をつうじて社会の「共同性」を確保すると同時に、国教会に包容されない非国教徒を寛容して、彼らの抵抗力や凝集力を弱め、「共同性」にたいする彼らの脅威を減じるものであった。

　ロックは非国教徒の寛容を支持するものの、包容策を拒否する徹底した非国教徒の議論には同調しなかった。ためらいはあるものの非国教徒を「狂信者」と呼び続けたように、ロックには非国教徒への警戒心が残っていた[38]。彼の寛容策には、宗教的見解の多様性こそ「共同体」の維持・発展につながる、という非国教徒の「個」の自律性の観点はない。むしろ彼らの「個」を消耗させ、またはその暴走を未然に防止して「彼らを国家の友」にすることで、「共同性」の確保と安泰を図ろうとする。そのため、『寛容論』に見られる寛容策には、次の四つの制約が見られる。

　第一に、どんな非国教徒でもいつでも寛容されるわけではなく、彼らが

国力増強に資し、寛容が彼らを統治者に結びつける、と期待できる場合にのみ、寛容策が適用される。とはいえ、国力増強と非国教徒の活動との関連については、ロックは将来の論点にとどめる[39]。

　第二に、非国教徒の宗教的見解や礼拝方法は、それが「公共社会の利益に介入せず、統治のかく乱に何も資するものでない限り」、統治者の一般的義務として寛容の対象となるが、自分達の礼拝方法等に固執した非国教徒が社会の「共同性」に脅威になると判断されれば、世俗統治者は彼らを容赦しない[40]。

　第三に、国教会制度の改変を非国教徒が企てること、またそうした見解の公表も非国教徒には禁じられる。統治者が教会規律や統治に関与している以上、国教会制度の改変は、「国家の無秩序と騒擾なくしてはなされえない」事項だからである[41]。

　第四に、「共同性」を維持する義務を負う統治者の判断が、非国教徒の「個」の良心と対立する場合、非国教徒には「受動的服従」が求められる。彼らは静かに自分の良心に従うべきだが、その結果、統治者が加える罰を甘受すべきである。「受動的服従」によって、彼らは、神への服従つまり彼らの「個」としての信念と、王への服従つまり社会の「共同性」とを、両立させられると考えられている[42]。

　ロックの包容・寛容策は、バクスターらのそれと一見類似しているが、これらの制約も働いて、包容・寛容派の議論とは次の点で大きな相違をもつ。包容・寛容派は信徒の教化という関心から包容・寛容策を唱え、非国教徒集会をも「国民教会」の積極的な構成単位にして、国民教化を担わせようとする。一方、ロックの包容・寛容策は世俗社会の「共同性」の維持という視点から議論され、非国教徒集会は国民教化の担い手と見られるよりも、むしろその分裂や弱体化が期待される。非国教徒の「個」は、『寛容論』段階ではいまだ、「共同性」を破壊しかねない危険かつ脆弱なものとして想念されていた。ロックの包容・寛容策は、こうした脆弱な「個」を「共同性」にとって脅威にしないための処方箋だった。

第3章　ジョン・ロック『寛容論』における「個」と「共同性」

おわりに

　ロックの時代以降、約250年間、現存する世俗社会の「共同性」の維持と、その「共同性」からの逸脱が懸念される非国教徒の「個」的信念への配慮、という二つの課題が、イングランド非国教徒対策、ひいては宗教政策全体を挟撃した[43]。『寛容論』は、これら二つの課題を真正面から引き受けて非国教徒対策に臨み、世俗統治者の目的と義務は現存社会の「共同性」の維持にあるという視点から、包容・寛容策を主張した。
　ロックにおいて、非国教徒の「個」は、直ちに「共同性」に抵触するものではない。このことが、護持派や包容派にはない非国教徒寛容の主張を彼に可能にし、この点で、匿名者や非国教徒の議論にも通じるものがある。だが、一国一教会の原則を否定しないロックは、その原則を事実上または自覚的に拒否する匿名者や非国教徒とは異なり、宗教政策の一部として包容策も唱えた。包容策と同時に非国教徒の寛容を言うロックの包容・寛容策は、バクスターら包容・寛容派のそれと一見類似する。だが、包容・寛容派は、「共同性」にたいする非国教徒の「個」の役割を、ロックよりも具体的かつ積極的に認めた。彼らは、寛容された非国教徒をも「国民教会」の構成員とみなし、彼らに「包容的国家」の「共同性」を積極的に担わせる。他方ロックは、非国教徒が国家にとっておとなしい「友」になるか、「さまざまな党派へぼろぼろと砕けていく」ことを期待する[44]。自身に寛容を求める非国教徒の議論はもとより、包容・寛容派の議論と比べても、『寛容論』が描く非国教徒の「個」は未熟、脆弱であり、「共同性」から逸脱する危険が強く危惧されている。
　こうした『寛容論』における「個」と「共同性」の関係認識が、その後の『寛容書簡』執筆・公刊に至るまでの間に、どのような議論を経て、どのような変化をとげるのか、という問題は当然残る。以下では、今後の作業課題として、上で見た当時の多様な議論が照射する『寛容論』の問題点を四点に整理し、締めくくりとしたい。

Ⅰ部　個の解放と社会化

　第一に、信仰共同体と世俗共同体の峻別という非国教徒の議論に見られる視点が、『寛容論』にはない。非本質的事項の設定や、それをめぐる世俗統治者の権限についても、『寛容論』の議論は一定しない。一国一教会の原則にかんするロックの議論の進展が問われる。

　第二に、『寛容論』は「広教主義」という語を用いて、包容的国教会への改編に触れるが、具体策を詳細には語らない。主教制国教会の、いわば内部批判者である包容派、広教主義者の議論は、包容派の友人ファウラー等をつうじて、ロックに影響を及ぼしたと推測できるが、彼による「キリスト教の道理」の追究等の詳細については、別途議論が必要である。

　第三に、匿名者、非国教徒、そして包容・寛容派は皆、非国教徒の経済力に注目したが、『寛容論』は非国教徒の生活実態や経済力を充分に把握しているとは言えず、彼らの寛容と国力増強との関係については、議論を先送りにする。この点での議論に進展があれば、非国教徒寛容の主張の内実も、大きく変わると期待できる。

　第四に、非国教徒は、寛容策によってこそ、教皇主義の「普遍的君主制」に対抗できると期待したが、『寛容論』は教皇主義対策としては「苛酷な」処遇を言うにとどまる。教皇主義大国に対峙できるだけのイングランド国家再編に、包容・寛容策がどのように結びつくのか、『寛容論』は具体的な議論を欠く。

　以上の問題点は、その後の知的活動や国家政策にかかわる実務を遂行する上で、ロックが実際に直面する、そして『寛容書簡』を出版するまでの経過において、ほぼ同時並行的に取り組む課題になる。ロックの議論の進展に応じて、『寛容論』段階での「個」と「共同性」の関係認識は、『寛容書簡』段階では相当の改変をこうむるものと推測される。

――――――――――――――――――

註
１）本章は、山田の次の論考を元に、「個」と「共同性」の関係認識という視点から、ロックの『寛容論』を検討するものである。「ジョン・ロック『寛容論』

における非国教徒観」『広島法学』第27巻第3号、2003年、「ジョン・ロック『寛容論』の包容・寛容策」(一) 〜 (四・完)『広島法学』第28巻第1〜4号、2004−2005年。
2) John Locke: *An Essay concerning Toleration,* 1667, A1(1).『寛容論』のテキストとその校訂の最新版と邦訳は、次のホームページ上のファイルを参照。引用のさいの丁付けは、そのファイルに従う。http://www.law.hiroshima-u.ac.jp/profhome/yamada/Locke.html
3) G.Clark: *The Later Stuarts 1660-1714,* Oxford, Second Reprinted Edition 1988 (First Published 1934), pp.18-19. J.Coffey: *Persecution and Toleration in Protestant England 1558-1689,* Harlow, 2000, p.12.
4) Anon.: *A Second Letter to a Member of this Present Parliament, against Comprehension,* by the Author of the former Letter for Liberty of Conscience, London, 1668. 少数意見としたが、この種の主張をもつ他のトラクトの発見はありうる。読者からのご教示をお願いしたい。
5) P.Toon (ed.): *The Correspondence of John Owen (1616-1683),* Cambridge and London, 1970, pp.144 (73. From Richard Baxter, dated Feb.16.1669).
6) S.Parker: *A Discourse of Ecclesiastical Politie,* London, 1670, The Preface, xlviii. [S.Bethel:] *The Present Interest of England Stated,* London, 1671, p.8. [S.Bethel:] *The World's Mistake in Oliver Cromwell,* London, 1668, pp.18-19. J.Owen: *A Peace-Offering in an Apology and humble Plea for Indulgence and Liberty of Conscience,* London, 1667, p.33. J.Owen: *Truth and Innocence Vindicated,* London, 1669, p.9.
7) Roger L'Estrange: *Toleration Discuss'd,* London, 1670, pp. 27-29, 187. B.P.: *A Modest and Peaceable Letter concerning Comprehension,* London, 1668, p.8.
8) S.Parker: *op.cit.,* pp.220-221.
9) S.Parker: *op.cit.,* p.222.
10) [S.Patrick:] *An Appendix to the Third Part of the Friendly Debate,* London, 1670, p.191.
11) *Ibid.,* pp.183-190, 201. [Edward Fowler:] *The Principles and Practices, of certain moderate divines of the Church of England, abusively called Latitudinarians,* London, Second Edition 1671, pp.327-331. Robert Sanderson: *Several Cases of Conscience discussed in Ten Lectures in the Divinity School at Oxford,* London, 1660, pp.156-7, 336 (irregularly paginated 146).
12) [Gilbert Burnet:] *A Modest and Free Conference betwixt a conformist and a non-conformist,* Edinburgh, 1669 (Second Edition), pp.47-48. [S.Patrick:]

I部　個の解放と社会化

  A Friendly Debate between a Conformist and a Non-conformist, London, 1669, p.20. S.P[atrick].: *A Brief Account of the New Sect of Latitude-Men*, Cambridge, 1662, p.11. [S.Patrick:] *An Appendix to the Third Part of the Friendly Debate*, p. 188.
13) [E.Fowler:] *The Principles and Practices, of certain moderate divines of the Church of England, abusively called Latitudinarians*, p.348. John Stillingfleet: *Shecinah*, London, 1663, p.20.
14) [S.Patrick:] *An Appendix to the Third Part of the Friendly Debate*, p.194.
15) Thomas Sprat: *The History of the Royal Society of London for the Improving of Natural Knowledge* (1667), in W.Myers (ed.), *Restoration and Revolution*, London, 1986, pp.48, 54-56.
16) [G.Burnet:] *A Modest and Free Conference betwixt a conformist and a non-conformist*, pp.21, 43, 62, 66-69, 71, 75, 78; Dialogue VII, pp.3-7. S.P[atrick].: *A Brief Account of the New Sect of Latitude-Men*, 'For my worthy Friend Mr. S.P. at Cambridge from G.B.', A2, pp.7-8. [ditto:] *A Friendly Debate between a Conformist and a Non-conformist*, p.206. T.Sprat: *op. cit.*, pp.48, 51, 54-56.
17) Anon.: *A Second Letter to a Member of this Present Parliament, against Comprehension*, by the Author of the former Letter for Liberty of Conscience, London, 1668, pp.3-4.
18) *Ibid.*, p.9.
19) *Ibid.*, pp.6-7.
20) *Ibid.*, p.9.
21) *Ibid.*, p.10.
22) *Ibid.*, p.5.
23) [John Owen:] *Indulgence and Toleration Considered*, London, 1667, pp.17-18. ditto: *A Peace-Offering in an Apology and humble Plea for Indulgence and Liberty of Conscience*, pp.13-14. A.R.Murphy (ed.): *The Political Writings of William Penn*, Indianapolis, 2002, pp.99-100.
24) J.Owen: *A Peace-Offering in an Apology and humble Plea for Indulgence and Liberty of Conscience*, pp.15-17.
25) [S.Bethel:] *The Present Interest of England Stated*, pp.1-3, 8, 17-18. [ditto:] *The World's Mistake in Oliver Cromwell*, pp.18-19. J.Owen: *Truth and Innocence Vindicated*, pp. 9, 74-76, 81. ditto: *A Peace-Offering in an Apology and humble Plea for Indulgence and Liberty of Conscience*, p.33.
26) J.Thirsk and J.P.Cooper (eds.): *Seventeenth-Century Economic*

第 3 章　ジョン・ロック『寛容論』における「個」と「共同性」

Documents, Clarendon Press, 1972, pp.68-78.
27) S.Bethel: *The Interest of Princes and States* (1680), in W.Myers (ed.), *op.cit.,* p.136. J[ohn]. M[ilton].: *Of True Religion,* London, 1673 pp.5, 11, 15. アンドルー・マーヴェル『「リハーサル」散文版』(吉村伸夫　訳・注・解説)、松柏社、1997年、99頁。[S.Bethel:] *The Present Interest of England Stated,* pp.16-18, 34. J.Owen: *A Peace-Offering in an Apology and humble Plea for Indulgence and Liberty of Conscience,* pp.9-11.
28) [S.Bethel:] *The Present Interest of England Stated,* p.28.
29) M.Sylvester (ed.): *Reliquiae Baxterianae,* London, 1696, Lib.I. Part II, pp.263, 268, 277, 388, 398-400, 407, 435, Part III, pp. 38, 133, 169.
30) *Ibid.,* Lib.I. Part II, pp. 434-435, Part III, p.100. John Corbet: *A Discourse of the Religion of England,* London, 1667, pp.23, 25-26, 28, 38, 44. [John Humfrey:] *A Case of Conscience,* London, 1669, p.13. 'Mr. John Humphrey's Papers given to the Parliament-Men. Comprehension with Indulgence', in M.Sylvester (ed.): *Reliquiae Baxterianae,* Part III, pp.144, 145.
31) R.Baxter: *Of National Churches* (1691), in W.Myers (ed.), *op.cit.,* p.220. J.Corbet: *A Discourse of the Religion of England,* pp.3-6, 9-13, 21-23. [J.Humfrey:] *A Case of Conscience,* p.13. M.Sylvester (ed.): *Reliquiae Baxterianae,* Part III, pp.18, 162, 181-182.
32) R.Baxter: *Of National Churches,* pp.218, 219. M.Sylvester (ed.): *Reliquiae Baxterianae,* Appendix, p.72. 'Mr. John Humphrey's Papers given to the Parliament-Men.', pp. 143, 146.
33) 今関恒夫『ピューリタニズムと近代社会』みすず書房、1989年、196－197、205－206頁。M.Goldie and J.Spurr: 'Politics and the Restoration Parish: Edward Fowler and the Struggle for St.Giles Cripplegate', *English Historical Review,* Vol.CIX, No.432, 1994, p.581. D.A.Spaeth: *The Church in an Age of Danger,* Cambridge, 2000, pp.6-7. Ann Whiteman(ed.): *The Compton Census of 1676: A Critical Edition,* London, 1986, Introduction, pp.xxxvii, xl, and n.71.
34) J.Corbet: *A Discourse of the Religion of England,* 'The Preface', p.48. J.Corbet: *The Interest of England in the matter of Religion,* London, 1661, pp.134-135.
35) J. Locke: *An Essay concerning Toleration,* A1(1).
36) *Ibid.,* E5(30), AL fol.270.
37) *Ibid.,* D6r(23), E1(26), E3(28).

I部　個の解放と社会化

38) *Ibid.,* D5r(22).
39) *Ibid.,* E5(30).
40) *Ibid.,* D2r(19).
41) *Ibid.,* D1(18). M.Goldie(ed.): *Locke Political Essays,* Cambridge, 1997, 'Critical Notes on Stillingfleet (1681)'.
42) J. Locke: *An Essay concerning Toleration,* B9(8).
43) B.White: 'John Bunyan and the Context of Persecution, 1660-1688', in A.Laurence, W.R.Owens and S.Sim (eds.), *John Bunyan and His England, 1628-88,* London, 1990, p.62.
44) J. Locke: *An Essay concerning Toleration,* D5r(22), D8r(25), E1(26), E5(30).

第4章　アメリカ独立革命とタヴァン[1]
―― 共同性を育む市民社会の空間 ――

岡　本　　　勝

はじめに

　1763年に、英仏間の「七年戦争」とその北米大陸における植民地争奪戦である「フレンチ・アンド・インディアン戦争」が終結すると、イギリス政府は財政再建の一環として植民地に対するそれまでの「有益なる怠慢」^{サルータリー・ネグレクト}とも評された融和的な放任政策を転換し、密貿易の取締りや課税など新たな統制強化に乗り出した。それに反発した北米植民地のイギリス人たちは、本国製品の不買運動を組織したり、収税史を襲撃するという手段で抵抗した。そしてこの抵抗は、最終的に武力行使の形をとるようになり、長期間におよぶ戦争を経て植民地の独立が達成されるのであった。

　この植民地の独立、つまりアメリカ合衆国（以下、アメリカ）の建国に関して、「タヴァンが歴史を作ることに貢献した」と評価する歴史家もいた[2]。これは、イギリス本国への抵抗運動を進める中で、市民がタヴァンに集い、対処すべき共通の問題について語り合った結果、いくつかの歴史的に重要な出来事が起こった事実を指しているものと思われる。しかし、管見によれば、独立革命に関連させてタヴァンの役割を詳細に論じた研究は、これまで行われることはなかった。

　そのような研究が等閑視された理由として、タヴァンと独立革命を直接結びつける史料が十分に残されていなかった点がまず考えられる。また、別の理由として、20世紀への転換期に、酒類の製造・販売・運搬等を法律で禁止することを求めて活発化した禁酒法運動に関する研究動向が挙げられる。この運動を肯定的に捉える研究は、タヴァンの後身である酒場が、

過度の飲酒を引き起こすだけではなく、売春やギャンブルなどの悪徳とも結びつき、さらには腐敗したマシーン政治の温床にもなったと論じている[3]。つまり、酒場は決して評価されるべき場所ではなく、むしろ社会改革運動の標的にされたという後ろ向きの議論が行われてきたこと、そして同様の議論は時代を遡って植民地時代のタヴァンを扱う場合にも当てはめられたのである。

確かに、のちの時代に出現する酒場ほど否定的に扱われてはいないが、独立革命期のタヴァンがいくつかの重要な出来事と関係する場所になったにもかかわらず、政治文化史の観点から積極的に描かれることは、これまでほとんどなされてこなかった。以上のような状況を踏まえて、本稿では歴史研究におけるそのような空白を埋めるべく、独立革命期のタヴァンが果たした役割、つまりそこが共同性を育む市民社会の空間であったことについて考察する。このとき、実在したいくつかのタヴァンの事例に言及することで、それらが具体的にどのように「歴史を作ることに貢献した」のかについても見てみたい。

1　会合の場としてのタヴァン

独立革命期にタヴァンが重要な空間となった理由として、次に挙げる二点が重要であると考えられる。それは、タヴァンが地域住民が集まってさまざまな事柄を話し合う場であり、またそこが民兵の軍事訓練と結びついた場であったことである。このうち、まず前者について述べてみたい。

タヴァンで会合を開くという習慣は、独立革命期に突然現れたものではなく、植民地の誕生とほぼ同時に始まっていたのである。17世紀前半にニューイングランドへ入植して「丘の上の町」を築こうとしたピューリタンたちは、しばしば教会を建てることによって共同体造りに着手したが、その後それに隣接する場所にタヴァンを設けて、そこを「偽りのない社交の場」にしようとした[4]。したがって、植民地によってはタヴァンがない共同体に対して、それを設営することを義務づける法律を制定したところ

第4章　アメリカ独立革命とタヴァン

もあった[5]。

　そもそもタヴァンは、旅行者には止宿ができる空間を、また地元民には飲酒が楽しめる空間を、それぞれ提供する店舗であった。しかし、それ以上に注目すべきは、公民館など公共の集会施設が未だ存在しなかった時代に、そこが地域社会の抱えるさまざまな問題を議論する場であったという点である。タヴァンで会合が開かれた理由についてはいくつかのことが考えられるが、人が集まるスペースと酒類を提供できたこと以外に重要だったのは、そこに多くの情報が集まってきたという事実である。

　入植が始まって間もないころ、情報は人びとが直接もち寄ることによってのみ収集しえた。したがって、住民が集まる場所——当初は主に教会とタヴァン——が、「情報センター」になったのは当然の結果である。特に、旅行者が宿泊するタヴァンは、他の共同体や植民地に関する情報がもたらされることもあったため、もっぱら地元の話題しか集まらない教会よりも重要と言えた。

　人びとによってもち寄られた情報をより多くの人に知らせることができるよう、タヴァンの中には掲示板を設置して便宜を図るところもあった。掲示板には、「タウンミーティングの開催予告、植民地議会で成立した新しい法律、そしてその他の公的な通知」などが張り出された[6]。さらに、共同体の境界を越えて人や物の交流が始まると、掲示板には商取引に関する情報もしばしば告知されるようになり、実際にタヴァンで物の売買も行われた。ニュージャージー植民地では、取引の活性化を促す手段として、タヴァンが「公に商取引が行える場所」であると法律に明記されたほどである[7]。

　経済活動が活発になると、特定のタヴァンに特定の業者が集まりはじめた。例えば、ニューヨークのウォール・ストリートとウォーター・ストリートが交わる場所にあった「トンタイン」というタヴァンへ、18世紀後半には船主や船長などの船舶関係者が集まるようになり、そこで彼らは商人たちと交易に関する情報を交換した[8]。また、マサチューセッツ湾植民地のレキシントンに17世紀末に建てられた「マンロウ」は、家畜を売り歩

く商人が集まる場所として知られるようになった。このタヴァンへは、「ニューハンプシャーやヴァーモント、そしてカナダの境界地方からも家畜商がやってきて」商談が行われたのである。そこには家畜小屋をかねた大きな納屋があり、「馬なら約100頭を中で飼うことができたほか、周囲に牧草地を所有しており、200頭から300頭の家畜の放牧」が可能であった[9]。

タヴァンが情報センターとして機能するようになったもう一つの要因として、新聞の発行とそれを運ぶ交通手段の改善が考えられる。そもそも植民地時代の新聞で、最初に成功したものは1704年4月24日にボストンでキャンベル（John Campbell）によって発行された『ボストン・ニューズレター』であったとされている[10]。各地で新聞が発行されるようになると、タヴァンはそれをいち早く入手して店内に置くことで、提供できる情報量を増やせた。さらに、当初は地元紙しか置くことができなかったが、最初に騎馬郵便、そして次に駅馬車が開業すると、遠方で発行されたものも入手できるようになったため、客は他の植民地の新聞を購読できたのである。

新しい交通手段の出現に対応するため、タヴァンは共同体の中心から離れた街道沿いにも開店するようになり、そこはまさに駅馬車の「駅」として機能した。そのようなタヴァンには、「人には酒あり、馬には飼い葉あり」という看板が掲げられ、客が飲食や休息をしている間に馬の世話がなされた[11]。余談だが、独立革命期には、このような街道沿いに建てられたタヴァンは、敵軍の動きを察知するのに好都合な場所に位置していたため、戦略上重要な役割を果たすことになるのだった。

黎明期の新聞は質量ともに十分なものとは決して言えなかったが、それでも店内にそれを置くことによって、タヴァンが客により多くの情報を提供しえたのは事実であった。ちなみに、1765年の時点で、新聞を定期購読していた白人の家庭は5パーセントに達していなかったため、タヴァンに置かれた新聞は重要な情報源と言えたのである[12]。口承によるものであろうと活字によるものであろうと、人びとは新しい情報を得るとそれについて語り合い、自分たちにとって重要な問題では、しばしば議論を闘わせる

第 4 章　アメリカ独立革命とタヴァン

こともあった。初期の入植者たちがタヴァンに集まって、例えば共同体の中を流れる川のどこに橋を架けるべきかとか、共同墓地をどこに造るべきかなどという問題を話し合う会合は、タウンミーティングというアメリカにおける直接民主制の原型となったのである。

　当初は、このような身近な問題について話し合われることが多かったが、時間の経過とともに隣接する共同体、さらには植民地全体の行政に関する議論も行われるなど、タヴァンは地域社会における政治談義の場として機能するようになった。さらに、議事堂という専用の会議施設が建設されるまでは、「町や村の役人たちによる［公式の］会合がしばしばタヴァンで開催されることもあった。そこでは立法者たちが……素晴らしい発想を生み出す泉（アルコール飲料）に触れながら」議論を重ねたのである[13]。その結果、「政策を作り上げたり、官職の候補者を選んだり、また植民地が直面する諸問題への対応策を考えたりすること」、つまり政治全般がしばしばタヴァンで行われたのであった[14]。このように、そこで開かれる会合は、地域社会の政治文化を創造するうえで重要な役割を果たしており、植民地時代を通して受け継がれる伝統にもなった。

2　軍事訓練とタヴァン

　前節で見たように、タヴァンはたんに宿泊施設と酒類を提供するだけの店舗ではなく、人が集まり情報の収集や交換が行われたこともあり、さまざまな会合が開かれる場所になった。その結果、植民地時代末期にイギリス本国への抵抗運動が始まると、タヴァンは一層重要な役割を果たすようになったのである。植民地の人たちによる抵抗は、最終的に武力行使を伴うようになるが、そもそもそのような抵抗を可能にしたものとして民兵組織の存在があった。そして、この組織もまた、タヴァンと深い関係をもつのであるが、本節では、独立革命とタヴァンを結びつけた第二の要因として、この民兵というものに注目してみたい。

　植民地時代、アメリカには常備軍はなく、散発的に起こる先住民との小

競り合いや、隣接する他のヨーロッパ植民地との抗争に対応したのは、本国から派遣されていた正規軍の場合もあったが、その多くは植民地人によって組織された民兵だった。このような民兵による地域社会の防衛は、イギリスの伝統を引き継いだもので、その始まりは9世紀のアルフレッド大王（Alfred the Great）の時代にまで遡るとされる。ちなみに、イギリス本国では17世紀中頃に起こった大内乱時に、クロムウェル（Oliver Cromwell）によって「新型軍」が組織されたり、さらに終戦後には赤い軍服を着用した正規軍が出現したことで、民兵組織の機能は失われたのである。

　アメリカ植民地において、民兵は他に本職をもつ市民——その多くは農民——であり、自らが住む共同体およびその周辺地域のみを防衛する目的で組織されたため活動範囲は狭く、植民地の境界を越えてまで遠方の地を転戦することは基本的になかった。したがって、例えば18世紀に英仏間で起こった「ジョージ王戦争」や「フレンチ・アンド・インディアン戦争」など植民地争奪戦のおりには、民兵とは別に軍事組織を結成する必要があった。実際、このような遠征軍に加わったのは、「植民地での募兵に応じた若者たちで、俸給を期待した貧農出身者」だったのである[15]。

　また、植民地の民兵は外敵から共同体を防衛するだけではなく、内部の治安を維持するために召集されることもあった。そのような例として、植民地時代末期、ノースカロライナ植民地の西部台地を中心とした地域に住む農民およそ2,000名による武装蜂起への対応が挙げられる[16]。長年にわたって植民地政府に対して不満を抱いてきた西部農民たちは、東部から派遣された役人の腐敗と横暴に反発して、1750年代頃より散発的に小規模な暴動を起こしてきた。そして彼らは、1768年に不正を正す者という意味の「レギュレイター」と自ら名乗って抵抗を本格化させていった。その後1771年に、彼らは植民地政府が決定した高額の課税政策に対して、その是正を求めて大規模に武装蜂起したのである。この「レギュレイター運動」に対処するため、トライオン（William Tryon）総督は「東部諸郡を中心に民兵を召集し」、反乱を最終的に「アラマンスの戦い」で鎮定すること

に成功したのであった。ただし、双方に多数の死傷者を出したこと、さらにはレギュレイターの指導者6名が反逆罪で処刑されたことをともなっての鎮定であった[17]。

　ところで、平和主義を標榜するクエーカー教徒を中心に建設されたペンシルヴァニア植民地をのぞき、各植民地とも軍事防衛に関する法律を制定し、「健康な自由白人の男性に、武器の保持、定期的な訓練への参加、そして有事の際の徴兵応諾」を義務づけた[18]。もし、これらの義務を拒絶するようなことがあれば、その人物には罰金や鞭打ちなどの罰則が科せられたのである。初期の頃のニューヘヴン植民地では、土曜日を使って年8回の定期的な訓練が行われたが、これ以外にも自主的なものや、治安の悪化が懸念されたときには緊急になされることもあった。この植民地では、「16歳から60歳までの肉体的に軍務を果たすことが可能なすべての成人男性」が訓練の対象となったが、教会関係者や町の役人は免除された[19]。

　通常植民地の総督は、共同体ごとに民兵指揮官を任命したが、植民地時代の後半には、選挙によって指揮官が選出されるところもあった。一方植民地議会は、予算を確保したり規律を定めることで、民兵制度を機能させるとともに文民統制を確立しようとした。そして、訓練が行われるときに集散場所となったのがタヴァンだったのである。

　武器を携えてタヴァンに集合した民兵たちは、指揮官に率いられて野外演習に適した場所に出かけてゆき、射撃や行軍などの訓練を受けた。訓練の厳しさは共同体によって異なっていたが、人口が多く社会が比較的安定していた海岸線に近い地域よりも、先住民との小競り合いがしばしば起こった内陸部の方が、一般にそれは熱心に行われたと考えられる。厳しい訓練であったか否かは別にして、参加者にとっての楽しみは、訓練後にタヴァンへ戻って飲酒することであった。

　民兵指揮官の中には自らの支払いで酒を振る舞う者がいたため、訓練への参加者たちはその人物が酒好きで、自分たちのために気前よく奢ってくれることを期待した。はじめに指揮官が振る舞った場合でも、その後はお互い奢り合いながら、「[植民地の民兵組織全体の司令官だった]総督から

指揮官にいたるまでの指導的立場の人たちすべてに敬意を表して乾杯」しながら飲酒を続けた[20]。興味深いことに、指揮官がタヴァンの店主であった場合が多々あり、軍事訓練が店の売り上げに貢献したのも事実だった。

植民地によっては、訓練だけではなく、その後の飲酒に対しても一部公金が使用された場合があり、例えばコネティカット植民地では「年間7～8,000ポンドの金が訓練終了後の飲酒に使われた」と推定されている。確かに、このような「懇親会」は住民と指揮官との意志疎通を図ったり、また住民同士の連帯感や防衛意識、つまり共同性を育む絶好の機会にもなったのであるが、「軍事訓練という本来の目的に必要な予算がなくなること」を危惧する者もいた[21]。

いずれにせよ、独立革命戦争において植民地人がイギリス正規軍部隊にどうにか対抗できたのも、長い間民兵制度が存在し、定期的な演習が組織的に行われてきたからだと考えられる。実際にこの戦争では、各植民地に割り当てて召集された者からなるワシントン（George Washington）司令官率いる「大陸軍（コンチネンタル・コングレス）」が組織されるが、彼らはすでに一定の訓練を受けていたのである。ちなみに、大陸軍以外にも民兵組織は各植民地で再編されて存続しており、両者が協力する形で独立戦争は遂行された。

3　自由を育成する揺り籠

タヴァンにおいて地域社会が抱える諸問題について議論されたり、またそこが民兵の軍事訓練と結びついたことが、大きな意味をもつようになったという点で注目すべきは、言うまでもなく植民地時代末期に始まる反英闘争であった。フレンチ・アンド・インディアン戦争の終結（1763年）以降、イギリス政府による植民地に対する政策の転換にともない、人びとは独立への気運を徐々に高めていった。最終的に独立を主張するようになる植民地人（以下、「愛国派（ペイトリオッツ）」）にとって、本国がとった課税を含む一連の強圧的政策は、それまで享受してきた自由と権利を踏みにじる圧制として黙許することはできなかった。

第 4 章　アメリカ独立革命とタヴァン

特に、新聞、暦、遺言状、そしてその他さまざまな公文書に印紙を貼付することを義務づけた1765年の「印紙条令」(スタンプ・アクト)は、すべての植民地で反英感情を醸成した。この課税政策に反発した愛国派は「自由の息子たち」(サンズ・オブ・リバティ)などの抵抗組織を作り、情報が集まりやすいタヴァンを会合場所にして反英活動を行ったが、このとき「地域社会における政治の哲人」として、しばしば組織の中心にいたタヴァンの店主が果たした役割は極めて大きかった[22]。彼らは、酒類販売許可証を受けるのに新たに高額の印紙代を納める義務を負わされたため、各地でこの条令に反対する運動の先頭に立ったのである。

マサチューセッツ湾植民地の属領メインにあったヨークでは、看板に「自由の息子たちの気晴らし場」と書かれたタヴァンも現れるようになった[23]。愛国派にとって、このようなタヴァンは国家──イギリス政府──に対抗する、まさに「市民社会」を象徴する空間であり、そこでの飲酒と自由な議論は、あたかも自らを圧政から解放する行為と見なされた。タヴァンに集まった人たちは、国王ジョージ三世（George Ⅲ）をはじめ、首相のグレンヴィル（George Grenville）など本国政府の指導者たちを公然と非難するとともに、いかにして抵抗すべきかを話し合った。その結果、イギリス製品不買運動が組織的に行われたり、収税吏が襲撃を受けたり、また印紙が盗まれて焼却されるという事件が各地で起こるようになったのである。イギリスの支配層は、そのような反英的雰囲気が満ち溢れたタヴァンを「騒乱の温床」(ホットベッド・オブ・セディション)と攻撃したが、一方愛国派にとって、そこはまさに「自由を育成する揺り籠」(ナーセリ・オブ・リバティ)であった[24]。

のちに第2代大統領となるアダムズ（John Adams）は、1774年に旅の途中で立ち寄ったマサチューセッツ湾植民地のシュルーズバリーにあったタヴァンにおいて、たまたま目撃した会合の様子を次のように書き残している。

　　ある夜、私はボストンから40マイルほど離れたシュルーズバリーにある1軒のタヴァンに宿泊することになった。やがて、近隣に住む身な

I部　個の解放と社会化

りの整った農民たちが1人また1人と集ってきた。ある者が「ボストンの人たちは混乱している」とまず切り出した。すると、「ボストンの人たちが混乱するのは無理もない。抑圧は賢明な人をも狂乱状態に陥らせるものだ」と誰かが応えた。また別の男性が「1人の男が突然やってきて、お前さんの雄牛、雌牛、馬、羊の頭数を記録して課税リストを作るために、戸を壊して納屋へ踏み入ったらどのように思うね？」と尋ねると、「どうするって？おれはその男の頭をぶん殴るだろうよ」と最初の人物が言った。……このようなやり取りののち、それまで黙っていた人物が、急に口を開いて「反抗のときがきているように思う。われわれが遅かれ早かれ反抗しなくてはならないのであれば、それはまだまだ先のことではなく、今なすべきものだ」と発言した[25]。

　反英感情が高まった1760年代の後半になると、タヴァンの中には、敷地内や周辺にあった大きな木を「自由の木(リバティ・ツリー)」と称して、その枝にさまざまな反英スローガンを書いた紙や本国政府指導者の人形を吊すところが現れるようになった。そもそも、このような樹木と植民地の大義を象徴的に結びつけるようになったきっかけは、先述の印紙条例への抗議行動の中で起こった一つの出来事であったとされる。ボストンのサウスエンド地区でエセックス・ストリートとオレンジ・ストリートが交差する場所にあった古い大きな楡の木がその舞台だった。1765年8月のある日、植民地では悪名高かった印紙税の収税吏として雇われていたオリヴァー（Andrew Oliver）という人物が、群衆に囲まれて身の危険を感じたため、しかたなく職を辞めることを約束したのがその木の下であった。翌月、グレンヴィル政権崩壊のニュースが伝わると、地元では抵抗運動を象徴するものになっていたその木に、「ザ・ツリー・オブ・リバティー」と彫り込まれた銅板が取りつけられたことで、それ以降「自由の木」という名称が知られるようになった[26]。

　さらに、自由の木はタヴァンと結びつけられるようになったが、それら

第4章　アメリカ独立革命とタヴァン

を結びつけたのは、プロヴィデンスに住むオルニー（Joseph Olney）というタヴァンの店主だった。彼が経営するノースエンドの丘に位置した2階建てのタヴァンの前庭は広く、晴れた日にはそこにあった大きな楡の木陰が建物を覆った。1768年7月に「自由の息子たち」はこのタヴァンの前庭で集会を開き、「アメリカの荒野で祖先たちが育んできた自由」を守り抜く決意が語られた。何人かが壇上に立って愛国心——植民地への帰属心——を訴えたのち、地元の法律家ダウナー（Silas Downer）が、厳かに「この木を『自由の木』として奉る」と宣言した。このとき、人びとはその楡の木に手を置いて、彼の言葉を聞き入っていたのである[27]。

その後、植民地の各地で自由の木をもつタヴァンが誕生したが、天然木がない場合には木柱を建てるところも現れた。ちなみに、そのような柱は「自由の支柱（リバティ・ポール）」と呼ばれ、独立後も旗やスローガンなどが掲げられ、新興国家に対する一般民衆の愛国心高揚に貢献した。各地にできた自由の木をもつタヴァンの中でも、ボストンのハノーヴァー・スクエアー（当時）にあったまさにその名を冠した「リバティ・ツリー・タヴァン」は特に有名であった。そこでは、「その木の下やタヴァンの中で、多くの愛国派の人たちが会合を開いて気勢をあげた」ので、日頃からそのような振る舞いを腹立たしく眺めていたイギリス兵が、「飲んだ勢いで」その大木を切り倒すという事件もあった[28]。

アダムズは、1769年にマサチューセッツ湾植民地ドーチェスターにあった自由の木を看板に掲げる「ロビンソン・タヴァン」で、「自由の息子たち」のために開かれた集会に参加したことを、次のように日記に書いている。

　……この集まりは自由の感動を呼び起こした。そこには多くの素晴らしい仲間たちがいたが、中でも［ジェームズ・］オーティスと［サミュエル・］アダムズはこのような集会にはいなくてはならない人物である。というのは、彼らは多くの人びとの心を揺り動かし、自由の精神を植えつけ、抵抗運動の指導者に対する信頼感を育む一方で、敵対者に対しては嫌悪感を抱かせることができるのである。自由の息子

95

たちの名誉のために言っておくと、この会合では、誰一人として泥酔したり、それに近い状態になる者はいなかった[29]。

4　反英武力闘争の拠点

　実際に、イギリス本国に対する抵抗が武力行使の形で始まると、タヴァンはより重要な役割を果たすことになった。植民地人による最初の革命行為とされる「ガスピー号焼き討ち事件」は、その始まりとして考えられる。1772年6月にロードアイランド植民地のナラガンセット湾で、本国の密貿易監視艇ガスピー号を沈めたのは、プロヴィデンスのサウス・メイン・ストリート沿いにあったサビン（James Sabin）が経営するタヴァンに集まる人たちだった。

　海軍大尉ダディングズトン（William Dudingston）が指揮するこの監視艇が標的とされたのには、イギリス人乗組員たちの傍若無人な振る舞いに対する住民たちの怒りが背景にあったと言われている。地元の新聞『プロヴィデンス・ガゼット』紙は、その辺の事情を次のように伝えている。

　　臨検と称しては通行する商船への略奪行為が行われたり、またカキ船に火を放ったりすることがしばしば起こっている。先日も巡航してきたその武装スクーナ船（ガスピー号）の船乗りたちは、大挙してナラガンセットの海岸へ上陸し、住民から数頭の豚と5樽の酒を略奪した[30]。

　そのようなおり、6月9日の夕刻にハンナ号という1隻のスループ型帆船がサビン・タヴァンの向かい側にある岸壁に戻ってきた。そして、下船した船長リンジー（Benjamin Lindsey）は周囲にいた人たちに興味深い話をしたのである。その内容は、荷物を積載してニューポートを出港したハンナ号がナラガンセット湾をプロヴィデンスへ向けて北上していたところをガスピー号に追跡されたこと、その追跡をかわしている間にガスピー号がウォーウィックの沖で浅瀬に乗り上げてしまったこと、そして多分真夜

第4章　アメリカ独立革命とタヴァン

中の満潮時まで船は動くことができないであろうというものだった。
　これらの情報は瞬く間に広がり、午後9時頃にはタヴァンの一室に人びとは集まり、「遠征隊を組織するための会合」が開かれていた[31]。彼らの多くは、銃と火薬と弾丸を所持しており、ガスピー号を襲撃することを前提に話は進められた。そして、ウィップル（Abraham Whipple）に率いられた一団は、8艘の小船に分乗してガスピー号が座礁したとされるナムキット・ポイントへ向かったのである。数時間後、襲撃者たちは現場に到着し、夜陰に乗じてガスピー号に乗り込むとダディングズトンを負傷させ、他の乗組員を捕虜にして下船させた。そして、彼らは憎悪の対象だったその船に火をつけて沈めてしまったのである[32]。ちなみに、ダディングズトンは傷が悪化してこの事件で唯一の犠牲者となった。事件後、イギリス政府は賞金を懸けて情報を集めようとしたが、住民には誰一人としてそれに協力する者はいなかった。もし、容疑者が逮捕された場合、彼らを本国に護送して裁判にかけようとしていたことも、植民地では住民の人権を無視するものとして取り上げられ、反英感情を一層醸成させることになった[33]。
　革命戦争前夜のこの時期に、サビンの店以上に有名になったタヴァンがボストンにあったが、そこは「グリーン・ドラゴン」と呼ばれていた。1773年12月16日の夜愛国派がモホーク族の戦士に変装して、係留中のイギリス東インド会社所有の3隻の貨物船に乗り込み、積み荷の茶箱300以上を海に投げ捨てるというあの「ボストン茶会事件」の計画が練られたのが、このタヴァンだったのである[34]。
　グリーン・ドラゴンは、1712年に営業が始められたのであるが、最初の経営者はプリン（Richard Pullin）という人物だった。その後3名の店主を経て、事件は5代目の経営者になるバーディック（Benjamin Burdick）の時代に起こった。「自由の息子たち」の活動家でもあった彼は、1771年に「革命クラブ」という政治団体の集会を自らのタヴァンで開くように誘致したが、そこに集まった人たちが多数この事件に関係したのである[35]。
　のちに、3人の大統領の下で国務長官を務めることになるウェブスター

(Daniel Webster) が、グリーン・ドラゴンを「アメリカ独立革命の司令本部」と評したのはよく知られた事実である[36]。ユニオン・ストリート沿いにあったこのタヴァンへは、「茶会事件」で中心的役割を演じた［サミュエル・］アダムズだけではなく、「印紙税法大陸会議」の開催を呼びかけたオーティス（James Otis）、［ジョン・］アダムズ、リヴィア（Paul Revere）などの革命の指導者や英雄たちがしばしば訪れていた。またそこは、独立戦争前夜にはボストンに駐留するイギリス軍によって一時的に使用されることもあったが、すぐに国王に忠誠を誓う独立反対派の植民地人――王党派(ロイヤリスツ)――の動向を探る人たちによって利用されるようになった。リヴィアはそこでの様子を次のように書き残している。

　私は、1774年の秋から翌年の冬にかけて、職人を中心とした30名で構成されるとある委員会のメンバーだった。この委員会は、イギリス兵の動きを見張り、また国王支持派の動向に関する情報を集めるために結成されたもので、グリーン・ドラゴン・タヴァンで会合を重ねた。……相手がたとえハンコック、アダムズ、オーティス、ウォーレン、チャーチなどの指導的な役割を果たす仲間であっても、話し合われた内容について店を出たら一切漏らさないことを、人びとは会合のたびに誓い合った[37]。

　ボストン茶会事件の翌年、同様の出来事がニューヨーク港でも起こったが、これに関してもタヴァンは重要な役割を果たした。フランシス（Samuel Fraunces）という人物がパール・ストリートとブロード・ストリートが交差するところで経営していた「フランシス・タヴァン」に、「自由の息子たち」や「自警団」の活動家が集合して、東インド会社専用の桟橋に係留されていたロンドン号という茶を運んできた船に対する襲撃作戦が練られた。そして彼らは、ボストンと同じように「茶箱の蓋をこじ開けて、船荷を海上に投棄し、……『ニューヨーク版茶会』を楽しむこと」ができたのである[38]。余談だが、このタヴァンは、事件後大陸会議の

第4章　アメリカ独立革命とタヴァン

結成に向けて、マサチューセッツとニューヨークの両植民地の代表が会談した場所として、さらにはワシントンが、独立戦争の終結を受けて1783年に大陸軍最高司令官を退くにあたり、告別の辞を述べた場所としても知られている[39]。

　反英活動に触発されて一層厳しさを増した本国の植民地政策に対して、「茶会事件」のような地域ごとに行われる散発的な抵抗ではなく、全植民地規模で継続的に対応する運動が必要であり、そのために話し合いの場をもつべきという意見が強く主張されるようになった。それに最初に応えたのがヴァージニア植民地であったが、ここでもやはりタヴァンが舞台だった。1774年、国王に忠誠を誓う総督ダンモア（John Dunmore）が、不穏な動きを見せる植民地議会を解散させたところ、一部の議員が残りの会期をウイリアムズバーグにあった「ローリー・タヴァン」で継続して開き、ボストン港の閉鎖やイギリス軍兵士宿営のために民家を収用することなどを定めた一連の「強圧的諸法」を非難すると同時に、各植民地の代表によって構成される会議の開催を呼びかけたのである[40]。その結果、ジョージアを除く12植民地の代表が9月から10月にかけての50日間フィラデルフィアに集まって第一回大陸会議を開催し、植民地人の自由と権利を蹂躙する本国の諸政策に対して、その転換を協力して求めることを決議したのである。結果的に言って、これは本国政府に対する最後通牒とも呼べる大胆な行動であった。

　独立戦争は、1775年4月19日にレキシントンとコンコードで始まるのであるが、この戦闘に際しても、タヴァンは「ミニットマン」と呼ばれた瞬時に出撃できるよう訓練を受けた民兵たちにとって重要な場所だった。イギリス軍司令官ゲイジ（Thomas Gage）は、開戦前夜の4月18日に、イギリス国王への反逆罪に問われていたハンコック（John Hancock）と［サミュエル・］アダムズの逮捕、そしてコンコードで保管されていると噂されていた大量の武器や弾薬を捜索するため、ボストンに駐留していた軍に出動命令を出した。実際、コンコードにあった「コロニアル・イン」は、まさにそのような場所で、複数あった建物の一つは武器庫になっていた[41]。

Ⅰ部　個の解放と社会化

　イギリス軍の動きを察知したボストンの愛国派はリヴィアたちを早馬で送り、十数名からなるイギリス軍の偵察隊とその後を数百名からなる本隊が、レキシントンおよびコンコード方面へ向かうという情報を伝えた。この情報は、ケンブリッジとレキシントンの中間に位置したメノトミーという町——現在のアーリントン——にあった「ブラック・ホース」というタヴァンに滞在していた愛国派のゲリー（Elbridge Gerry）やリー（Jeremiah Lee）を経由して、レキシントンへもたらされた。実はその日の昼間、ハンコック、［サミュエル・］アダムズ、ゲリー、そしてリーたち指導者は、このタヴァンで「保安委員会」の会合を開き、予想されたイギリス軍の動きにどのように対応すべきかを夕方まで話し合っていたのである。
　レキシントンでは、イギリス軍が動き出したという情報を聞いたミニットマン約40名が、「バックマン・タヴァン」に集結してなりゆきを見守ったが、偵察隊はそこを素通りしたため、このときは武力衝突にいたらなかった。一方ブラック・ホースでは、仮眠をとっていたゲリーやリーたち数名は、4月19日の早朝にイギリス軍本隊の一部が迫ってきているという見張りからの知らせで突然起こされた。彼らは身支度を整える暇もなく裏口から脱出し、近くの林の中に身を隠した。4月とはいえ、肌寒い早朝の約1時間を屋外でやりすごしたのち、イギリス軍が引き上げるのを待って、彼らは再びタヴァンへ戻ったのであった[42]。
　スミス（Francis Smith）中佐に率いられたイギリス軍部隊は、その後レキシントンでの小規模な戦闘で18人のミニットマンを死傷させながら、出撃の目的地であるコンコードへ進軍した。コンコードでは、イギリス軍が接近中であるという情報で鳴らされた役場の鐘の音を聞いて、一部の住民は町の中心に位置した「ライツ・タヴァン」に武器を携えて向かったが、そこは緊急の場合にミニットマンが結集する場所になっていた。その後、彼らはコンコード川に架かるノースブリッジでの歴史的な戦闘に参加したのである[43]。ちなみに、哲人エマソン（Ralph W. Emerson）の祖父で、有名な「旧牧師館（オールド・マンス）」を建てたウイリアム（William Emerson）は、鐘の音を聞いて真っ先に駆けつけた一人だった。

第 4 章　アメリカ独立革命とタヴァン

　レキシントンとコンコードの戦いののち、戦争の舞台はボストンおよびその周辺へと移った。ボストン茶会事件以来、イギリス政府はこの町に駐留する軍隊の規模を拡大しており、開戦後はハウ（William Howe）、バーゴイン（John Burgoyne）、クリントン（Henry Clinton）の少佐たちを新たに本国から派遣した。約 6 千名のイギリス軍に対抗して、愛国派はそれ以上の数の民兵を動員し、町の周囲を包囲する作戦をとったのである。

　作戦遂行のため、マサチューセッツ湾植民地内の各共同体から民兵が集められたが、ボストン北方のソーガス川近くにあった「ブルー・アンカー」というタヴァンは、彼らの集合場所の一つだった。経営者のニューホール（Jacob Newhall）は、やってきた民兵たちに「まるまると太った牛を数頭屠殺して……気前よく供応した」のであるが、そこは戦いを前にした者に束の間の安息を与える場所となった。彼らはそのタヴァンで部隊を編成してボストン包囲作戦に参加したが、その後戦争が始まったときに植民地軍の前線基地になったのも、やはり「セント・ジョージ」というタヴァンであった[44]。

　そもそも、このセント・ジョージは 18 世紀初めに建設されたが、1721 年にボストンで天然痘が流行したとき、臨時の植民地議会がそこで開かれたことでも知られていた。わずか数百メートル先にあったイギリス軍の要塞と対峙していたため、このタヴァンは戦略上重要な場所に位置していたのである。ワシントン司令官もそこを訪れてイギリス軍の動向を視察しており、ひとたび戦闘が始まるとこの場所を巡る攻防は激しいものとなった。実際、1775 年 7 月 31 日に、このタヴァンはイギリス軍による激しい攻撃を受けたのちに焼け落ちている。余談だが、13 年後その場所に新しいタヴァンが建てられており、そこはバートン（Sally Barton）という女性によって経営された[45]。

　独立戦争を通して、タヴァンは武器庫、民兵の集合場所、そして前線司令基地以外にもさまざまな目的で使用されており、なくてはならない施設であり続けた。例えば、ニューヨークの町のワシントン・ハイツにあった「ブルー・ベル」というタヴァンは、「傷ついた兵士たちを保護する施設」、

I部　個の解放と社会化

つまり野戦病院として機能した[46]。これらの他にも、軍法会議の開催場所、捕虜収容施設、兵舎などとしても使用された。また、戦争中に各植民地の結束と共闘を図るため、指導者たちは各地のタヴァンを訪れながら地元の愛国派と会合を重ねたのである[47]。このように、植民地の人たちが本国からの独立を勝ち取る過程で、タヴァンが果たした役割については枚挙にいとまがないほど多様で、しかも重要なものであった。

おわりに

植民地時代のアメリカでは、政治的・非政治的を問わず「クラブ」とか「ソサエティ」などと呼ばれた任意団体(アソシエーション)が、タヴァンを舞台にさまざまな活動を行った。特に、フィラデルフィアは他の町以上に自由な雰囲気に包まれていたため、数多くの団体が生まれたことで知られるようになった。18世紀の前半、そこでは「ウエールズ人、アイルランド人、スコットランド人、イングランド人などそれぞれの民族協会、労働者たちの秘密結社、哲学協会、フリーメイソン2支部、総督クラブ」などが定期的に会合を開いていたが、集まるのは通常男性のみであった[48]。そして、個々の団体は特定のタヴァンを会合場所に選んだが、このときそこは市民同士を結びつける場になったのである。

植民地時代を通して築かれたこのような伝統は、末期に起こったイギリス本国に対する抵抗運動の中で一層重要な政治的意味を帯びるようになるが、そのことは、タヴァンが独立革命において大きな役割を果たした事実に表れるのである。ジェファソン（Thomas Jefferson）が独立宣言文の草稿案を練るにあたり、意見交換を行ったのがフィラデルフィアのタヴァン「インディアン・クイーン」だったという話も、まさにそれを象徴するエピソードとして挙げられよう[49]。

本稿の主題は、独立革命期になぜタヴァンと反英活動が結びついたのかを考察することであった。これに関して、あらゆる面で未発達だった植民地社会で、他に地域住民が集まる適当な会合場所——ときには飲酒も楽し

第 4 章　アメリカ独立革命とタヴァン

める場所——がなかったことが、まず第一に考えられた。また、民兵組織とタヴァンが伝統的に深い関係にあったこと、そしてそれが、武力を伴う抵抗運動においては重要な意味をもつようになった点も理由として挙げられる。

さらに、本文中では少ししか触れなかったが、タヴァンの店主が果たした役割も見逃されるべきではない。そもそも店主には、酒類販売許可証の取得が各植民地において義務づけられており、実際彼らは社会的地位の高い地元の「名士」である場合が多かった。したがって、相対的に教養があり、さまざまな情報に精通していた店主は、「政治の哲人」として地域社会の意思形成に大きな影響を与えることが多々あったと考えられる[50]。

元来、宿泊施設と酒類を提供するだけの店舗と考えられてきたタヴァンが、これらの理由によって地域住民の間に共同性を育む空間として機能するようになったわけだが、そのことが最も顕著に表れたのが、人びとの結束が強く求められた独立革命期だったのである。

註

1) タヴァンとは、酒類販売と宿泊の機能を併せもった店舗のことで、これ以外にも「イン」(inn)や「オーディナリ」(ordinary)などとも呼ばれたが、タヴァンが最も広範囲に使用された。これらは、あくまで地域による呼称の違いであって、提供される奉仕の種類についての違いはなかった。Dean Albertson, "Puritan Liquor in the Planting of New England," *New England Quarterly* XXIII (December 1950), 484.

2) Alice M. Earle, *Stage-coach and Tavern Days* (New York: Macmillan Co., 1900), 170.

3) 禁酒法運動を肯定的に論じた研究は数多くなされてきたが、以下に二つだけを挙げておく。Ruth Bordin, *Woman and Temperance: The Quest for Power and Liberty, 1873-1900* (Philadelphia: Temple University Press, 1981); James Timberlake, *Prohibition and the Progressive Movement, 1900-1920* (New York: Atheneum, 1970).

4) Mark Lender, "Drunkenness as an Offense in Early New England: A Study of 'Puritan' Attitude," *Quarterly Journal of Studies on Alcohol* 34

I部　個の解放と社会化

(1973), 362.
5) 例えば、コネティカット植民地では1644年に、またマサチューセッツ湾植民地では1656年にタヴァンの建設と維持が命じられ、それを行わない共同体には罰則が科せられた。Earle, 2.
6) Ian Tyrrell, *Sobering Up: From Temperance to Prohibition in Antebellum America, 1800-1860* (Westport, Conn.: Greenwood Press, 1979), 22.
7) Samuel Allinson, ed., *Acts of the General Assembly of the Province of New Jersey* (Burlington, 1776), 102.
8) Elise Lathrop, *Early American Inns and Taverns* (New York: Robert McBride & Co., 1926), 33.
9) Ibid., 78ff.
10) 植民地最初の新聞は、1690年9月25日にボストンで生まれた『パブリック・オカランス』だったが、継続的に発行されなかったため『ボストン・ニューズレター』を最初のものとした。新聞は、当然人口の多い町で発行され、18世紀中頃のボストンでの部数は約600だった。しかし、独立革命期には発行部数は増え、植民地全体で主なものが38紙存在した1775年には、1紙平均約2,500部がタブロイド判の紙を使った4ページ程度のものを標準として発行された。Frank Mott, *American Journalism: A History of Newspapers in the United States through 250 Years, 1690-1940* (New York: The Macmillan Company, 1941), 59; Edward C. Lathem, comp., *Chronological Tables of American Newspapers 1690-1820* (Massachusetts: American Antiquarian Society & Barre Publishers, 1972), 2.
11) C. C. Pearson and J. Edwin Hendricks, *Liquor and Anti-liquor in Virginia, 1619-1919* (Durham, N. C.: Duke University Press, 1967), 113.
12) Richard Brown, *Transformation of American Life 1600-1865* (New York: Hill and Wang, 1976), 52.
13) Herbert Asbury, *The Great Illusion: An Informal History of Prohibition* (Westport, Conn.: Greenwood Press, Publishers, 1950), 6.
14) John Krout, *The Origin of Prohibition* (New York: Russel and Russel, 1925), 40.
15) 有賀貞他編『アメリカ史1』(山川出版社、1994)、137-38.
16) 蜂起したレギュレーターの数については3,000名という説もある。和田光弘『紫煙と帝国—アメリカ南部タバコ植民地の社会と経済—』(名古屋大学出版会、2000)、403.
17) Alan Brinkley, Frank Freidel, Richard N. Current, and T. Harry Williams, *American History: A Survey* (New York: McGgraw-Hill Inc., 1991),

106.

18) Mary Cayton, Elliott Gorn, and Peter Williams, eds., *Encyclopedia of American Social History* (New York: Charles Scribner's Sons, 1993), I , 641.

19) Edward Field, *The Colonial Tavern: A Glimpse of New England Town Life in the Seventeenth and Eighteenth Centuries* (Providence, R. I.: Preston & Rounds, 1897), 107ff.

20) Albert B. Hart, ed., *Alexander Hamilton's Itinerarium* (St. Louis, 1907), 81f.

21) David W. Conroy, *In Public Houses: Drink & the Revolution of Authority in Colonial Massachusetts* (Chapel Hill, N. C.: University of North Carolina Press, 1995), 247f.

22) Brinkley and others, 106.

23) Earle, 173.

24) W. J. Rorabaugh, *The Alcoholic Republic: An American Tradition* (New York: Oxford University Press, 1979), 35.

25) Charles F. Adams, notes and illus., *The Works of John Adams, Second President of the United States* (Boston: AMS Press, 1971), IX, 597f.

26) Simon P. Newman, *Parades and the Politics of the Street Festive Culture in the Early American Republic* (Philadelphia: University of Pennsylvania Press, 1997), 23f.

27) Field, 235f.

28) Earle, 175.

29) Adams, II , 218.

30) *Providence Gazzette,* March 28, 1772.

31) Mary C. Crawford, *Little Pilgrimages among Old New England Inns* (Boston: L. C. Page & Company, 1907), 121f.

32) Field, 244ff.

33) Joseph F. McCarthy, *Record of America: A Reference History of the United States* (New York: Charles Scribner's Sons, 1974), III , 54.

34) Kym Rice, *Early American Taverns: For the Entertainment of Friends and Strangers* (Chicago: Regnery Gateway, 1983), 124.

35) Crawford, 96.

36) Rice, 124.

37) Earle, 181.

38) Lathrop, 37f.

I部　個の解放と社会化

39) Rice, v.
40) Brinkley and others, 117.
41) Lathrop, 86.
42) Field, 241f.
43) Concord Chamber of Commerce, *The Lexington-Concord Battle Road: Hour-by-Hour Acount of Events Proceeding and on the History-Making Day April 19, 1775* (Concord, Mass.: Concord Press Corporation, 1975), 8 & 13.
44) Field, 254f.
45) Ibid., 250ff.
46) Lathrop, 46.
47) Earle, 179.
48) Peter Thompson, *Rum Punch and Revolution: Taverngoing & Public Life in Eighteenth-Century Philadelphia* (Philadelphia: University of Pennsylvania Press, 1999), 84.
49) Andrew Barr, *Drink: A Social History of America* (New York: Carroll & Graf Publishers, Inc., 1999), 312; Lathrop, viii.
50) ハーヴァードやイエールという宗教指導者など当時のエリートを養成する目的で開学した教育機関では、親の社会的地位が高い順に名簿記載が行われており、その中でタヴァン経営者の息子がしばしば主席として扱われた事実があった。例えば、1653年と1667年のハーヴァード・カレッジでは、ともにタヴァン経営者の息子であるロング（Joshua Long）とハリマン（John Harriman）が、牧師を親にもつ学生たちよりも上位に置かれた。これは「当時、娯楽を提供する施設の管理運営者に対して払われた人びとの畏敬の念を明確に表した」ものと考えられる。American Antiquarian Society, *Proceedings of the American Antiquarian Society* IX (Worcester, Mass.: 1895), 50.

II部　社会の分節化と個

第5章　ヴィクトリア朝女性の public sphere
——女たちの「個」と「共同性」——

東　田　雅　博

はじめに

　まず、public sphere について簡単に説明しておかねばならないだろう。ハーバーマスの影響を考えれば、public sphere は公共圏と訳されるのが適切なのかもしれない。しかし、本稿が問題にしたいのは性別領域分離論 separate spheres でいう public sphere である。これを公共圏と訳していいものかどうか、これはかなり疑問である。この場合は、むしろ公的領域、あるいは公的世界などと訳されるべきだろう。
　ハーバーマスの公共圏と性別領域分離論での公的領域は、英語ではともに public sphere だがその中身には相当な開きがある。前者は、国家や市場とは区別される、クラブやアソシエーション、あるいは新聞・雑誌などを媒介とする人々の集まりを基礎とする論争の空間であるのに対し、後者は極端にいえば private sphere 以外の空間が、すべて公的領域ということになるだろう。私的な領域の核となるのは家庭であるから、これも極論すれば、家庭を一歩出れば、そこは公的領域だということになる。したがって、後者の公的領域には、公共圏も、国家も、市場も含まれてしまうことになる。
　ヴィクトリア朝社会は、性別領域分離論というイデオロギーが支配的であった時代として知られている。つまりごく大まかにいえば男の領域はビジネスや政治などの公的世界であり、女の領域は家庭を中心とする私的な世界であるとされていたのである。この時代に、女性たちが公的世界で活躍するには相当な抵抗を覚悟しなければならなかった。国家はもちろん、

公共圏にしても、女性が簡単に参入できたわけではなかった。

　公共圏については、その男性的性格を認識しなければならないことが近年強調されている[1]。つまり、公共圏を構成する多くの空間が女性を排除していたのである。このことは、たとえば1893年に、王立地理学会が有名なレディ・トラベラー、イザベラ・バードらを特別会員にし、さらに女性会員を増やそうとしたときの男性会員たちの猛烈な反発によく表れている。このように、公共圏を含む公的な領域は、19世紀の後半においてさえなお、概して女性たちを排除する傾向が強くあったと言えるだろう。

　ヴィクトリア時代において、性別領域分離論が隆盛を極めたとしても、もちろん、それが必ずしも現実を反映していたというわけではない。この時代においても、公的世界で活躍した女性もいた。上流の世界に属す女であれば、ますますその機会は多かったであろう[2]。また、女たちが分断され、何らの「共同性」をも持てなかったというわけでもない。むしろ、男の世界からは分離された状況のなかで、女たちのネットワークが形成されていた。それを基礎にできたからこそ、女性参政権運動も立ち上げることができたのである[3]。公共圏にしても、ハーバーマスの認めた男性中心のブルジョワ的な公共圏だけが唯一の公共圏ではなく、もっと多様な公共圏があったとの指摘もある。いま述べた女たちのネットワークも、そうした多様な公共圏のひとつと考えることも可能である[4]。

　しかし、そうではあっても、ブルジョワ的な公共圏が支配的な公共圏であったことは確かであろうし、そこから女性たちが排除される傾向にあったことも間違いないであろう。なにしろ、19世紀のブリテンでは、public man は市民であったが、"public woman" は娼婦を意味したのである。公的な空間は女性には危険な領域であった[5]。とすれば、この時代の公的世界は、やはり女性たちに冷たいものであっただろうし、女たちの「共同性」が男たちの「共同性」と同じ意味合いを持つものであったとか、女たちの「共同性」が男たちの「共同性」に拮抗した力をもっていたとかは、到底言えなかったであろう。

　本稿が取り上げたいのは、こうした女性たちを排除しようとする傾向を

第 5 章　ヴィクトリア朝女性の public sphere

強く持った公的領域と女性たちとの関係である。女性たちを公的領域から排除しようとするイデオロギーに、彼女たちがどう対応しようとしたのか。彼女たちを排除しようとする現状を肯定したのか。それを変革しようとしたのか。変革しようとしたとすれば、どのように変革しようとしたのか。

　多くの女性が、女の領域＝私的領域のなかで生き続けることを、無意識的に選んだかもしれない。しかし、特に19世紀後半には家庭の外に生き甲斐を求める女性が次第に多くなった。反奴隷制運動や伝染病法撤廃運動などで活躍した女性は、それらの運動の展開のなかで、女性独自のネットワークを構築し得ただろう。それらのネットワークは、あるいは男性たちの公共圏にたいしての、いわば対抗的公共圏を構成したかもしれない。そこにおいて「個」としての女性を支える、女性たちの「共同性」が育まれたであろう。

　19世紀後半に活発に展開される女性参政権運動は、女性の市民権の獲得、女性の公的領域への本格的参入、したがって、性別領域分離論への挑戦を意味したであろう。このことは、男たちの「共同性」を育む場としての公的領域を、女たちが再定義するものであったとも言える。

　だが、見落としてはならないのは、女の領域＝私的領域に、女性の活動の場を限定しつつも、そこでの活躍によって、女たちの「共同性」を構築し、さらには、「市民」としての認知を受けようとする女たちがいたことである。

　こうした決して単純ではなかった女たちと公的領域との関係を、女性参政権運動のリーダー、ミリセント・ガレット・フォーセット Millicent Garrett Fawcett（1847-1929年）、反女性参政権運動のリーダー、メアリー・アーノルド・ウォード Mary Arnold Ward（1851-1920年）、この時代を代表するレディ・トラベラー、イザベラ・バード　Isabella Bird（1831-1904年）これら三人の、ほぼ同時代を生きた女性たちの軌跡のなかに見ていくことが本稿の課題である。

111

II部　社会の分節化と個

1　性別領域分離論と女性参政権論

　まず、性別領域分離論がいかなるものであり、具体的にどのような舞台で、どのように用いられたかを見ておこう。それを見る格好の舞台は、男たちの「共同性」を揺るがし、国家レベルでの公的世界への参入を求めた女性参政権運動であろう。この女性参政権論を真っ向から否定する論理こそが性別領域分離論であった。

　どういう論議が展開されたかを述べる前に、この時代の女性参政権運動をめぐる状況を少し説明しておいたほうがよいであろう。確かに19世紀後半から20世紀初頭にかけてミリスント・フォーセットの「女性参政権全国同盟」とパンクハースト母娘らの「女性社会政治同盟」によって女性参政権を求める運動が活発に展開されていた。しかしながら、女性に部分的にではあるが参政権が与えられるのは第一次世界大戦が終末を迎えた1918年末のことである。それまでは、女性に参政権を認めるべきではないとする主張も根強くあり、そのための組織も結成され、活発に運動を展開していたのである。

　その代表的組織が1908年7月に結成された「反女性参政権女性全国同盟」Women's National Anti-Suffrage League であった。この組織には多くの上流の女性が名を連ねていたが、その最も有力なメンバーが、メアリー・アーノルド・ウォードであった。彼女は、パブリックスクールの名校長、トーマス・アーノルドの孫にして、『教養と無秩序』のマッシュ・アーノルドの姪というまさに名門出身の女性であった。メアリー・ウォードは小説家として国際的な名声を得ていたが、反女性参政権論の立場でも活発に論陣を張った。その論たるや、絵に描いたような性別領域分離論であった。1910年6月20日に、彼女の「政治の世界での女性と参政権」と題する投書が『タイムズ』に掲載されている。この中でメアリー・ウォードは次のような論を展開している。

第5章　ヴィクトリア朝女性の public sphere

　イングランドの弱体化は……その政府の弱体化とともにもたらされるだろう。そして、政府というものが弱体化するのは、直接的な権力が、賛成投票したことを実現する力が無く、しかも自然が命じた仕事や機能が政治や統治以外のものであるような人々の手に委ねられるときである。こうした弱体化は、植民地やアメリカのどこかの州などのような小さな組織の場合には、すぐには分からないかもしれない。しかしながら、政治組織が複雑であればあるほど、そして他の組織との関係も複雑であればあるほど、その危険性と責任は一層大きくなり、自然の法と機能に背くことへの罰がますます大きくなるのです[6]。

　女性が参政権を持つことは、自然が命じた性別の役割分業に反することになるのだというわけである。
　興味深いのは、帝国に深く関わった人々の動向である。もちろん、すべてというわけではないが、帝国に関わった人々の多くが女性参政権に反対した。その先頭にいたのは、この時代を代表する帝国の男たち、インド総督として名を馳せたかのカーゾン卿 Lord Curzon（1859-1925年）とエジプト統治で名を馳せたクローマー卿 Lord Cromer（1841-1917年）であった。
　まず、1909年に反女性参政権女性全国同盟の支部を結成するためにダービーシャーで開催された集会に寄せられたカーゾン卿の『タイムズ』（1909年3月19日）に掲載された手紙を見てみよう。

　　インドや植民地の運命が、いや連合王国の運命が女性の投票に左右されるような事態をわたくしは容認できません。男性が戦い、国境を広げ、統治し、帝国の重荷に耐えなくてはならないのです。
　　女性の領域は別のところにあるのです。当然男性がなすべき仕事を、女性にも共有させる、いわんやそれを支配させるなどということは、馬鹿げており、かつ将来的には危険でもあります。男たちに女性の生まれながらの仕事をさせたり、奪い取らせたりすることも、もちろん

同様に馬鹿げており、危険です。

　女性の知的な解放は、われわれ全員が同調できるものであり、われわれが共同で促進することのできるものである。しかし、このことは女性による政治的支配とは全く別物である。女性の政治的支配、これは何としても避けねばならないものである[7]。

　女性参政権に反対した者たちが、女性を無知なままに放置し、政治的権利を奪い続けようとしたというわけではない。むしろ、このカーゾンの主張に見られるように、女性教育の改善、あるいは拡大に取り組む反女性参政権論者もいた。彼らにとって問題は、女性が女性の領域を超えて、男性の領域にまで踏み込んでくることであった。

　彼らには、こうした論点が最も重要なものであった。カーゾンは別の機会に女性参政権に反対する正当で、反駁し得ない15の論点があるとし、その第一に、「伝統的で、反駁し得ない、家庭についての議論と、両性の生まれながらの機能分割という議論」を挙げた[8]。

　では、クローマー卿はどうか。1909年3月26日の反女性参政権女性全国同盟の集会でのクローマー卿の演説が、『タイムズ』につぎのように報道されている。

　　……クローマー卿が女性参政権に反対する主要な論拠は、女性たちが男性ではないことにある（笑いと拍手）。こうした議論は、女性にとって屈辱的だとよく言われる。もしそうなら、彼はこうした議論を使いはしない。女性にとって女性らしさを大事にすることは屈辱的なのだろうか。そんなはずはない。……女性にふさわしい領域での女性の活動を奨励しよう。……女性の教育を奨励しよう。……しかしながら、無謀にも、また必要もないのに両性間の戦争を引き起こそうとする者たちには断固反対する。彼らはこの国のあらゆる家族に不協和と混乱を持ち込むことは間違いないからである。……[9]。

第5章　ヴィクトリア朝女性の public sphere

　ついでに紹介しておけば、クローマー卿の後に発言した、かの帝国主義者、ジョセフ・チェンバレン Joseph Chamberlain の息子で、国会議員のオースティン・チェンバレン Austin Chamberlain の発言は次のように報じられている。「彼は、最も古く簡明な理由を持って女性参政権に反対する。その理由とは、男は男であり、女は女であるという理由である。自然は、男と女を別々のものにしたのである」と[10]。

　反女性参政権論者にとっては、男性の領域と女性の領域とが明確に区別されるべきものとしてあった。両性は、互いの領域を尊重し、他方の性の領域に侵犯したりしてはならないのである。そうした領域の侵犯は、家族を、国家を、そして帝国を揺るがすことになりかねないのである。女性参政権の要求とは、こうした由々しき事態をもたらす、到底認めがたい主張であった。

　近年、性別領域分離論の歴史的重要性を疑問視するむきもある。本稿の主たる対象であるミドルクラスの女性に関していえば、近年の消費主義、財産所有、人道主義、政治における女性の役割の研究が子育てと家事の世界への拘束、つまり女は「家庭の天使」たるべきだという正統的見解がどれほど実態を映したものなのかに疑問を投げかけている。なかには性別領域分離論という言葉は優勢な文化的実態の反映というよりも、女性の公的プレゼンスの増加への反発と理解することが可能であるという見解もある[11]。

　しかしながら、性別領域分離というイデオロギーの強さを軽視してはならない。メアリー・ウォードについてはすでに見たが、本稿で取り上げる様々な立場の3人の女性たちは、すべて、その立場の違いにも関わらず、この性別領域分離論をある意味では肯定していたのである。少なくとも、真正面から断固批判することはなかったのである。

　性別領域分離論は、むしろ恐るべき影響力を持ったイデオロギーであり続けていたというべきであろう。そういう状況のなかで、女たちがどう公的領域に参入したのか。女たちの「共同性」をどう構築しようとしたのか。

Ⅱ部　社会の分節化と個

2　反女性参政権論者と公的領域

　クローマー卿は、女性参政権への反対の一つの論拠として、女性参政権に反対する「沈黙の女性たち」の存在を挙げた[12]。確かに、多くの「沈黙の女性たち」が、おそらく公的領域での活躍など夢にも思わず女性の領域＝私的領域での生活を不満の声も挙げず送っていたかもしれない。しかしながら、そもそも公的領域と私的領域との区分線はどこにあったのだろうか。この時代にあって、公的領域とは何であったのか。女性たちが何を公的領域と考えていたのか。女性の領域＝私的領域とは、家庭だけに限定されるものであったのか。こうした点を考えておかないと、女性が私的領域での生活に満足していたといっても、その意味するところが大きく変わってくるであろう。

　前章で見た、メアリー・ウォードやカーゾンらの議論では、女性が踏み入れてはならない公的領域とは、政府の組織や帝国の統治機構ということになるだろう。とすると、政府の組織や帝国の統治機構以外のところでは、女性が自由に活躍できたのか。もちろん、そんなはずはないだろう。もうすこし丁寧に見ておかねばならない。

　この点については、1889年にメアリー・ウォードによって執筆され、総合雑誌『19世紀』掲載された「女性参政権への反対の訴え」が多くのことを教えてくれる[13]。この文章は、反女性参政権運動の原点とも言えるもので、104人の、多くの上流女性の署名が添えられた。

　ウォードは、女性参政権に反対する論拠を五点挙げている。少々長くなるが、その第一点を紹介しよう。

　　1．女性の権限、エネルギー、教育が可能な限り発展することを願いつつも、われわれは、女性の国家のための仕事、そして女性の国家への責任は、常に男性の国家のための仕事や国家への責任とは本質的に異なるものであると、それゆえに、女性が国家機構で受け持つ仕事

第5章　ヴィクトリア朝女性の public sphere

は、男性に割り振られた仕事とは異なるものであると、信じております。国民生活の一定の大きな部局は、必然的にもっぱら男性によって動かされております。議会での論争と立法、国民的資源と力の管理という困難で消耗の激しい仕事、イングランドと自余の世界との交渉、鉱山・鉄工・鉄道などの国家の基幹産業、イングランドの通商の指導と監視・巨大なイングランドの金融の管理・われわれの食糧供給が依存する商船団の運営、これらは男性が行うものです。こうした領域のすべてにおいて、女性の直接的な関与は不可能です。それは、女性という性の無能力さ、あるいはこの点は論争しても無駄である、肉体的差異に結局は依存することになる、強力な慣習と習慣の編成によるものであります。女性は、実際のところこうした国民的諸活動にある程度影響されています。したがって、女性がそれらすべてに対して、ある程度影響を行使すべきです。こうした影響力を女性はすでに持っており、女性の教育が前進すればますます、その影響力を増すことになりましょう。しかしながら、こうした問題での女性の直接的な力は、男性のものと等しくなることは決してあり得ません。……したがって、女性に、男性と同程度の、議会の政策、戦争、外交・植民地政策、通商と金融などの諸問題を決定する直接的な権力を与えることは正しくありません。われわれは、女性はすでに、イングランドの政治活動において女性に可能な程度に十分政治問題に対する影響力を持っていると、考えております。

　ここに女性が足を踏み入れてはならない公的領域が明確に例示されている。彼女が考える女性には向かない公的領域とは、帝国や、国家と市場に関わる世界である。こうした領域には、女性は、間接的にはともかく、直接的に関わることはあってはならないのである。
　では、女性は、公的領域で活躍することはないのか。「反対の訴え」は、つぎのように議論を進める。

同時にわれわれは、女性に対して、女性の利害と男性の利害が同じように関わっている地域社会の問題についてより大きな重要性を与えようとする近年の努力に心から共感を覚えます。……教育委員会 School Boards、救貧法施行委員会 Boards of Guardians などの重要な公的組織の選挙人、あるいはメンバーとして、女性たちは今や公的に役立つ機会を持っております。このことは、人格の成長を促し、同時に女性たちの社会的な感覚と習慣を強化するに違いないのです。こうした近年の諸変化を、女性の教育での大きな改善とともに、われわれは心より歓迎するものです。さりながら、解放の過程は今や、女性の肉体的特質と、女性の主要な関心事と男性の関心事との間に常に存在する根本的差異とによって定められた限界に達しております。病人や精神を病むものの世話、貧民の処遇、子どもの教育などについては、女性はより大きな権限を与えられてしかるべきでありましょう。われわれはそれを歓迎します。

　女性は、「公的」舞台で活躍してもよいのである。ただし、それは地域社会のレベルに限られる。そこにおいてであれば、女性は「公的」な領域で自己の力を発揮できたのである。だが、このことは、女性の公的領域への参入を意味するとは必ずしも言えない。ここで想定されている女性の「公的」な活躍とは、具体的には、病人、精神を病むもの、貧民、子どもの世話、教育である。これらは、家庭の仕事の延長上にあるものである。つまり、ここでの女性たちの「公的」活躍とは、女性の公的領域への参入と言うよりも、むしろ女性の領域の拡大と言うべきものなのである。この「反対の訴え」の基本戦略は、女性の領域を家庭から、地方政治へと拡大し、そこにおいて、女性たちがある種の公的な活躍をすることだといえよう。
　しかしながら、「反対の訴え」にとっては、そこは限界点であった。その限界を超えて女性解放が進むことは、女性の特質と、男女の差異を考えれば、ほぼ不可能であった。

第5章　ヴィクトリア朝女性の public sphere

いや、そんな方向に進む必要は全くなかった。「反対の訴え」は、さらにつぎのように論じている。

　　男性にとっての参政権の義務と特権がいかなるものであろうと、われわれは、市民権は参政権を持つことに依存する、あるいは参政権を持つことと同一視されるべきものではないと、考えます。われわれの信じるところでは、女性は、参政権を持つよりも持たない方が、もっと価値ある市民であり得るのであり、国民生活にもっと価値ある要素となりうるのです。

市民であるためには、何も参政権を持つ必要はなかった。いや、むしろ参政権を持たない方が、立派な市民となり得るのである。つまり、性別領域分離論を肯定しても、女性は、ある種の公的活躍が可能であり、「市民」としても活躍し得たのである。
　「反対の訴え」は、その末尾をつぎのように結んでいる。「われわれは、形式的な男性との平等の追求は、むなしいと言うだけでなく、モラルを退廃させるものでもあり、また女性の真の威厳と特別な使命を完全に誤解させることになると確信しています」と。
　反女性参政権論者にとっては、公的領域とは、何よりも国家と市場であり、そこは「女性の真の威厳と特別な使命」には、まるで似つかわしくない世界であった。
　では、「女性の真の威厳と特別な使命」にふさわしい世界とはどこなのか。それは、基本的に家庭であった。これはまちがいない。だが、注目したいのは、この反女性参政権論者の女性たちにしても、家庭だけを女性の領域＝私的領域として見なし、そこに彼女らの活動の場を限定したわけではなかったという点である。彼女たちは、「女性の真の威厳と特別な使命」にふさわしい場には、家庭を延長した世界としての、したがって女性の領域としての地方政治も含まれてしかるべきだと考えていたのである。
　反女性参政権運動を展開した男性たちは、必ずしも女性が地方政治の場

119

で活躍することを歓迎したわけではないが、女性たちは地方政治での活躍を重視していたのである。彼女たちは、地方自治体の仕事は「家庭の仕事であり、国民を世話をする仕事である」として、地方政治での女性の活躍の場を拡大することを願ったのである。このためにメアリー・ウォードらは1911年9月には、「地方自治体推進委員会」Local Government Advancement Committee を結成した。その議長にはウォード自らが就任している[14]。

ウォードらの女性の反女性参政権論者は、性別領域分離論に従順に従いつつも、男性の領域と女性の領域との境界線を変更し、女性の領域を地方自治体まで拡大することによって、実質的に公的領域での活躍を果たそうとしたのだと言えるかもしれない。そして、そうすることで、「市民」としての務めも果たそうとしたのである。

先に引用したウォードの『タイムズ』への投稿「政治の世界での女性と参政権」は、つぎのように結ばれている。

> イングランドのような国の場合は、つぎのように考えるべきだと、われわれ反女性参政権論の立場のものは信じております。つまり、女性は、女性の限界というものがあるのだから直接的な政治権力は放棄すべきであると；女性の帝国の政治での役割は非間接的で、助言的なものに留めるべきだと……；その一方で、女性たちは、市民として、まず妻と母たる偉大な仕事に全力を傾け、そのつぎに、明らかに男性たちが彼女たちの助けを必要としている地方の政府での役割に全力を傾けるべきだと[15]。

さて、最後にこれまで意図的に避けてきた論点を取り上げておこう。つまり、ウォードたちの公的領域に関する議論では、公共圏が入っていないという点である。すでに述べたように、この時代においても公共圏はなお男性的な空間であり、女性たちが簡単にそこに参入できたというわけではない。しかしながら、ウォードの場合は、国際的に活躍する作家であり、

またこの時代の男性政治家たちと渡り合っていた女性であって、公共圏の問題はほとんど視野には入っていなかった、あるいは意識されていなかったというべきであろう。そうした事情は「反対への訴え」に書名を寄せていた上流女性たちにとってもさほど変わらなかったであろう。彼女たちにはっきりと見えていたのは、女性の国政への参加という問題であり、彼女たちに何より重要に思えたのは、女性が国政に参加することによって、女性に課された「限界」を越えてしまうことであった。

3　女性参政権論者と公的領域

では女性参政権論者にとって、公的領域とは何であったのか。その代表としてミリスント・フォーセットを取り上げよう。

フォーセットは、先に見たウォードの「政治の世界での女性と参政権」と全く同じタイトルの一文を1910年6月25日に『タイムズ』に投稿した。時を移さずウォードの所説に反論したわけである。まずは、この投稿でのフォーセットの主張を見ておこう。

> ハンフリー・ウォード女史の投稿に反論するに当たり、つぎのように申し上げても差し支えないでありましょうか。つまり、私の経験に照らせば、通常の常識を持ち合わせた男性、あるいは女性であれば、女性は有権者にどのように投票すべきかを助言し、指示し、説得する能力を十分に持ち合わせているが、女性自らは参政権を持つには適してはいないと主張する人々に笑うべき矛盾を認めるであろうと。ハンフリー・ウォード女史は、出版されたスピーチや挨拶のなかで、繰り返し次のように述べております。いわく、参政権は、女性が決して直接的には関心を持ち得ない諸問題に関係している。いわく、女性の政治的無知はどうすることもできない、自然によって課されたものである。などなど。こう主張する同じ女性が、有権者にどう投票すべきかを助言し、教えているだけでなく、大臣に政党をどう導くべきかに

ついても教えているのを知れば、笑ってしまうほかないでありましょう[16]。

　ハンフリー・ウォードとは、メアリー・ウォードのことである。フォーセットの主張はさらに続くが、この後の部分は、ウォードへの反論と言うよりも、参政権を女性に与えることは「性の抹殺」を意味すると主張する時の首相アスキス Herbert Asquith への反論になっており、引用はここまでにしておこう[17]。

　フォーセットのウォードへの反論は、要するに十分に能力を持っていることを証明済みの女性が、なぜか参政権を持ち、国政に関わることだけは何としても避けようとする、矛盾をついたものである。

　たしかに、ウォードの立場は矛盾に満ちていた。女性が地方政治の場で活躍することを奨励し、また女性の高等教育を支持しながら、国政レベルでの活躍を認めないというのは、かなり無理のある主張である。しかし、ウォードたちには、女性の領域が男性の領域と異なることは、そして女性が男性の領域に踏み込むべきではないことは、自明であり、これに逆らうことは、自然の掟に背くことであった。そう信じる彼女たちにできることは、地方政治を女性の仕事と見なすことによって、実質的に女性の活動領域を拡大することしかなかったのである。それにしても無理な主張であり、早晩破綻するしかなかった。

　では、フォーセットらは性別領域分離論から自由であったのだろうか。実はそうではなかった。

　　あるものは女性の領域は家庭にあるという；これは全く正しい。だがこれは、女性は政治に参加すべきなのだ、とする議論の理由の一つでもあるのだ。彼女たちは家庭の側面が政治に代表されることを願っている……。
　　わたしたちは女性が男性の悪しき模倣であることを望みません。わたしたちは男女の差異を否定しませんし、小さくしたいとも思いませ

第5章　ヴィクトリア朝女性の public sphere

ん。女性参政権の主張は、概していえばこうした差異に依存するのです。女性は男性がなし得る国家への奉仕とは異なる奉仕を国家に提供できるのです。

あなた方の女性性、つまり子供への愛情、病人の看病、やさしさ、自制、良心と義務への忠誠、これらを一つでも投げ出してはいけません。これらすべては政治に不可欠なものだからです。

これらはいずれもフォーセットのヴィクトリア時代の総合雑誌 (*Nineteenth Century,* 26, 1899) や女性参政権運動の機関誌 (*The Women's Suffrage Journal,* 18, 1887)、パンフレット ("Home and Politics") などに掲載された文章の一節である[18]。

フォーセットにしても、男性と女性とは異なる特性を持つこと、つまり男性と女性には差異があること、したがって、その本来的領域も異なり、女性の領域は家庭にあることをはっきりと認めている。このように、フォーセットも性別領域分離論を決して全面的には否定してはいないのである。だが、彼女には、女性の本来的領域が家庭であり、女性の特質が子どもや病人の世話や癒しに向いていることを認めることが、女性が国家レベルで活躍してはならないという主張には繋がらない。むしろ逆である。彼女の主張の核心は、家庭で生かされてきた女性性を、国政レベルで有効に活用すべきだと言うことに尽きるだろう。女性は、女性の特性を生かした、したがって男性とは異なる「国家への奉仕」をすべきだというのである。

フォーセットらの女性参政権論者は、男性が、あるいは反女性参政権論者が構想する国家とは異なる国家を構想したのだとも言えよう。それは、あるいは女性史家サンドラ・ホルトンがいう「慈悲深い国家」nurturant state[19] の構想と呼べるかもしれない。

フォーセットらは、性別領域分離論の根底にあった男性と女性との差異を認めつつ、女性がその特質を生かして活躍し得るような方向での、国家を含む公的領域の再編成を求めたのだといってもよいだろう。

その際彼女たちが依拠したのは、階級横断的な女性の連帯であった。つ

ぎの一節は、ある労働者階級の女性参政権論者のパンフレット（「女性参政権について」1880年）に見られるものである。

> わたしたちは身分、信条、教育など多くの壁によって分離されています。富裕な婦人と貧しい工場労働者との距離は何と大きいことでしょう。しかしながらこうした区分は、現実のものではありますが、深くも高くもありません。……それらは母性の心臓部を分割することはありません。……この共通の母性という名において、わたしたちは本日ここに集っているのです。富める者も、貧しき者も、教養ある者も、そうでない者も、正義を求めてここに集っているのです。わたしたちの被っている被害は共通のものなのです[20]。

女性は、どの階級の女性であれ、男性から同じように被害を受けており、階級を問わず連帯しうるのだというわけである。女性参政権運動の展開のなかで、女性の「共同性」＝女性としての連帯を構築し、それをベースに、女性としての、つまり階級横断的な女性としての要求を貫徹しようとしたのである。

もっとも、フォーセットたちの女性参政権の主張は、全女性に参政権を与えよではなく、「男性と同じ条件」＝一定の財産資格で女性にも参政権をであったのだが。

4　レディ・トラベラーと公的領域

前章までは英本国での女性の対応について見てきたが、ヴィクトリア時代は多くの女性が海外で活躍した時代でもあった。こうした女性にとって、公的領域とは何であり、公的領域とどう向かい合おうとしたのであろうか。本章では、この時代を代表するレディ・トラベラーであったイザベラ・バードを取り上げてみよう。

イザベラ・バードの経歴をまず略述しておこう。1831年にヨークシャー

第5章　ヴィクトリア朝女性の public sphere

のバラブリッジに生まれた。1854年、23歳の時、医者の薦めに従いアメリカとカナダを旅し、翌年その体験を『英国女性の見たアメリカ』として出版し、作家デビューを果たした。その後世界各地を旅し、二冊の旅行記を出版し、『日本奥地紀行』を出版した翌年、1881年ビショップ博士 John Bishop, M.D. と結婚した。1886年に夫ビショップが亡くなった後、再び旅の生活が始まり、チベット、インド、ペルシャなどを旅した。イザベラは英国の各地で自らの旅行で得た情報に関して講演活動をした。ただ講演活動をしただけではなく、1891年には下院の委員会に出席し、「アルメニア問題」で議員たちの質問に答え、時の首相グラッドストーンと東方問題について会談さえしている。1892年には王立地理学会特別会員に選出され、翌1893年にはヴィクトリア女王の拝謁を賜るという栄誉にも浴している。1896年には揚子江（長江）を旅した。その記録を *The Yangtze Valley and Beyond*『揚子江とその奥地』（邦訳『中国奥地紀行』）として1899年に出版した。その後、1901年にモロッコを旅行した後、1904年に病没した。この時残した遺産が3万3千ポンドであったという[21]。

　だが、彼女が王立地理学会特別会員に選出された時には、一大騒動になった。この時の顛末がイザベラ・バードにとっての公的領域とは何であったのかを考える手がかりになるだろう。

　王立地理学会の評議会がイザベラ・バードを含めて21人の女性を特別会員に選出したことが公になり、さらに評議会が女性会員を増員しようとした時、一般の会員たちが抗議を始めたのである。こういう問題を風刺週刊誌『パンチ』*Punch* が放って置くはずがなく、『パンチ』は早速これを「海軍将校の運命　王立地理学会の歌」という記事にした（1893年6月17日）。それによれば、「勇敢で大胆な三人の海軍将校」を先頭に会員らは次のように叫んだ。「女たちは靴下を縫っていればよいのだ。ジャガイモを茹でていればよいのだ。お茶を入れていればよいのだ。われわれの世界に立ち入るな。女が科学たる地理学の何を知っているというのか」、と[22]。そして、この論争に、1898年にインド総督・副王としてインドに赴任することになるかのカーゾンが一枚加わることになる。彼はこうした抗議に同調

II部　社会の分節化と個

し、1893年7月3日に開催された特別会議において次のように発言した。

> わたしが今回の提案に反対する第一の理由は、それが両性間の自然な境界を破壊する全般的な運動の一部をなしているからであります（拍手）。いわゆる女性の「解放」に向けられた歩みは、男性にとって有害というよりも、むしろ女性にとって有害でありましょう（拍手）。……しかしながら、わたしの反対の最大の論拠は本協会の科学的特性であります……本協会は偉大な名声を勝ち得てきました。だが、女性が会員になれば、この地理学会の名声は損なわれることになるでありましょう（拍手）。わたしは特別会員となったビショップ夫人の偉大な業績を十分に評価しております（拍手）。しかしながら、「年会費二ポンドを喜んで支払うすべての女性に入会を認めることで、われわれの会員を膨らせたくはない」と申し上げたいのです（拍手）。わたくしは真に有能で優れた女性の入会については心配しておりません（拍手）。……[23]。

　王立地理学会に女性を入会させることが大問題となったわけだが、実はこの時代すでに王立アジア協会、動物学協会、植物学協会などはすでに女性の入会を認めていた。地理学でも王立スコットランド地理学会はこの前年にビショップ夫人、つまりイザベラ・バードをすでに特別会員に選出していたのである。こうした領域での女性への門戸開放も少しは進展していたのである。だが、カーゾンにいわせれば、これらのすでに女性会員を認めた諸協会は王立地理学会に比べれば「小さく、科学的でもなかった」のである。「厳密に科学的な協会」には「レディの場所はなかった」のである。

　ここでカーゾンが反対した提案とは、女性会員を増員するというものであったのだが、結局この提案は158票対172票で否決された。学術団体への加入でさえなお女性にはなかなか認められない時代だったのである。こうしたなかで、絵に描いたような性別領域分離論をもって地理学会への女性

第5章　ヴィクトリア朝女性の public sphere

の参入を断固阻止しようとする、この頑迷固陋としか言いようのないカーゾンにさえ一目置かせたイザベラの存在は、いわゆるレディトラベラーのなかでも群を抜いていたといえよう。注目すべきは、カーゾンが、イザベラ・バードをひとりの傑出した女性として認知し、例外的に個人としての地理学会への加入を支持している点である。そして、イザベラは、個人として地理学会に参加することに満足したのである。イザベラは、1897年王立地理学会の関係者につぎのような手紙を書いている。「人々がわたしのことを『高名な旅行家』と呼び続けるものですから、わたしもカーゾン氏やほかの方々のようにメダルをいただく資格があるように思えてきました」[24]。ここでは、カーゾンとイザベラは並び立つ存在である。1899年に出版されたイザベラ・バードの『中国奥地紀行』の表紙扉には、著者名の側に「王立地理学会特別会員」の肩書きが恭しく添えられている。

　イザベラは彼女の業績によって自らの社会的地位を上昇させ、女性の公的領域への参入に個人的に貢献したといえるだろう。

　だが、イザベラが英本国において、女性の社会的地位の向上、公的領域への参入のために、何か具体的に仕事をしたというような痕跡を見いだすのは困難である。たとえば『コンテンポラリー・レビュ』のような当時の有名総合雑誌に自らの旅行について論文を掲載したり、『タイムズ』にやはり自らの旅についての一文を投稿したりはしている。だが、フォーセットを初めとする多くの女性のように新聞紙上で女性に参政権をと訴えたりといった活動は一切していないようである。

　イザベラ・バードには、おそらく国家の在り方や、公的領域の再編成を要請することなどに関心はなかったであろう。彼女ひとりがそうした世界で活躍できさえすれば、それで十分なのである。イザベラ・バードの伝記を著したチェックランドは、彼女の活躍を次のように説明する。「イザベラはありきたりの女性の生活に不満を持ち、男性的な自由を求めて長い道程を歩んだ。しかし故国では社会の現実をそのまま受け入れ、社会を変革しようとはしなかった。社会は変革しない、その代わりに自分の自由を求めて、放浪の旅をした。女性たちが抑圧されている状況に対して決して無

II部　社会の分節化と個

関心ではなかったが、自分自身はその状況を克服できたのである」、と。チェックランドに言わせれば、「妻や母になる以外には何ら建設的な役割を果たせなかった」この時代にあっては、イザベラは、海外では「男性的世界で自らの意志のままに行動」しても、故国では「社会が期待するように行動せざるを得なかった」のである[25]。だから、本国では女性解放のような活躍ができなくてもやむを得ないということになるだろう。

　いささか意外なようだが、実はこの時代、イザベラ・バードに限らず、著名な女性で、女性参政権にそっぽを向いた者は多い。アフリカ探検で有名な、もうひとりの代表的レディ・トラベラー、メアリー・キングズリー Mary Kingsley も、また同じくレディ・トラベラーのガートルード・ベル Gertrude Bell も反女性参政権論者であった。とくに、ベルは積極的に反女性参政権運動に関わった。かのベアトリス・ウエッブ Beatrice Webb でさえ、最初は反女性参政権論者であったし、反女性参政権論者であることに矛盾を感じるのは、やっと1906年のことである。彼女は自らが反女性参政権論者である理由をつぎのように説明している。「わたしの反フェミニズムの根底には、女であることから生じた不利益を被ったことがないという事実がある」と[26]。

　「個」として公的領域で活躍できる実力を備えた女性の場合には、女たちの「共同性」は必要なかったのかもしれない。彼女たちにとっては、女性という性の連帯＝「共同性」よりも、階級的連帯の方が重要であったかもしれない。「参政権を持つことでどんないいことがあるのでしょうか」とのたまう貴族階級の女性らには、とくにそうであっただろう[27]。

おわりに

　ヴィクトリア時代の女性にとっては、女性に排他的な傾向が強かった公的領域に対して三つの対応が考えられた。

　ひとつは、男たちが支配的な公的領域を黙認し、男たちの「共同性」が支配する社会で分断されたまま「個」として生きること。「沈黙の女性た

第5章　ヴィクトリア朝女性の public sphere

ち」の生き方である。そして、ごく一部の女性が例外的に自らの力で公的領域に「個」として潜り込んだ。典型的な例としてイザベラ・バードを挙げてよいであろう。彼女は、海外ではともかく、英本国では性別領域分離論に正面切って刃向かうつもりなど毛頭なかっただろう。ただ「個」としてその制約から抜け出せればそれでよかったのである。

　第二に、メアリー・ウォードの場合がそうであるが、第一の類型の女性たちと同様に、性別領域分離論を遵守しつつも、私的領域＝女性の領域を拡大することで、実質的に女性たちが公的な活動をできるように奮闘した女性たちがいた。この女性たちの活動は、フォーセットが指摘したように根本的な矛盾を抱えており、早晩破綻するしかなかった。しかしながら、この時代にあっては確かにひとつの現実的な対応だったのであり、この女性たちの活動を過小評価してはならないだろう。

　第三に、やはり性別領域分離論に縛られつつも、私的領域＝女性の領域での女性の活躍を、男たちが支配的であったこれまでの公的領域の再構築に生かそうとした女性たちがいた。フォーセットらである。彼女らは、女という性の連帯＝「共同性」を基礎として国家レベルの公的領域の女性化を目指したとも言えよう。

　以上の議論は、もちろん試論である。もっと多くの、様々な背景を背負った女性たちについて検討してみなければならないだろう。本稿は、ごく簡単な見取り図を描いてみたにすぎず、大きな限界を持っている。とくに、帝国＝海外での性別領域分離論の問題を論じる必要がある。本稿で取り上げたレディ・トラベラーの場合は、一時的に海外＝帝国に赴いたというだけであり、レディ・トラベラーのケースだけで海外＝帝国での性別領域分離論の問題を十分論じたとは到底言えない。

　この問題を十分に論じるには、たとえば、インドなどの植民地で生活していたメムサーヒブなどの場合を考察する必要がある。性別領域分離論は、帝国においては、英本国とは異なる意味と機能を持ったかもしれないのであり、そこでの女性と公的領域との関係も英本国とは異なる側面を持っていたかもしれない。近年のある研究によれば、彼女らは、公的な政

Ⅱ部　社会の分節化と個

治的役割から女性を排除する帝国社会のジェンダー・イデオロギーに黙従しつつも、他方で夫との共同性を主張することでこのイデオロギーを破壊してもいた。インドにおいては家庭は、必ずしも、私的で、女性的な領域ではなく、イギリス帝国主義の創出と維持、そしてアングロ・インディアン（在印イギリス人）女性をラージ Raj の政治へ統合する場でもあったのである[28]。

註

1) この点を指摘する文献は多いが、とりあえず次を参照。Joan B.Landes, *Women and the Public Sphere in the Age of the French Revolution,* Cornell U.P.1988, p.7.
2) 具体的事例については次を参照。K.R.Reynolds, *Aristocratic Women and Political Society in Victorian Britain,* Oxford.U.P., 1998.
3) S.S.Holton, *Feminism and Democracy:Women's Suffrage and Reform Politics in Britain 1900-1918,* Cambridge U.P., 2002(reprint), p.20.
4) Maria Grevwe & Betreke Waaldijk, *Transforming the Public Sphere: The Dutch National Exhibition of Women's Labor,* Duke U.P., 2004, p.15.
5) Eileen Janes Yeo (ed.), *Radical Feminity: Women's Self-representation in the Public Sphere,* Manchester U.P., 1998, p.1.
6) *The Times,* Jul 22, 1908/*The Times,* Jun 20,1910.
7) *The Times,* Mar 19,1909.
8) *The Times,* May 19,1909.
9) *The Times,* Mar 27,1909.
10) *Ibid*
11) Kathyryn Gleadle, *British Women in the Nineteenth Century,* Palgrave, 2001, pp.3-4. つぎの文献はとりわけ性別領域分離論の歴史的意義に懐疑的である。A.Vickery, "Golden age to Separate Spheres?", *Historical Journal,* 1993. これに対し、次の文献は性別領域分離論の限界を十分に認識しつつも、これを19世紀における男性と女性のアイデンティティ形成にとっての支配的言説だと主張している。Leonore Davidof & Catherine Hall, *Family Fortunes,* Rutlege, (revised edition) 2002.
12) *The Times,* Oct 29, 1910.
13) "An Appeal Against Women's Suffrage", *The Nineteenth Century,* 209,

第5章　ヴィクトリア朝女性の public sphere

1889 (Patricia Hollis, *Documents of the Victorian Women's Movement,* George Allen & Unwin, 1979, pp.322-328.)

14) Brian Harrison, *Separate Spheres: The Opposition to Women's Suffrage in Britain,* Croom Helm, 1978. pp.133-34.
15) *The Times,* Jun 20, 1910.
16) *The Times,* Jun 25, 1910.
17) アスキスの「性の抹殺」論に対して、フォーセットは興味深いことに纏足を持ち出して反論を試みている。つぎを参照。拙著『纏足の発見　ある英国女性と清末の中国』大修館書店、2004年、203－204頁。
18) S.S. Holton, *op. cit,* pp.12-15.
19) *Ibid.* p.15.
20) *Ibid.* p.27.
21) イザベラ・バードの伝記的事実については、つぎを参照。D・ミドルトン、佐藤知津子訳『世界を旅した女性たち　ヴィクトリア朝レディ・トラベラー物語』八坂書房2002年／O・チェックランド、川勝貴美訳『イザベラ・バード　旅の生涯』、日本経済評論社1995年。チェックランドはイザベラ・バードをフェミニストとして高く評価しているが、筆者はこの評価には賛同しがたい。つぎを参照。前掲拙著、214－224頁。
22) *Punch,* Jun 17, 1893.
23) *The Times,* Jul 4, 1893.
24) O・チェックランド、前掲書、218頁。
25) O・チェックランド、前掲書、13章参照。
26) M.Pugh, *The March of the Women,* Oxford U.P., 2000, pp.147-8.
27) Brian Harrison, *op. cit,* pp. 82-83.
28) Mary A.Procida, *Married to the empire: GENDER, POLITICS AND IMPERIALISM IN INDIA, 1883-1947,* Manchester U.P., 2002, pp.21-25.

第6章　初期チュートリアル・クラス労働者成人学生の
　　　　　オックスフォード進学と奨学金問題
　　　　　――個人の上昇か集団としての向上か――

安　原　義　仁

はじめに―労働者成人教育の潮流とチュートリアル・クラス、そして大学進学―

　チュートリアル・クラスは労働者教育協会（Worker's Educational Association, WEA）と大学が共同で、学習主体である労働者成人のイニシアティブの下に、少人数による高度な水準の高等教育を3年間にわたって提供しようとするものである。チューターによる講義のみならず、討論、読書、小論文作成を有機的に組み合わせた授業形態をとっており、かつ休暇を利用しての大学でのサマースクールも用意されていた[1]。
　最初の二つのチュートリアル・クラスは1908年に、オックスフォード大学との連携・協力の下、トーニー（R.H.Tawney）をチューターとしてロングトンとロッチデールで開かれた。それは大学の側からみれば、1878年にオックスフォードが大学拡張講義を開始して以来30年にわたる大学の門戸開放・大学改革運動の一つの到達点であり、また新たな出発点でもあった。周知のように、オックスフォード大学はケンブリッジとともに、国教会の牙城、中産階級ジェントルマン文化の本拠として階級社会イングランドを支える制度・装置として機能したが、19世紀後半以降、その民主化・国民化を求める声は大学の内外でますます高まり、大学の開放と改革はさまざまなかたちで進展していく[2]。そうした動きの中で、チュートリアル・クラスの発足は、労働者成人に対する高等教育機会の提供および大学の門戸開放において一つの画期をなすものであった。一方、労働者自身による草の根的教育運動は、19世紀前半以来、成人学校運動、メカニクス・

インスティテュート運動、生活協同組合運動、労働者カレッジ運動、労働組合運動など様々なかたちで展開してゆくが、1903年にマンスブリッジ（Albert Mansbridge）によって設立された労働者教育協会（ＷＥＡ）は、それらの運動を糾合しつつ、労働者教育の新たな組織化と展開をはかるものであった[3]。

　大学の門戸開放の一つのかたちとしての拡張講義運動と、ＷＥＡによる労働者の高等教育を要求する運動は、前世紀転換期における社会問題の深刻化、階級対立の激化、労働運動の高揚を背景に、対立よりも調和・融和をめざす改革派大学人と指導的労働者階級有志との連携・協力の下、チュートリアル・クラスという新たな形態の労働者成人教育において合流した。それは、拡張講義運動の延長線上に、その問題点や欠陥を是正して発足したもので、労働者側と大学側の代表同数対等の委員で構成された合同委員会による民主的な運営、学習テーマや場所等は学生が決定するなど学習者の主体性と意欲の重視、人間教育・教養教育を中心にした教育内容のリベラルな性格、30人程から成る小規模クラスでのきめ細かな質の高い教育といった点できわめてユニークな特色を持っていた。そして、トーニーに代表され象徴される教える側のチューター、ならびに本稿で紹介するエメリーやグリフィスなど学ぶ側の労働者成人学生双方の熱心な関与による優れた教育・学習活動は、運動の全国的展開とともに広く知られるようになり、やがてイングランド成人教養教育（liberal adult education）の本流であり精華だと評されるに至る。

　しかしながら、チュートリアル・クラスは労働者成人学生に「最も高度かつ体系的な大学教育」[4]を提供するものであったとはいえ、大学教育そのものではなかった。それはあくまで「構外教育（extra-mural studies）」であり、その意味では大学拡張講義の延長線上にあった。チュートリアル・クラスの拡充・発展を勧告した『1908年報告書』（これはＷＥＡ側と大学側双方の委員から成る合同委員会の報告書で、労働者成人教育の古典的マニフェストとなる）が繰り返し強調しているように、「構外教育は、それがいかに優れたものであったとしても、大学教育の代替物としてみなされては

第6章　初期チュートリアル・クラス労働者成人学生のオックスフォード進学と奨学金問題

なら」ず、「あくまで、オックスフォードでの正規の学習の準備としてみな」すべきものであった[5]。それゆえに『1908年報告書』は、「将来、チュートリアル・クラス出身の資格を有する学生は、いつも容易にオックスフォード大学に進学し在住して、学習を継続できるようにすることが望ましい」[6]との勧告を行ったのである。

　チュートリアル・クラスで学んだ労働者成人学生の、正規の学生としてのオックスフォード進学の問題は、最初のチュートリアル・クラスが修了を迎えると同時に生じた。かれらのオックスフォード進学をめぐっては、財源（奨学金）確保、大学側の受け入れ体制等々、検討し解決すべき様々な課題があった。チュートリアル・クラスは短期間のうちに急速な全国的展開をみせており[7]、労働者成人学生側からすれば、希少な奨学金を通じ少数の選ばれた者のみが正規の学生として大学進学を果たすべきか、それともその資源をサマースクールへの参加といった別のかたちの、より多くの学生に資する方向で活用すべきかが問題となった。

　「大学教育の民主化がただ単に、幸運や才能—それがどれ程優れたものであったにせよ—に恵まれた一部の人々が、個人的な成功を収める手段として理解されることは、きわめて不幸なことであろう」[8]。「労働者が望んでいるのは、人々が自らの所属する階級から離脱することではなく、そこに留まり階級全体の水準を向上させることである」[9]。これが『1908年報告書』の基本的立場であった。問題は「労働者が自分自身の階級から離脱することもなく、またその才能を持ち腐れにすることもないような、労働者に対するオックスフォードの教育のあり方」[10]にこそあった。大学進学は個々人の社会的上昇や利益・栄誉のためなのか、それとも労働者階級全体の教育・文化・生活の向上をはかるためのものなのか。競争・選抜なのか、共同・連帯なのか。チュートリアル・クラス修了者の大学進学は、このような問題をあらためて現実の具体的問題として提起したのである。チュートリアル・クラスの基本理念に関わるこの問題をめぐって、当時、関係者の間でどのような議論がなされたのだろうか。また、問題はどのような決着をみるのだろうか。

II部　社会の分節化と個

　本稿では、最初の二つのチュートリアル・クラス学生のオックスフォード進学と奨学金をめぐる問題を取り上げる。この問題に関する労働者成人学生の見解や態度を分析し、実際に正規の学生として進学した二人の奨学生の大学生活とその後の進路を追跡することを通して、「個」と「共同性」の関係について考えることにしたい。それはまた、労働者教育協会（WEA）およびチュートリアル・クラス運動の歴史的性格を探ることにもつながる作業となろう。ちなみに、ここで想定している「個」とは個々の労働者成人学生であり、「共同性」とは労働者階級全体の一体感・連帯感、集団意識・心性といったものである。

1　最初のチュートリアル・クラス奨学生の選出をめぐって

チュートリアル・クラスと正規の大学教育

　最初の二つのチュートリアル・クラスは、『1908年報告書』が刊行へ向けてまだ編集作業を行っている最中、ノース・スタッフォードシャーのロングトン（1908年1月24日（金））と、ランカシャーのロッチデール（1908年1月25日（土））で発足した。実験クラスと呼ばれるゆえんである。科目は「イングランドの社会史・産業史・経済史—とくに17、18、19世紀を中心に」で、講師はいずれもトーニーであった。初年度の各クラスは毎週末計12回の会合（1回2時間）を持ち、それぞれ同年4月14日と5月2日に終了した[11]。ロングトンのクラスには店員、保険金集金人、庭師、配管工、パン屋、図書館司書、食料雑貨商、ろくろ工、陶磁器絵つけ師、バスケット製造職人、鉱夫、機械工、粉屋、鉄道員、衣服商など38人が集まったが、そのうち17人は基礎（初等）学校教師であった。一方、ロッチデールのクラスに集まったのは指物師、紡錘工、敷物織工、新聞雑誌業者、羊毛選別業者、飛び杼製造業者、印刷業者、店員、仕立て屋、ペンキ屋、額縁製造職人、会計士手伝い、帳場係、保険代理人、学校教師、労働者の妻など女性4人を含む計40人で、そのうちもっとも多かったのは鉄工（12人）であった[12]。

第6章 初期チュートリアル・クラス労働者成人学生のオックスフォード進学と奨学金問題

　これら二つの実験的なクラスについてはその終了後に早速、実施状況がまとめられ、その要点は『1908年報告書』にも付録として記載された。そこにはクラスの規模と構成、学生の出席と学習の状況、講師（チューター）とその指導状況などが簡潔に記されている[13]。公的な記録だけではない。最初の二つのクラスに関しては、実験の成り行きを注視しようとの意識も作用してか、参加した学生を含め多くの関係者が回想や証言というかたちで記録を残している。チューターの実際の指導ぶりや授業風景、学生の生活環境や学習の動機、学習活動の水準などクラスの実態は、たとえば最近ではゴルドマンの研究にみられるように、それらの資料からかなりの程度浮き彫りにされている[14]。

　クラスの詳細についてはさておき、上記『1908年報告書』の付録には、大学拡張講義夏期集会（この年はケンブリッジで開催）へ出席するための奨学金についても言及がなされている。それによれば、ロングトンのクラスの場合、ロングトン市長、WEAの創設者であり事務局長A. マンスブリッジ、そしてトーニーが奨学金の提供・確保に努めており、約6人の学生が夏期集会に出席できるのではないかと期待されていた。ロッチデールでも数名の学生が奨学金の援助を得て出席するだろうとの見込みがなされている[15]。これらの奨学金は大学拡張講義夏期集会へ出席するためのものであるが、この時点ですでに、奨学金というかたちでのチュートリアル・クラスの学生への財政支援の問題が検討されていたことは注目に値しよう。

　上述したように、『1908年報告書』がその原則としたのは、チュートリアル・クラスを正規の大学教育への準備として位置づけることであった。と同時に『1908年報告書』は、チュートリアル・クラス出身者の正規の学生としてのオックスフォード進学も展望していた。しかし、その方向への展望は、実際には容易に開けるものではなかった。労働者成人学生の大学進学には、財源や受け入れ態勢その他の問題とともに、チュートリアル・クラスの理念に関わる問題が内在していたのである。

　そもそも、WEAとチュートリアル・クラスの運動が目指すものは、一部少数の幸運な学生、有能な成人学生がそれを通じて自らの出身階級を脱

出する「教育の階梯（educational ladder）」ではなく、平均的な男女学生がより高くより豊かな人生を目指して歩むことができる教育の「大道」であった。その意味を込めてＷＥＡの機関誌は *The Highway* と命名された[16]。「おお神よ、聖人はもう結構です。人類全体の向上を！」[17]とのＰ．スノードン（労働党下院議員、後蔵相）の発言や「成人学生をその出身階級に縛り付けておくつもりはない」が、「学生が自分の出身階級に戻ってそこで責任ある地位に就く」[18]ことが重要だとのシャックルトン（労働党下院議員）の見解も同様の趣旨であった。『1908年報告書』につながる1907年夏のオックスフォードでの会議（「労働者の教育に関する合同会議」）[19]において、会議の流れを決定づける発言をしたマクタビッシュ（ポーツマスの造船工、後に第二代のＷＥＡ事務局長）も、繰り返し「労働者階級が必要としているのは個々人の上昇ではなく、平均水準の向上なのだ」[20]と言明していた。『1908年報告書』は、大学教育によって「自分自身の人生を享受する能力を開発するだけでなく、自分が身を置く工場や町の社会生活において、良き影響を及ぼす力を身につけ」、「いろいろな立場で自分が受けた教育を仲間への奉仕に活用する」ことが重要なのだとも述べている[21]。

オックスフォード進学と奨学金についての学生の見解

　初期のチュートリアル・クラスの学生は、社会的上昇移動につながるような「教育階梯」の証としての資格や証明書（'testamurs'）といったものを求めなかった。むしろ積極的に拒否した。労働者成人学生がオックスフォードに進学するためには奨学金の確保が不可欠の前提条件としてあったが、その奨学金に関してもかれらは同様の態度を示した。1910年に、最初のチュートリアル・クラスの一つロッチデール・クラスで３年間学んだ学生のうち３人が奨学金を得てオックスフォードに進学する可能性が示された時、かれらはこれを拒否したのであった[22]。

　オックスフォード進学と奨学金の問題についての初期の学生たちの見解は、1911年１月にターナー教授（Herbert Turner、オックスフォード・チュートリアル・クラス委員会委員）が実施した、最初の二つのクラスに関

第6章　初期チュートリアル・クラス労働者成人学生のオックスフォード進学と奨学金問題

する訪問調査報告書[23]から窺い知ることができる。ターナー教授はクラスの実施状況を把握して今後の改善に役立てるべく、面接実態調査を行って短い報告書にまとめているのだが、そこにはこの問題についての学生たちの生の声が記録されていて興味深い。ターナー教授は1月20日（金）夜、トーニーが指導するロングトンのクラスを訪問して1時間半ほど学生と議論（出席者21人）した。そして翌1月21日（土）午後2時30分から4時30分にかけてロッチデール・クラス（トーニーの指導）を訪問し、そこでも調査に従事した（訪問調査にはマンスブリッジも同行している）。主な調査項目は資格・証明書、クラスの継続、大学進学の3点であった[24]。このうちオックスフォード進学に関してはロングトンで10人、ロッチデールで14人の学生が意見を表明した。それら個々の学生の発言について、ターナー教授は問題の重要性に鑑み、あえてメモをとったと言う[25]。

　ロングトン・クラスでは、たとえば次のような意見があった。「誰か最優秀者がオックスフォードに進学するのを期待した時もあったが、時期未だ熟さず。できるだけ多くの学生をサマースクールへ送る方が良い。」「オックスフォードに進学するにはクラスの者の大半は年をとりすぎ。しかし若い人には理想的。しゃくにさわったり、嫉妬を感じるといったことはないだろう。だが、収入の途が閉ざされるという困難あり。」「一人二人を選抜するより、サマースクールのようにクラス全員にとって有益な方法を。」

　またロッチデール・クラスの場合には、以下のような声が上がった。「提案は大学を民衆のもとにもたらそうというものにあらず。自分たちが望むチュートリアル・クラスの原理はこれ。提案は民衆を大学に連れていこうとしている。資金があるのなら、書物と、カレッジを町にもたらすことに費やせ。」「労働者はオックスフォードで学ぶ対等の権利を有する。それは一人や二人の問題ではない。必要ならば、国家からの補助金で労働者をオックスフォードに送るよう、王立委員会を設置して議論すべき。出身社会階級ごとの現在の学生比率は問題。われわれ労働者は人生において二週間の休暇を得たことはなかった。その自分たちの目の前に、オックスフォードで一年ないし二年を過ごすというチャンスが突然ぶら下げられ

II部　社会の分節化と個

た。これをある者は得、ある者は得ないというのか。選ばれたことの報酬が重労働と名誉であるような町議会議員の選出とは比較にならず。直ちに合同委員会へ行って告げよ。われわれはこの提案を、いらぬお世話の余計なお節介として断固拒否すると。もっとましな案を持ってくれば、考え直してみることもあろうが、それまでは問題は棚上げにせよ。」「一人二人ではなく30人を送ることができるというのであれば良い案だという意見があるが、みんなにとって良いものであれば、一人にとって良くないことがあろうか。自分は良い教育を受けたいと願ってこのクラスに参加し、それを得た。一人の仲間（comrade）がより良い教育を受けるのに、何で反対するであろうか。その用意がある者には行かせるべき。」「提案は大学の民主化にくさびを打ち込もうとする計略。WEAを殺すもの。オックスフォードへは権利として進学すべき。異なる見解をもった教師の重要性。奨学金稼ぎを生む危険あり。」「自分たちを「夢の夢追い人」にするようなクラスには反対。」

　これらさまざまな学生の声を集約してターナー教授は、進学と奨学金に関する報告を大要以下のようにまとめた。いわく、過去3－4年のチュートリアル・クラスの経験により、オックスフォードについての誤解や偏見は取り除かれた。議論は賞賛すべき合理性と抑制をもって展開された。彼らは「分裂」よりも「団結」を重視している。多数の学生（とくにロッチデールのクラス）は選ばれた少数者のための報償的奨学金という考え方に反対している。大学拡張講義、チュートリアル・クラスへの各方面からの財政支援こそ重要である、と[26]。

　こうして、ターナー教授が調査した1911年1月の時点では、一部の選ばれた学生を奨学生としてオックスフォードに進学させるという話は立ち消えとなった。

奨学生選出の経緯
　ターナー報告書が出されて2年後の1913年のこと、ロングトンのクラスは大学進学と奨学金問題について論議するための会合をあらためて開い

第6章　初期チュートリアル・クラス労働者成人学生のオックスフォード進学と奨学金問題

た。そして、そこでの検討結果をまとめ、クラスの名でオックスフォード・チュートリアル委員会宛に手紙を送付した（1913年２月21日付）。大学進学と奨学金について公式に問題提議を行ったのである。その内容はおおよそ次のようなものであった。すなわち、進学のための奨学金については原則反対であるけれども、ロングトン・クラスを取り巻く状況の変化もあり機は熟しているので、一定の条件付きで承認することにしたい。一定の条件というのは、大学に進学した成人学生が将来、同地域のチュートリアル・クラスの教師として戻ってくることである。チューターはチュートリアル・クラスの学生の中からリクルートされるのがもっとも望ましい。ついては、委員会において、この方向で前向きに検討してもらいたい。

これを受けてオックスフォード・チュートリアル・クラス合同委員会は問題についての検討を開始した。そして、ＷＥＡ内部にも強硬な反対論があって論争が続いたが、結局、以下の決議をおこなった[27]。

> 本委員会は、ロングトンのクラスが然るべき学生を自分たちの中から選出し、チュートリアル・クラスの教師としての訓練を受ける目的でオックスフォードに送るという原理を承認する。このことについて本委員会と十分に協議するためロングトン・クラスは、相互にとって都合の良い日時に、その二人の代表をクラス・チューターとともに派遣すること。

ロングトン・クラスの二人の代表およびチューターとオックスフォード・チュートリアル・クラス委員会との会合は1913年５月17日にもたれた。会合に先だって同クラスは覚え書きを送付し、これをあらかじめ委員会で検討するようにとの要請も行っている。覚え書きは『1908年報告書』の原則をまず確認したうえで、（１）財政上の手当はチュートリアル・クラス委員会が行うこととし、その際の条件として（ａ）チュートリアル・クラスにおいて３年以上学習した男女で、将来、チュートリアル・クラスの教職に就任する者の中から選抜すること、（ｂ）ロングトン・クラスの

事例を特例としないこと、（ｃ）奨学生の推薦はチュートリアル・クラスとクラス・チューターの合同によること、を挙げている。また（２）その他として（ａ）少なくとも２名以上の学生が同時に在学するように配慮する、（ｂ）大学在住期間は原則として２年以上（過度のプレッシャーと専門化を避けるため）とする、（ｃ）希望者にはカレッジ内居住とそのための財政支援をおこなう、（ｄ）カレッジ外在住の場合、カレッジとのつながりについて配慮する、（ｅ）選択肢としてラスキン・カレッジもありうる、（ｆ）家族の生計維持費について考慮する、（ｇ）大学での専攻は経済学・政治学ディプロマ・コース以外も柔軟に考える、（ｈ）冬にチュートリアル・クラスで教えている学生への支援も配慮する、といったきめ細かな点も挙げている。大学でのコース修了後のチューターとしての雇用の確保も重要事項であった[28]。

これら覚え書きの内容について、オックスフォード・チュートリアル・クラス委員会とロングトンのクラス代表およびチューターとの間で協議が重ねられた。その間の協議の状況はそのつどクラス全体に報告され検討された。こうして覚え書きは一部修正のうえで双方の合意・了承するものとなった。そして、これを受けてロングトン・クラスは会合を開き、オックスフォード進学候補者７名を選出したのであった。その名前（職業も記載）は順位をつけて翌日、チュートリアル・クラス委員会に送付された（1913年７月１日付の手紙）[29]。

チュートリアル・クラス委員会は８月２日の会合でこの問題を検討した。そしてその結果、上位３人の学生について面接を実施し、10月からの新学年度に間に合うよう準備することを決定した。面接候補者として選出されたのはエメリー（Albert Emery、ろくろ工、25歳、妻帯）、エルキン（John Elkin、41歳、妻帯）、グリフィス（Maud A.Griffith、基礎学校教師、独身、女性）の３人であった。候補者の面接その他成人学生の大学への受け入れに関する必要事項については、委員会の依頼によりA.L.スミス（後にベリオル・カレッジ学寮長）が担当することになった[30]。

かれらを受け入れるに際してのもっとも大きな問題は財源の確保であっ

た。この問題に関してベリオル・カレッジは委員会に対し年100ポンド（3年間）の奨学金（Balliol scholarship）の提供を申し出、また、セント・ヒルダズ・ホールは一人の女子学生の受け入れ（3年間）を請け負った。一方、ストーク・オン・トレントの教育委員会は、エメリーに対し年60ポンドの奨学金（grants）を3年間にわたって提供する用意があるとした。その他、有志からの寄付金（donations）も寄せられた。こうしてエメリーとグリフィスの財源は確保されたが、エルキンのケースについてはさまざまな努力がなされたにもかかわらず、結局、確保できずに終わった。1913年10月、チュートリアル・クラス最初の奨学生としてオックスフォードに進学することになったのはエメリーとグリフィスの二人であった[31]。

2　オックスフォードにおける二人の奨学生とその後の進路

オックスフォード大学でのエメリーとグリフィスの学生生活およびその後の進路はどのようなものだったのだろうか。次にこの点についてみていこう[32]。

アルバート・エメリーの場合

エメリーはベリオル・カレッジに進んだ。同カレッジに籍を置いて、近代史の学位コース（Modern History School）を履修するのが適切だと考えられたが、古典語の知識を十分身につけていないという問題があって、結局、学位取得は目指さず、A.L. スミスの指導の下で3年間、近代史を学ぶことになった。そして、カレッジの近代史専攻学生と同様の勉学生活を送り、歴史専攻生として優れたセンスと平均以上の能力を示した。ラテン語の知識もかなりの程度身につけた。3年次には「文人としてのジョン・バンヤン」というテーマでエッセイを書き、名誉総長賞（Chancellor's Prize）に応募した。このエッセイは、受賞にはいたらなかったものの、きわめて高く評価された。審査委員の一人は次のようにコメントしている。

最終的には第2位とされたが、審査員の何人かはエメリーのエッセイを最善のものだと判断した。それは真に独創的である点で注目に値した。かれはバニヤンを初めて読んだ（後になってそう知った）のだが、バニヤンの慈悲の偏狭さに反駁し、かれに共感しない観点からきわめて刺激的なエッセイを書いたのであった。エッセイは第一級の能力を示す作品であった。共鳴しえない作家に対して公正であろうと努める執筆者の立場から書かれたことは言うに及ばず、思慮深く、活き活きとうまく書かれており、多くの点で非常に魅力的であった[33]。

名誉総長賞というのは、1768年に当時の名誉総長リッチフィールド伯によって創設された、大学が授与する数々の賞のなかでも最古の威信ある賞である。ラテン語韻文、英語エッセイ、ラテン語エッセイの3部門あり、定められたテーマについて作品を募集し、それぞれの部門の受賞者に栄誉と賞金（創設当初から1900年の時点まででは20ポンド）を授与する。英語エッセイの部門の応募資格は大学在住期間4年から7年の者となっており、この頃、審査員は大学の公式演説者（Public Orator）、詩学教授、総長とプロクターが任命した3人の大学総会のメンバーが努めていた。出題された毎年のテーマと歴代受賞者の名前は大学記録に残されているが、歴代受賞者の中にはJ. キーブル（1812年）、T. アーノルド（1815年）、T.H. グリーン（1862年）、H. ラシュドール（1883年）など錚々たる名前がみえる[34]。エメリーが惜しくも逃したのはこの栄えある賞であった。

さて、オックスフォードでの3年間にわたるエメリーの具体的な学習・生活状況については、ベリオル・カレッジが年次ごとに、ストーク・オン・トレント教育委員会に報告している。指導にあたったA.L. スミスたちがエメリーの学習ぶりや能力、人柄をどのように評価していたかが窺える史料であり、少し長くなるが以下に紹介しておきたい[35]。

　　第1年次―きわめて顕著な進展がみられる。実に有能かつ興味深い人物で、将来、社会で積極的に活動することになろう（ベリオル・カ

第6章　初期チュートリアル・クラス労働者成人学生のオックスフォード進学と奨学金問題

レッジ学寮長J.L. ストラチャン・ダヴィッドソンと上席学生監（senior dean）A.L. スミスの署名）。

第2年次―かれはヨーロッパ史、とくにイギリス帝国の歴史、ローマ教皇庁の歴史、中世におけるドイツとイタリアの歴史について学びつつあり、問題の本質を把握する非常に優れた能力を持っている。過去の最も優れた側面に対して想像的な共感を働かせる豊かな力や、明確で力強い活き活きとした説明能力を備えている。何事であれ学んだことを自分自身のものとなす力や、誠実な思考態度を身につけており、クラスで一緒になった他の学生に強い印象を与えている。かれらとの交流や切磋琢磨によってかれ自身も多くを得ている。かれは素晴らしい精神と性格の持ち主である（A.L. スミス）。

第3年次―私は労働者階級出身学生に対する共感を抱き、かれらが学習に着手した後にしばしば示すめざましい進歩について一定の認識を持っていた。にもかかわらず、エメリーがオックスフォードで過ごした期間（ほぼ3年になる）中に実際に示した成長ぶりは、私の予想を超えていた。かれは自分が暮らす郷里の地において、非常に重要な人物となるだろう。というのも、かれは共感力や公正な判断力のみならず、よく訓練された精神と、知的にも道徳的にも非常に高い水準の能力を身につけており、労働者階級の観点からと同時に、教養ある人間ないし学生としての視点から問題を見ることができるからである。かれはまた、カレッジで出会った実にさまざまなタイプの学生たちとの交流を通じて幅広い経験もした。カレッジではかれは人気の的であった。さらに付け加えれば、私はかれに対し個人的にも、最高度の敬意そして親愛の情すら抱いている。と同時に、大きな困難に直面した時、かれが輝かしい活動をするであろうことを確信している（ベリオル・カレッジ学寮長、A.L. スミス）。

エメリーはチュートリアル・クラス出身の最初のオックスフォード奨学生であり、大学当局はその動向にとくに気を配っていたであろうし、また、スミスは労働者成人教育に深い理解と共感をもった大学人であることなどを考え合わせれば、最大限の賛辞を含む上記の記述を、額面どおりに受け取ってよいかということはあろう。しかし、それにしても、エメリーがオックスフォードでのカレッジ生活になじみ、顕著な学習成果を挙げて「教養ある人間」として成長を遂げたことは疑いを入れない。このことは名誉総長賞の一件からも例証されよう。

　実際、エメリーのカレッジでの生活は順調なものであった。1年次には空き部屋がなかったのでカレッジ外に居住したが、2、3年次にはカレッジ内の部屋に移って、生活・教育共同体としてのカレッジ生活を親しく経験した。すぐに新しい環境に慣れ、人間として、学生として仲間の学生からの尊敬を得、多くの友人を獲得した。「かれの生活と勉学のありようは、チューターにもカレッジ全体にとっても、まったく深い満足を覚えるものであった」[36]。

　エメリーは1916年6月に大学での教育を無事、修了した。修了後はチュートリアル・クラスの教師として活動するというのが、労働者成人学生のオックスフォード進学をめぐって議論を積み重ねた学生たちおよび合同委員会の基本原則であった。しかし、戦争の影響によりチュートリアル・クラスの数が減少して、エメリーが活動する場を見いだすのは厳しい状況となっていた。そうした状況の中、事態の打開に尽力したのはベリオルの学寮長A.L.スミスであった。かれはエメリーが郷里ノース・スタッフォードシャーのチュートリアル・クラス運動で1年間教えることができるようにと150ポンドを調達して、チュートリアル・クラス合同委員会にはかったのである。委員会はこの申し出を受諾し、直ちにエメリーを1916年のサマースクールのチューターに任命した[37]。

　その夏の終わり、シェフィールド大学の合同委員会からオックスフォードの合同委員会に対して、ある非公式の打診がなされた。ヨークシャーで一つないし二つのクラスを担当するチューターを一人必要としており、エ

第6章 初期チュートリアル・クラス労働者成人学生のオックスフォード進学と奨学金問題

メリーについてその資格を検討したい。もし資格が十分でオックスフォードの合同委員会の承認が得られれば、エメリーに一つか二つのクラスの担当を依頼したい。打診の内容はこのようなものであった。この打診に対してオックスフォードの合同委員会は直ちに承諾した。こうしてエメリーは、ノース・スタッフォードシャー鉱山地域での教育活動[38]と併行して、ヨークシャーのスレイスウエイトとドンカスターのチュートリアル・クラスを担当することとなった。エメリーは後に、郷里のポッタリーズ地方に帰り、1950年代まで同地域のチュートリアル・クラスで教え続けることになる[39]。

最後に、労働者成人学生がオックスフォードに進学して学ぶ際の、最大の問題点である費用についてみておこう。ターナー報告書にはエメリーの奨学金の収支決算（3年間）も次のように記載されている[40]。

収入
  ベリオル・カレッジ奨学金　　　　　　300ポンド
  寄付金　　　　　　　　　　　　　　　237ポンド
  ストーク教育当局　　　　　　　　　　 90ポンド
　　　計　　　　　　　　　　　　　　627ポンド

支出
  授業料　　　　　　　　　　　　　　　 75ポンド
  カレッジ生活費（諸費用を含む）　　　270ポンド
  休暇中の生活費　　　　　　　　　　　 72ポンド
  留守家庭・家族の生活費　　　　　　　174ポンド
  旅行費用　　　　　　　　　　　　　　 12ポンド
  大学の諸費用、書籍費その他　　　　　 24ポンド
　　　計　　　　　　　　　　　　　　627ポンド

年間にすれば、約210ポンドの経費がかかったことになる。エメリーの

Ⅱ部　社会の分節化と個

場合は妻帯者であったから、独身者の場合にはここから算定して年150ポンドが必要であろうと推定されている。エメリーをオックスフォードに進学させるため、ベリオル・カレッジとストーク・オン・トレントの地方教育当局以外に、有志篤志家が237ポンドもの寄付金を提供していること、留守家庭・家族の生活費や休暇中の生活費までも視野に入れてきめ細かな配慮がなされていることは、当然のこととはいえ、やはり注目に値する。

エメリーは学位を取得することはなかったが、奨学金を得、正規の学生としてベリオル・カレッジに入学登録し大学に学んだ。ベリオル・カレッジの入学登録簿 (*Balliol College Register 1833-1933*) には Albert Emery の名前、生年月日、出身地域と家庭、略歴が確かに記載されている[41]。

モード・グリフィスの場合

グリフィスは1913年10月に、セント・ヒルダズ・ホールに正規の学生として入学した。女子教育のパイオニアであるドロシア・ビール（チェルトナム・レイディーズ・カレッジの校長）により、1893年に設立された女子カレッジである。彼女の受け入れにあたっては合同委員会を代表してベリオル・カレッジの学寮長と、セント・ヒルダズ・ホールの副学寮長レヴェットがグリフィスの面接にあたった。その結果、グリフィスは近代史優等学位コースの履修に向けて努力することとなった。この間の経緯については、グリフィスの指導にあたったレヴェットによる合同委員会宛報告書が詳しく伝えている[42]。

結局、グリフィスは、懸命の努力にもかかわらずフランス語とラテン語の壁につきあたり、近代史優等学位コースではなく、経済学・政治学ディプロマ・コース (Diploma of Economics and Political Science) を履修することになった。そして、このコースで優秀な成績を収めた。レヴェットによれば[43]、

> そのプログラムは彼女の能力 (ability) とニーズにピッタリと合致したものでした。彼女は主として、経済学と政治学の歴史的・実際的側

第6章　初期チュートリアル・クラス労働者成人学生のオックスフォード進学と奨学金問題

面について勉強しました。私のみるところでは、彼女は卓越した能力（ablility）―優れた健全に働く頭脳―を持っており、文学ないし哲学的な能力（capacity）は十分とはいえませんが、取り組んだ科目を修得する真の理解力を有しています。

また、彼女のカレッジでの生活ぶりや人柄については、学寮長バローが次のような記述を残している[44]。

彼女はクラスの仲間の学生たちと友人になる能力、社会の歴史や問題についての関心と理解力、抜きんでた寛容な心と幅広い視野を持っており、負担を抱え込まなければ、将来は公共への価値ある奉仕者として指導的な立場に就くことでしょう。

1916年6月、グリフィスはオックスフォードでの3年間の学生生活を修了した。修了に際して、チューターとしてずっと彼女の指導にあたってきたレヴェットは、グリフィスに対し、しばらくの間、書物から遠ざかるよう、労働組合運動ないし産業の場で1年間実習訓練を行うよう、そしてその後チュートリアル・クラスかその他の労働者教育運動で教職に就くよう強く助言した。合同委員会は7月の会合でこれを了承した。チュートリアル・クラス奨学生は、大学教育修了後は労働者成人教育に関わる教師として活動することが期待されていた。それがオックスフォード進学の基本前提であった。グリフィスはロングトンのチュートリアル・クラスで学んでいた頃、すでにノース・スタッフォードシャー鉱山労働者高等教育運動に参画し、熱心かつ有能なチューターとして活躍していた。郷里に帰ってその仕事を継続するというのが彼女の希望でもあった。大学教育修了後の奨学生の進路をどう確保するかは大きな問題であった[45]。グリフィスの場合の状況についてレヴェットの報告は次のように記している[46]。

しかしながら戦争が勃発して、当面、チューターの仕事に就く見込み

はなさそうだということで、彼女は何らかの方法で労働条件に関する自分の実際的な知識を拡げることにしました。彼女は女性の労働条件についての研究をしようと女性労働組合連盟（Women's Trade Union League）が提供する研究奨学金に応募しましたが、採用されるにはいたりませんでした。そこで彼女は女性のための社会福祉関係のポストに応募し、ボーンヴィルにあるカドバリー会社に良い仕事（私の判断ですが）を得ました。その仕事は通常の意味での 'Welfare Worker' ではなく、正規の職員です。彼女に提示された俸給は、カレッジを終えたばかりの私の指導学生が得るものとほぼ同額です。

その仕事を通じてグリフィスさんは有益な知識と経験を身につけることと思います。しかし私は、彼女に相応しい仕事は明らかに教職だと確信します。そこで私はオックスフォード委員会に対し次のように申し上げたい。すなわち、可能ならば、遅かれ早かれ、そして彼女自身とチュートリアル・クラス運動全体双方のために、彼女は教職に就くべきだということです。

さて、グリフィスの場合の費用についてだが、独身女性であることから、エメリーの場合のように留守家庭・家族のことを考慮する必要はなく、問題はオックスフォードでの生活費・教育費のみであった。これについては、セント・ヒルダズ・ホールが奨学金の提供を申し出ていたことはすでに述べたとおりである。グリフィスの奨学金の収支決算（3年間）は以下のようなものであった（年間103ポンド10ペンス）[47]。

収入
　拠金（セント・ヒルダズ・ホール）　　　　261ポンド10ペンス
　銀行利子　　　　　　　　　　　　　　　　3ポンド7ペンス4
　　　　　　　計　　　　　　　　　　　　264ポンド17ペンス4

第6章　初期チュートリアル・クラス労働者成人学生のオックスフォード進学と奨学金問題

支出
　　カレッジ諸費用（食事代と部屋代）　　　　169ポンド
　　授業料　　　　　　　　　　　　　　　　　90ポンド7ペンス2
　　書籍費、試験費用その他　　　　　　　　　5ポンド10ペンス2
　　　　　　　計　　　　　　　　　　　　　264ポンド17ペンス4

おわりに―大学進学をめぐる労働者成人学生の心性と態度―

　チュートリアル・クラス出身の労働者成人学生を、正規の学生としてオックスフォード大学に進学させるという初めての「実験」は、最初の奨学生として選ばれたエメリーとグリフィスの二人にとっても、またかれらを受け入れた大学・カレッジの観点からしても、意義ある試みであった。と同時に、労働者成人学生にはまったく無縁であった古典語や外国語などの知識を習得する必要、慣れない筆記試験の重圧、馴染めない異なる生活環境と大学文化、オックスフォード在住のための財源確保、大学教育修了後の進路等々、問題点や今後の課題も浮き彫りにした。

　その後、この実験がどのように継続されたのかは定かではないが[48]、労働者成人高等教育運動は、正規の学生としての大学進学というよりも、チュートリアル・クラスの発展という方向でいっそうの成果を挙げることになる。その一因として上記の問題があったことは想像に難くない。障壁は容易に除去されるものではなかった。繰り返すが、『1908年報告書』は、「労働者は、大学教育の代替物では、それがいかに優れたものであったとしても満足しないであろう」[49]との認識に基づき、「将来、チュートリアル・クラス出身の資格を有する学生は、いつも容易にオックスフォード大学に進学し在住して、学習を継続できるようにすることが望ましい。」[50]との勧告を行った。だが、その勧告が実現される道のりはまだまだ遠かった。

　とくに財源の問題に関して、大学当局は慎重な態度をとった。1912年にチュートリアル・クラス委員会が年補助金の支給を要請した際、大学は

チュートリアル・クラスやサマースクールの推進を奨励して、正規の学生の受け入れには費用の面で問題があると否定的であった。実際、委員会からの522ポンドの要請に対して大学は400ポンドの支給に同意したが、結局、この金額も大学財政の逼迫から1912年度にはまったく支給されなかった[51]。

しかし、初期チュートリアル・クラスの学生のオックスフォード進学をめぐっては、財源その他の問題以外に、注目すべき事柄があった。労働者成人学生たちの心性と態度である[52]。ロングトンのクラスについてみたかぎり、かれらの心性と態度には、教育の階梯（educational ladder）を通じての階級離脱や社会的上昇移動よりも、労働者階級全体としての生活・教育・文化の向上（collective advancement, collective goals, wholesale emancipation of the working class）を目指すという強い志向がみられた。一部少数の学生のみが、仲間から抜け出して恩恵を受けること、栄誉（prize scholarship）を得ること、競争に勝つことをかれらは良しとはしなかった。競争（competitive spirit）や選抜よりも共同・連帯（social solidarity, camaraderie, co-operative）、個々人の利益（individual advantage, individual advancement）よりも共同善（common good, collective good）や共通の文化（common culture, associational culture）をかれらは重視した。これは学生のみならず、指導的立場にあったＷＥＡ関係者や大学人にも共通してみられた。たとえば、ＷＥＡの会長であるW. テンプル自身、「チュートリアル・クラスの活動の中から、競争精神に類したものは何であれすべて排除するのがわれわれの絶っての願いである」[53]と述べている。これらの心性と態度は初期チュートリアル・クラス運動にみられる顕著な特徴であり、その理念と性格を表象するものとして注目に値しよう。

註
1) 労働者教育協会とチュートリアル・クラスの歴史について書かれた文献は枚挙に暇ないが、ここでは基本文献として Mansbridge, A., *University Tuto-*

第6章 初期チュートリアル・クラス労働者成人学生のオックスフォード進学と奨学金問題

rial Class: A Study in the Development of Higher Education among Working Men and Women (London,1913), Mansbridge, A., An Adventure in Working Class Education (London, 1920), Mansbridge, A., The Trodden Road : Experience, Inspiration and Belief (London, 1940), Price,T.W., The Story of the Workers' Educational Association from 1903 to 1924 (London,1924), Jennings, B., Knowledge is Power: A Short History of the Workers' Educational Association, 1903-1978, (University of Hull., 1979), Goldman, L., Dons and Workers: Oxford and Adult Education since 1850 (Oxford, 1995), Fieldhouse, R., A History of Modern British Adult Education (Leicester, 1996), Jennings, B., Albert Mansbridge: The Life and Work of the Founder of the WEA (2002) を挙げておきたい。

わが国における先行研究には小堀勉編『欧米社会教育発達史』(講座 現代社会教育 III)、亜紀書房、1978年、矢口悦子『イギリス成人教育の思想と制度―背景としてのリベラリズムと責任団体制度―』新曜社、1998年、松浦京子「義務と自負―成人教育におけるシティズンシップ―」小関隆編『世紀転換期イギリスの人びと―アソシエイションとシティズンシップ―』人文書院、2000年、松浦京子「拡張講義運動と労働者教育―統治する者のための教養教育―」山本正編『ジェントルマンであること―その変容と近代―』刀水書房、2000年、松浦京子「知の喜びと仲間のために―前世紀転換期イギリスの労働者成人教育―」望田幸男・広田照幸編『実業世界の教育社会史』昭和堂、2004年などがある。

なお付言すれば、2003年はイギリス労働者成人教育の歴史に一時代を画した労働者教育協会（WEA）が設立されて百周年にあたる記念すべき年であった。そして来る2008年はWEAと大学との連携・協力によるチュートリアル・クラスが発足して百周年にあたる。WEAについては百周年を契機にさまざまな記念事業が企画・実施され、WEAの歴史的意味と将来展望があらためて問われたが、チュートリアル・クラスに関しても同様の記念事業が企図されることであろう。WEA百周年記念事業の一環として出版された文献としてRoberts, Stephen K. (ed.), A Ministry of Enthusiasm: Centenary Essays on the Workers' Educational Association (London, Sterling, Virginia, 2003) と Doyle, Mel., A Very Special Adventure: The Illustrated History of the Workers' Educational Association (London, 2003) がある。前者には Goldman, L., 'The First Students in the Workers' Educational Association: Individual Enlightenment and Collective Advance' が収録されているが、本稿執筆に際しては同論文から多くの示唆を得た。

2）19世紀後半から20世紀初頭にかけてのオックスフォード大学の改革と開放

Ⅱ部　社会の分節化と個

の問題については、Goldman, L., *Dons and Workers: Oxford and Adult Education since 1850* (Oxford, 1995) および Ockwell, A. and Pollins, H., ' "Extension" in all ist Froms' in Brock, M.G. and Curthoys, M.C. (ed.), *The History of the University of Oxford Ⅶ : Nineteenth-Century Oxford, Part 2* (Oxford, 2000) を参照。

3) 本稿でしばしば言及する、チュートリアル・クラスの設置を提案し、その後の労働者成人教育の古典的マニフェストとなった *Oxford and Working-Class Education: Being the Report of a Joint Committee of University and Working-Class Representatives on the Relation of the University to the Higher Education of Workpeople* (Oxford, 1908) は、その第一章　労働者に大きな影響を及ぼした教育運動において、チュートリアル・クラスに至るまでの労働者成人教育への流れを簡潔にまとめている。なお、同報告書は1909年の第二版（統計数字を最新のものにあらため、若干の加筆修正を行っている）を基に解説論文を付して Harrop, S. (ed.), *Oxford and Working-Class Education with Introductory Essays,* (University of Nottingham, 1987) として再刊されている。本稿での引用は1987年版による。

4) Harrop, S. (ed.), *op.cit.,* p.134.

5) *ibid.,* p.165.

6) *ibid.,* p.182.

7) 二つの実験クラスが発足した1908年10月に、オックスフォード・チュートリアル・クラス合同委員会はさらに6つのクラスを組織し、1910年までには計13のクラスを運営していた。その4年後の1914年にはクラスの数は18に増え、367人の学生が学ぶに至った。チュートリアル・クラス運動は他の大学にも拡がり、1913年度の学期末の時点では、14の合同委員会が145のクラスを組織し、3,343人の学生がそこで学んでいた。イングランドとウェールズの大学およびユニバーシティ・カレッジで、運動に参画していなかったのはエクセターとサウサンプトンのみであった。Goldman, L., *Dons and Workers: Oxford and Adult Education since 1850* (Oxford, 1995), p.127.

8) Harrop, S. (ed.), *op. cit.,* p.144.

9) 　　　〃

10) 　　　〃

11) ロングトン、ロッチデールいずれの場合も、大学拡張講義が多くの聴衆を惹きつけていた地域であったが、チュートリアル・クラス合同委員会に対し最初に、クラスを設置したいとの正式の要請を行い了承されたのはロッチデールであった。この間の経緯については Ockwell, A. and Pollins, H., *op. cit.,* pp.684-5 を参照。なお、ロッチデールのクラスは4月11日に終了する予定で

第6章　初期チュートリアル・クラス労働者成人学生のオックスフォード進学と奨学金問題

あったが、講師（トーニー）の病気のため延びたという。Harrop, S. (ed.), *op.cit.*, p.201.

12) Goldman, L., 'The First Students in the Workers' Educational Association: Individual Enlightment and Collective Advance' in Roberts, Stephen K. (ed.), *A Ministry of Enthusiasm: Centenary Essays on the Workers' Educational Association* (London, Sterling, Virginia, 2003), pp.44-6.

13) Harrop, S. (ed.), *op. cit.*, 198-202.

14) Goldman, L., *Dons and Workers*, pp. 127-39 ならびに Goldman, L., 'The First Students in the Workers' Educational Association', pp. 42-52.

15) Harrop, S. (ed.), *op. cit.*, p.200, 202.

16) Goldman, L., *Dons and Workers*, p.139 および Price, T.W., *The Story of the Workers' Educational Association from 1903 to 1924* (London, 1924), p.45.

17) Quoted by Goldman, L., *Dons and Workers*, p. 124 from 'Oxford Joint Conference on Education of Workpeople, August 10th 1907', MSS Minute Book, WEA Archives, Temple House, Bethnal Green, London.

18) Quoted by Goldman, L., *Dons and Workers*, p.124 from 'Oxford Joint Committee. Minutes of the Meeting held on December 27th and 28th 1907, A.L.Smith Letters Box 14, 'WEA', 4.'

19) 大学拡張講義夏期集会の一環として、1907年8月10日、WEAとオックスフォード大学拡張委員会の支援の下に、オックスフォード大学の試験講堂（Examination Schools）で開催された。会議には220の関係団体の代表420人が参集した。この会議の結果、大学代表と労働者階級代表から成る合同委員会を設置し、そこで労働者成人に対する新たな形態の教育について検討し提案することとなった。『1908年報告書』はここに胚胎する。この合同会議については Ockwell, A. and Pollins, H., *op.cit.*, pp.682-4 および Goldman, L., *Dons and Workers*, pp.117-20 を参照。

20) Quoted by Goldman, L., *Dons and Workers*, p.124 from 'Report of a Meeting in Balliol College Hall on Sunday Morning 26 Jan.1908', A.L.Smith Letter Box 14, 'WEA', 5-6.

21) Harrop, S. (ed.), *op. cit.*, p,176.

22) Goldman, L., *Dons and Workers*, p.139.

23) 'Professor Turner's Report on his visit to Longton and Rochdale, Jan 1911', DES/F/2/1/8, Oxford University Archives, 6. 本報告書は11頁からなる手稿文書である。ターナー（Herbert Hall Turner,1861-1930）は当時、オックス

II部　社会の分節化と個

フォード大学サヴィル天文学講座担当教授で、ニュー・カレッジのフェローでもあった。後に王立天文学協会会長。マンスブリッジによれば、当時のオックスフォード大学総長ワレン（Sir Herbert Warren）が、『1908年報告書』の作成にあたる合同委員会の設置に同意したのはターナーの助言によるところが大きいと言う。Mansbridge, A., *The Trodden Road, op.cit.*, pp.169-73.

24) 'Professor Turner's Report on his visit to Longton and Rochdale, Jan 1911' *op.cit.*, p.1.
25) *ibid.*, pp.4-8
26) *ibid.*, pp.9-11.
27) *Report on University Scholarships Hel by Tutorial Class Students*, Nov.1916, DES/F/2/2/3, pp.1-2. この報告書は1916年7月1日の会合におけるオックスフォード大学チュートリアル・クラス委員会の決議を受けて作成された。以下の本稿の記述は主としてこの史料に依る。
28) *Report on University Scholarships Hel by Tutorial Class Students, op.cit.*, pp.2-4.
29) *ibid.*, pp.4-5.
30) *ibid.*, pp.5-6.
31) *ibid.*, p.6-7.
32) *ibid.*, pp.7-14.
33) *ibid.*, pp.7-8.
34) *The Historical Register of the University of Oxford: Being a Supplement to the Oxford University Calendars with an Alphabetical Record of University Honours and Distinctions completed to the end of Trinity Term 1900*, Oxford, 1900, p.154, pp.158-61 および Hibbert, C. (ed.), *The Encyclopaedia of Oxford* (London, 1988), pp.339-40. なお付言すれば、審査員のコメントに示されているエッセイの審査の基準、観点も注目に値する。独創性、公正な批判的精神、思考力、表現力、豊かな知識などが示唆されているが、これらの資質はオックスフォード大学や労働者教育協会がともに目指した「教養ある人間の証」と通底するものであった。
35) *Report on University Scholarships Hel by Tutorial Class Students, op.cit.*, pp.9-10.
36) *ibid.*, p.8
37) 〃
38) この教育活動というのは、ノース・スタッフォードシャー鉱山労働者高等教育運動のことである。初期チュートリアル・クラスの学生は自ら学ぶだけではなかった。かれらは自分たちがチュートリアル・クラスで学んだことを、

第6章　初期チュートリアル・クラス労働者成人学生のオックスフォード進学と奨学金問題

より多くの労働者・仲間に伝えようと教える側にも回った。「初期チュートリアル・クラス学生による連帯と協同をめざした活動の最も素晴らしい例」(Goldman, L., 'The First Students in the Workers' Educational Association' op.cit., p.52) とされるこの運動は、1911年に最初のロングトン・クラスの学生によって始められた。ポッタリーズ地方の北部・西部に位置する孤立した鉱山地域の村々に成人教育をもたらすことを意図したものであり、学生の側の福音主義的意欲と鉱山労働者側の高等教育への要求が合致したところに生起した、草の根的なヴォランタリー運動であった。後述のように、この運動にはグリフィスも参画している。連帯と協同、集団としての向上という点において、この運動は特筆に値するが、これについてはまた稿をあらためて取り上げることにしたい。先行研究として Lowe R., 'The North Staffordshire Miners' Higher Education Movement' in *Educational Review,* 22/3, June 1970, pp.263-77 がある。

39) *Report on University Scholarships Hel by Tutorial Class Students, op. cit.,* p.8.
40) *ibid.,* p. 9.
41) Elliott, I (ed.), *The Balliol College Register, second edition 1833-1933* (Oxford, 1934), p.338.
42) *Report on University Scholarships Hel by Tutorial Class Students, op. cit.,* pp.12.
43) 〃
44) *ibid.,* p.14.
45) *ibid.,* p.11.
46) *ibid.,* p.12-3.
47) *ibid.,* p.11.
48) エメリーとグリフィスの後、チュートリアル・クラス出身学生のオックスフォード進学がどうなったかは、他大学の場合をあわせ、今後明らかにすべき課題である。この問題は、労働者成人学生に対する奨学金がどのように整備されていったのかということと深く関わる。Whiteley, L.Roreen., *The Poor Student and the University: A Report on the Scholarship System with reference to Local Authorities' Awards and Assistance to Intending-Teachers* (London, 1933) の付録には、1933年の時点における大学進学のための成人用奨学金一覧が掲げられていて参考になる。
49) Harrop, S. (ed.), *op. cit.,* p.140.
50) *ibid.,* p.182.
51) Goldman, L., *Dons and Workers,* p.140-1.

Ⅱ部　社会の分節化と個

52) *ibid.,* pp.139-43 および Goldman, L., 'The First Students in the Workers' Educational Association', *op.cit.,* pp.51-4.
53) Quaoted by Goldman, L., *Dons and Workers, op.cit.,* p.141 from 'Evidence of the Workers' Educational Association represented by Canon Temple', 18 June 1920 年, Royal Commission on Oxford and Cambridge Universities, Bodleian Library, MS Top Oxon b 109, fo.575.

第7章　1911年カーディフ港湾争議
―「中国人問題」をめぐる共同性―

久　木　尚　志

はじめに

1911年6月から8月にかけて、イギリスの主要な港で連続して大規模なストライキが発生し、これに続いた鉄道全国スト、翌年の炭鉱全国ストとあわせて、深刻な「労働不安」を引き起こしたことはよく知られている。特にロンドン港では、同年7月27日に組合と港湾局の間で成立したいわゆるデヴォンポート（Devonport）協約をもってしても、ストへの動きを食い止められず、8月上旬には港の機能がほぼすべて停止する事態を迎えた。その後、曲折はあったものの、8月下旬までにひとまず職種ごとの労働協約が締結された[1]。

しかしロンドン港の紛争はこれで完全に決着したわけではなかった。職種ごとの要求達成度の違いに問題が残り、非組合員である艀人夫の雇用問題をきっかけに、翌年にも大規模で暴力的なストが発生したのである。しかしこのストは全国的な支援を受けるには至らず、労働者側の惨憺たる敗北に終わった。

1912年の労働者側の敗北は、スト自体が経営側の周到な準備を受けた挑発に乗せられて生じたことによると考えられるが、それに加えて、ロンドン以外の地方港からの支援がまったく得られなかったことも重要な意味を持った。1911年の場合、サウサンプトンに始まり、ハル、カーディフ、ロンドン、リヴァプールなど、国内の主要港で連続して港湾労働者によるストが波状的に発生し、そのことが全体として港湾争議の帰趨に大きな影響を与えた。これに対し、1912年のロンドン港湾争議には海員が加わらず、

159

リヴァプールの港湾組合が関与せず、ロンドン・ベースの組合の地方支部さえ動かなかった。1910年に成立した「全国運輸労働者連合」（National Transport Workers Federation、以下、ＮＴＷＦと略記）は傘下の組合に対し、共同行動を取るように呼びかけたが、ほとんど無視され、その組織的限界を露呈した[2]。

しかしこの事実は、却って1911年の成功を際立たせている。特に地方港における労働者側の成果には著しいものがあった。中でもカーディフ港の事例は特徴的である。カーディフは国内有数の産炭地を後背に抱えていた関係で、石炭輸出に特化された港であった。それは労働市場にも他にない特殊性をもたらすことになり、結果的に1911年まで港湾の諸職種が共同行動に出ることはなかった。ところが1911年には一転して、海員に主導された港湾労働者によるストが生じ、さらに港湾外の労働者をも巻き込んだ市内ゼネストへと拡大した。このような展開を見たカーディフ港湾争議に関与した要因を明らかにすることは、労働組合史や労使関係史のみならず、「個と共同性」にかかわる文脈においても示唆的であると考えられる。

その際、分析の中心には争議の過程で発生した中国人を主な標的とする襲撃事件を置き、そこから地域社会における「共同性」の問題を考えることとしたい。それはまた、同年8月に起きたトリディガー事件[3]などとともに、1910年にロンダ渓谷で発生したトニイパンディ事件以来の暴力の波が、南ウェールズで広範に展開したことの意味を考える際の手がかりも提供するであろう。

1　1911年カーディフ港湾争議の展開

イギリスの港湾労働者は、1889年に始まる「新組合主義運動（New Unionism）」以降、長期にわたり組織化の停滞を経験した。しかし1910年、豪州より帰国したＴ・マン（Tom Mann）の働きかけによって、ロンドンの「ドック、埠頭、河岸及び一般労働者組合」（Dock, Wharf, Riverside and General Workers' Union、以下、ドック組合と略記）を中心にＮＴＷＦ

第7章　1911年カーディフ港湾争議

が結成されたことをきっかけとして、新たな運動が展開されることになった。傘下の組合のうち、「海員火夫全国組合」（National Union of Seamen and Firemen、以下、海員組合と略記）は1911年4月に9項目からなる要求を明らかにし、国内外の海員に広く共同行動を呼びかけた。しかし事前の反応は芳しくなく、6月にサウサンプトンで実際にストが始まると、海員組合委員長H・ウィルソン（Havelock Wilson）でさえ驚いたという[4]。

カーディフでも、スト決行日は6月14日に設定されていたものの、港湾の他部門がストに消極的であったことから、実現の見通しは立たず、実際に事態は遅々として進まなかった。カーディフの海員ストは7月14日にようやく始まったが、地方紙が「ほとんど反響を呼ばなかった」と評するなど、少なくとも開始時点では、どの程度効果的になるかはまったく明らかでなかった[5]。

しかしこの状況は7月18日を境に一変する。この日、ベルファスト、グラスゴー、カーディフの間を1週間で回る定期周航船アナン号がカーディフに入港した。水揚げに入ろうとしたが、組合員は自発的にそれを拒否した。そこで、市内のワークハウスから労働者が呼び寄せられ、作業に従事させることになった。しかしこれが港湾労働者の反発を招き、港には多数の組合員が集結した。ドック警備員は彼らが船に近づくのを妨げるため、放水の準備を始めた。これを見た組合員は、スト破りが待機する倉庫を襲撃した。最初は「楽しげな雰囲気」があったとされるが、午後になると事態はより深刻になった。ドック警備員まで倉庫に逃げ込むと、集まった労働者たちはそこに火をつけ、周辺では投石や略奪も始まった。消防隊が到着したものの、彼らが持ってきたホースは切断されてしまった。次いで80名の警官がドックに派遣され、警備にあたった。こうした騒ぎが夕方まで続き、ドックは閉鎖された[6]。

こうした事態を受けて、翌日にはさっそくカーディフ市長が労使交渉の斡旋に乗り出した。軍隊がアナン号の水揚げを保護することになると、暴動はいっそう深刻化するという見通しが強かったため、市長は軍隊派遣を求めず、協議に専念しようとした[7]。他方、カーディフ市警本部長は、

ドック地帯での暴動発生の直後、首都警察と近隣の州警察に対して警官隊の派遣を要請していた[8]。市警本部長はこの対応に関して、労働者の行為が「平和的ピケッティング（peaceful picketing）」の範囲に収まるかどうかが不明瞭なので、必要に応じて警察による保護を与えるのが適切であると判断したと説明している[9]。したがって、この時点では、ストに入っているドック地帯を超えて暴動が拡大し、警察力では対応できない状況にいたることは予想されていなかったことになる。

ところが、事態は思わぬ方向へと動いた。7月20日、市内のキャセイ公園には約4万人が集まり、港湾労働者支援集会に参加した。ここで司会を務めたのは、後の外務大臣E・ベヴィン（Ernest Bevin）である。集会自体は混乱なく終了したが、その後、出席者の多くが次々と中国人の経営する洗濯屋を襲撃したのである。市内には計30軒の中国人経営の洗濯屋があったが、この日は1軒を除いてすべてが襲われた。襲撃した集団の先頭には若者と女性が立ち、そのままドックにいる中国人船員を探しに出向いた。この状況に警察はまったく対応できなかったと報道されている[10]。

この出来事が、これまで慎重だった市長に軍隊派遣の要請を決意させた。しかしすでに市内に送られていた首都警察と新たに派遣された軍隊の存在は、群衆の行動をいっそうエスカレートさせた。その結果、製粉所やビール醸造工場などの労働者までストに参加し、まもなくカーディフは実質的なゼネスト状態に入ったのである[11]。7月21日と22日の夜には、市内のスケート場に仮宿舎をおいていた首都警察が続けて襲撃された。これは、放火の噂に対応して、警察が群衆を通りから一掃した際、単なる見物人や通りにいた若者と小競り合いになったことに端を発した事件であった。また、21日には、前夜の襲撃を免れた洗濯屋も襲われている[12]。

こうした状態がしばらく続き、7月下旬までにストに参加していたほとんどすべての職種について、労働条件の改善などを含む妥結案が承認された。スト参加を理由とした解雇は禁止され、労使間の協議が制度化されることになった[13]。海員が始めたストは、カーディフのすべての港湾労働者を巻き込み、さらに市内のゼネストへと拡大し、最終的には労働者側の全

面的な勝利で幕を閉じた。

2　労働組合運動としてのカーディフ港湾争議

　前節で概観したカーディフ争議が、全国港湾ストの一環であったことは否定できない。しかしそれを指揮したNTWFがカーディフでの動きに積極的に関与したわけではなかった。なぜなら、NTWFの主要構成団体は圧倒的にロンドンを主地盤とする組合であり、7月中は経営側との交渉が進行中であったため、それに集中せざるをえなかったからである[14]。カーディフでストが本格化する前に懸念されていたことは、軍隊によって争議がたちまち鎮圧されることであった。NTWF執行部は、時間稼ぎさえできれば、ロンドン港の交渉にとって有利であるとさえ考えていたとされる[15]。

　このような執行部の思惑からすると、各地の港湾ストは、たとえ発生の時点で中央からの指示が影響を及ぼしたとしても、その後の展開はローカルな文脈で進行したと見るべきである。この点でも、NTWF執行部は慎重であった。後述するとおり、カーディフ争議が港湾ゼネストへ、市内ゼネストへと拡大してゆく過程で、NTWFが何らかの指示を出した形跡は見られない。逆に言えば、分立し、協力関係の構築には消極的であり、時として敵対的であったカーディフ港の諸組合が、外部からの指示なしで初めて一致した行動をとったことこそ、労働者側の勝利に大きく貢献したと考えることができる。そこで、カーディフの港湾諸組合の状況を概観しておきたい。

　港湾労働は、20世紀初頭にあってもおおむね労働集約的な職種であった。労働過程は細分され、第三者の目には微細な違いとしか映らない作業間にも明確な差異が設けられることが多かった。その結果、港湾には労働過程に応じて多数の組合が分立することになった。その傾向はロンドン港で著しく、船荷の水揚げにあたるドッカー（docker）と積み込みを行なうスティーヴィドア（stevedore）、石炭・木材の運搬に携わる労働者、艀で働く労働者には、厳然とした壁が設けられていた[16]。経営側と同様に組合

II部　社会の分節化と個

側にも相互協力はほとんど見られず、NTWFが最も苦心したのも、いかにして分立する組合に統制力を及ぼし、統一行動を確保するかであった。カーディフ港もその例に漏れなかったが、そこには特有の事情も作用していた。

　カーディフ港は国内有数の石炭積出港であった。その業務は鉄道会社を含む多くの小企業によってとり行なわれていた。そのため、統一賃金レートを形成する力を持つ企業が存在せず、また地方経営者団体も傘下の企業に対して賃金レート統一の圧力をかけることを拒否していたため、結果的にオープンな労働市場が出現することになった。これこそ、後述するとおり、海員に最も深刻な影響を与えた最大の要因であった。

　その反面、石炭輸送作業に携わる労働者には、例外的に特権的な地位が与えられた。石炭輸送にかかるプロセスは二分され、陸地側で働くのが石炭ティッパー（tipper）、海上で働くのが石炭トリマー（trimmer）と呼ばれた。彼らはその他の港湾労働者とは一線を画した。前者は主に鉄道会社に常勤雇用されていたため、他の港湾労働者と共同行動に出ることが技術的に困難であった。また、後者は主に小規模船主に雇用され、労使協調路線に基づいて組織の維持・特権的地位の確保を図ることを優先課題としていた。そのため、1911年以前にはスト戦術を採用することはまったくなかった[17]。これに対し、全国組織であるドック組合は、その他の部門の港湾労働者を組織していたが、ホブズボームの言う「戦略的に重要な部分」[18]を押さえることはできず、単独でストを行なう力を有していなかった。

　にもかかわらず、7月18日には、カーディフの港湾関連の全労働者が海員への同情からストに入ることが決まった。組合としてはストに消極的だった石炭ティッパーは、鉄道組合の働きかけによって、ストに加わることを決めた[19]。また、この日に開催されたカーディフ港湾労働者の集会には、石炭トリマーも非公式に参加し、船主が海員と協議を開始しない限り、港湾労働をすべて停止させる必要があることが高々と宣言された[20]。こうしてカーディフの港湾労働組合の足並みがほぼそろうことになった。この動きは、カーディフより東に位置する港湾都市ニューポートにも派及

第 7 章　1911年カーディフ港湾争議

した[21]。7月20日には、各組合代表が一堂に会し、ストライキ委員会を結成し、共同歩調をとることが決議された[22]。

　カーディフの船主は当初、海員要求の筆頭にあった「組合承認」を拒否した。そのため、ストは製粉所やビール醸造所の労働者などにも拡大し、同時に近隣の炭鉱も多くが閉鎖の危機を迎えた。こうした事態に直面し、全国的な経営団体である船舶連盟（Shipping Federation）でも、いくつかの支部がカーディフ支部に対し譲歩を要求するに至った。カーディフ市長も労使双方と会合し、継続的に協議を進めた[23]。カーディフの船主も、海員について「彼らは他の労働組合員の共感を勝ち得ている」ことを認めざるをえなかった[24]。

　こうした圧力に屈するかたちで、カーディフの船主はまもなく海員との合意を成立させた。それには、賃金・労働条件の改善に加え、商務省主導での調停・仲裁への付託条項が含まれた。また、この合意には「本文書への署名は、海員組合の承認を意味する」という、明確に「組合承認」をうたう条項もあった[25]。こうして、海員問題は一応の解決を見たのであるが、ストはなお続いた。7月23日のスト委員会は、すべての港湾関係の組合承認、労使協議の制度化、ストによる処分を行なわないことを職場復帰の条件に定め、これらが受け入れられるまで、海員を含む全港湾労働者のストを継続することを決議した[26]。『タイムズ』はこれを指して、「南ウェールズの商業活動が実質的に停止した」と評している[27]。

　その後、労働者側の要求をめぐって、労使双方から 6 名ずつの代表者を出して協議が進められた。ここでも、引き続きカーディフ市長が議長を務めることになった。カーディフ経済界は、石炭輸出の再開のため、船主側に譲歩するよう圧力をかけたとされる[28]。その結果としてまとまった合意は、労働者側の要求をほぼ全面的に受け入れるものとなった。労働組合の承認、個別問題処理のための労使協議の実施である。ストによる労働者処分を行なわないことも、あわせて申し合わされた[29]。

　以上の経緯から、カーディフの諸組合による共同行動こそ、争議の帰趨を決めたという事実が見て取れる。職種別に細分され、一致した行動をと

ることのなかった港湾運輸の組合が、海員支援の目的でストに入っただけではなく、最終的にはカーディフが実質的にゼネスト状態に陥る事態にまで立ち至った。当初の海員ストが解決した後も、関係組合の問題が包括的に解決されるまでストが継続されることになった。

これに対し、ＮＴＷＦ執行部は、この協議に関与することはなかった。ＮＴＷＦでは、いまだに争議の先行きが不透明であった７月上旬には、カーディフの傘下組合員に対し海員への同情ストを呼びかけないことが決定されていた[30]。また、海員ストの開始直前になっても、ＮＴＷＦの最有力構成メンバーであるドック組合カーディフ支部書記は、自分は中央の方針に従うだけだと述べて、自らの組合員に同情ストに入るよう指示することを拒んでいる[31]。

このように、労働組合運動としてのカーディフ争議は、あくまでも地域主導で展開した。率先して妥結までの道筋をつけたのが市長であった事実も、このことをよく示している。したがって、明らかにすべき問題は、何がカーディフの労働者に一致した行動をとらせたのかということになる。海員組合は「スト参加者の規律や指導者への忠誠は確固たるもので、ストの掲げた目的に対して、せいぜい中立的な立場にしかなかった新聞からも賞賛を勝ち得た」と書き、労働者の連帯や主張の正しさに、その理由を求めている[32]。しかしながら、仮にカーディフの労働者に自主的な「連帯」があったにせよ、それが可能になった条件を解明する必要がある。

3　争議における「中国人問題」

争議の展開から見れば、７月18日がカーディフ争議の最初の転換点であった。海員の孤立した行動に、これまで消極的だった他の港湾労働者が加わり、同時に争議は暴力的な様相を帯びることになった。この転換を促した最大の要因は、スト破りの存在であった。その後、争議が港湾を越えて拡大した７月20日には、中国人が襲撃の標的に選ばれ、やがてカーディフは実質的なゼネストへと向かった。この一連の経緯にこそ、カーディフ

第7章　1911年カーディフ港湾争議

争議の特徴が見て取れるはずである。

　中国人労働者の問題は、イギリスの海員にとってもともと重要な意味を有しており、その雇用規制は海員組合が一貫して要求し続けてきたところであった。中国人とインド人を主たる構成員とする「アジア人海員」は、スエズ以東で「アジア人向け契約」に基づいて雇用された。それは、本来インド洋や極東での航海に限定されていたが、実際には欧米航路にも就労する労働者が増加していた。海員組合委員長ウィルソンは、1905年から1907年にかけて連合王国の諸港で働く中国人海員の数が1000人から5000人へと急増したと書いている。ウィルソン自身の言葉によれば、「このままでは白人海員は消滅する。彼らは、一握りの米と一日8ペンスでは満足できない。彼らの生活水準は危機にある。白人はその悪影響と戦い、かつ白人文明の下で生き、働いてゆかねばならない」[33]。海員組合は、アジア人海員を排除すべく繰り返し議会・政府に向けて陳情を行なった。港湾組合の通史においても、これは「最も成功した、しかしいかがわしいキャンペーン」であり、「帝国の腐敗した遺産」と評されている[34]。

　しかし1911年のカーディフに限定した場合、「中国人問題」と争議との関連は微妙な問題を孕んでいた。そもそもカーディフ港では、海員の雇用のあり方自体に欠陥があった。カーディフ港は石炭積出港であった関係で圧倒的に出超であり、ここに入港する船は入国後の最初の港で、積荷に加え乗組員もすべて降ろしてしまい、改めてカーディフで人員を募集するという習慣があったからである。これによって、労働条件の悪化は加速することになった。オープンな労働市場を有したカーディフでは、海外貿易船について年間で延べ3万回ほどの雇用契約がなされ、しかも賃金交渉は各船舶単位で行なわれた。そのため、労働市場に組合が関与する余地はほとんどなかった[35]。

　こうした点から、海員組合指導者はカーディフこそ「欧州最悪の港」であり、海員ストにおける主戦場であると最初から認識していた[36]。したがって、海員組合が全国的、ひいては国際的な規模でストを実行しようとした当初の戦略は、一見すると実現性に乏しいようにも見えるものの、そ

れなりの意味を持っていたと言える。H・A・クレッグは1911年を1889年以来海員の労働力需要が最も高まった年と見なし、容易にスト破りを調達できる状況にはなかったがゆえに、「ウィルソンはよい時期を選んだ」と書いている[37]。海員需要が逼迫していたため、結果的に国際的な支援態勢にまでは広がらなかったものの、イギリスのほとんどの海員がストに入ったことで、カーディフの海員が本来持っていた脆弱性はひとまず解消されたことになったのである。

　逆に海員組合は、低賃金の外国人船員の雇用こそ、カーディフ港のシステムにとって「アキレスのかかと」であると判断し、「ブリストル海峡の王様」と呼ばれたE・タッパー（Edward Tupper）を派遣した。彼は、海運業周辺のあらゆる職業を味方にし、外国人海員を孤立させようと企図して、人種主義的な演説を繰り返した[38]。これが争議中の中国人襲撃に影響したことは間違いない。しかしスト開始前の時点で実際に標的として想定されていたのは、欧州各地から連れて来られるスト破りであった。NTWF執行部もカーディフで争議が始まる直前に、議会労働党に宛てて内務省の対応に抗議するよう求める請願を送っている。この中でも人種主義的な議論が展開されているが、その原因は「中国人問題」ではなく、経営団体が主としてドイツからスト破りを導入しようと企てていることにあった[39]。しかしストが始まっても、労働力需要が高まっていた欧州大陸からはスト破りが送り込まれることはなかった。実際にカーディフに連れて来られたのは中国人海員であり、ストが拡大する過程で重要な役割を果たしたのは、「中国人問題」であった。

　カーディフ争議における「中国人問題」は、中国人海員がスト中の海員の代替労働力としてカーディフに送られてきたことから表面化した。7月19日水曜の夜、ロンドンからスト破りの中国人海員が到着し、郊外のロース駅で下車した。その後、カーディフ港のクイーン・アレグザンドラ・ドックに係留されていた蒸気船ファーリー号まで、警察に保護されて連れて行かれた。このとき、警察がある中国人海員の手荷物を駅に置き忘れてしまう。取りに戻ると、スト参加者がそれをつかんで火をつけているのを

発見した。しかし警察はこの行為を制御することはできなかった[40]。この出来事をきっかけに、海員以外を含む中国人への襲撃がカーディフの各地で行なわれるのである。

市警本部長は、争議終結後にまとめた報告で次のように述べている。

> 中国人海員の雇用は、ストの間ずっと、海員の指導者によって強く非難された。このことがスト参加者を極めて強く刺激したように見える。なぜなら、翌日の7月20日火曜の夜、市のいたるところで、中国人経営の洗濯屋に対する襲撃が同時に発生したからである[41]。

しかしこの襲撃事件が深刻だったのは、関与したのが港湾労働者や「フーリガン・タイプの若者」だけではなく、「リスペクタブルな外見の男女」が数多く加わった点にあった。それはあたかも市民総出で実行されているように見えた[42]。

このように指摘したカーディフ派遣軍の指揮官の報告によれば、7月20日に生じたのは、次のような出来事であった。

> 騒擾は中国人洗濯業者に対する襲撃が中心になっており、市全体で同時に進行していた。群衆はある店から別の店へと向かい、その後を警官が追いかけた。これらの行動は慎重な組織化の結果であった。警察の中核部隊が市内の他の場所で集会を行なっている大群集を監視している間に、遂行された[43]。

海員以外の港湾労働者をストに導いたのがスト破りの使用であったとするならば、それを港湾の外にまで拡大させたのは、中国人スト破りの存在であった。

騒然とする市中の動きに呼応するかのように、ＮＴＷＦは7月21日に内務省と商務省に宛てて要求を示した。それによると、中国人海員の雇用は「すべてのイギリス人の憤慨」を引き起こしている。イギリス人に対する

組織的な解雇が進行し、港湾労働者は「残忍なコサック的手法」によってスト以外の選択肢を奪われたのである。このように述べたうえで、1906年総選挙で南アフリカにおける中国人労働者問題によって政権を失った保守党と同じく、中国人海員がイギリス人海員を駆逐することを黙認した自由党も政権を失うであろうという警告がなされている[41]。

ここに現われているように、港湾の労働運動に抜きがたい中国人蔑視が見られたことは事実であろう。とはいえ、カーディフにおける「中国人問題」から、イギリス人のアジア人差別の傾向を指摘するだけでは、さほど意味があるようには思えない。そもそも港湾における「中国人問題」は、短期的にはストの円滑な進行を阻害するスト破りの問題であり、長期的には海員の労働市場の問題であった。だからこそ、争議の直前までは標的としてドイツ人が選ばれていたのである。その限りにおいて、想定されたスト破りが実際のスト破りと異なっていただけであったと言えなくもない。しかし襲撃は争議の現場に限定されなかった。しかもそれは、争議を他職種に拡大させる触媒の役割を果たした。

4　争議における「共同性」

1911年夏のカーディフにおける最大の特質は、海員ストが港湾全体に波及し、最終的には市内のゼネストへと拡大した点にあった。そこには、いわば「階級的連帯」の広がりが見て取れる。とはいえ、仮にそれが争議の成功をもたらしたとしても、その際には海員の労働市場のあり方のみにかかわるはずの「中国人問題」が、本来の範疇を越えて展開していったことが決定的な意味を持ったと考えられる。

その背後には、港湾争議とは直接関係のない「フーリガン」や「リスペクタブルな外見の男女」を含むカーディフ市民による積極的な支援があった。標的が海運会社などには向かわず、中国人経営の洗濯屋に向かったことからすると、彼らはストの大義に賛同したというよりも、その「共同性」から異質な存在を排除することに力を尽くしたと見るべきであろう。

第7章 1911年カーディフ港湾争議

　さらに、この連帯を陰で支えたのは、警察を含む市当局との間の、いわば目に見えない共犯関係であった。この点を明らかにするため、争議の暴力化と拡大に関して、地方当局が示した対応を見ておきたい。

　前述のとおり、市警本部長は、中国人労働者の存在がスト参加者を強く刺激したという認識を抱いていた。にもかかわらず、彼は7月20日の事件に関して「窓は破壊されたが、誰も傷を負うことはなかった」としか報告していない。また21日の事件についても、各所に警官を派遣したところ、組織的な秩序破壊は生じず、治安判事を同道して現場視察を行なったが、暴力行為を見ることはなかったと書いている[45]。ここでは、明らかに中国人洗濯業者襲撃の事実が無視されている。また争議終結後、市警本部長が市民の代表である警察監視委員会（Watch Committee）に説明した際、もっぱら強調したのは「仕事に留まりたい者に対して、ストに加わるよう説得するため、あちこち動いていた人々がかなりの影響力を発揮していた」事実であった[46]。カーディフ市警は、それに伴い発生した「平和的ピケッティング」の範囲を逸脱する行為の取り締まりを重視し、中国人洗濯業者の保護には相対的に低い位置づけしか与えなかったと考えられる。

　確かに中国人襲撃事件を通じて人的被害はほとんどなく、後にまとめられた被害総額が700ポンドあまりであったことからすると、このような認識と対応がさほど甘かったようには見えない[47]。市長の姿勢もこれに近いものであった。たとえば、7月25日にキャセイ公園で開催された約5万人参加の集会に関しては、「集会は静穏に進行し、弁士は群集に騒擾を起こさないよう促した」ことを強調するだけであり、集会後に散発していた暴動には一切言及していない[48]。

　もちろん、これが内務省向けの報告であったことを考えると、市内の状況を控えめに書いた可能性もあるが、市当局が全般的に抑制的であったことは否定できない。当初、市長は軍隊に依存することなく、労使協議を進めようとした[49]。しかし7月20日以降の一連の出来事が市長に軍隊派遣要請を決意させたことは、すでに述べたとおりである。ある地方紙はこの姿勢を指して、「人々を手荒く扱うことによってではなく、慎重な検討と実

171

務的な交渉によってのみ、労使間の問題を解決できる。善意と正しい扱いさえあれば、群集はおのずから秩序を守る」と高く評価した[50]。しかしこうした評価は、平和的ピケッティングに携わる労働者のみを対象としたものであり、中国人被害者の問題をまったく除外して下されたものであった。「善意と正しい扱い」は、後述するとおり襲撃された洗濯業者に適用されることはなかったし、被害者は「実務的な交渉」に関与できたわけではなかった。

しかしこうした市当局による穏便な争議処理の手法に関しては、警察や市長と同様の認識を共有しない関係者も存在した。たとえばカーディフ市治安判事は、年末になって、内務省宛に以下の報告を行なっている。

> 自分は、3週間にわたり、必要に応じて現場で暴動法を読み上げることができるよう待機する目的で、オフィスに深夜まで残っていた。……しかし警察は私を呼ぼうとしなかった。それゆえ、私は警察幹部になぜ無視をしたのかを尋ねた。何日も無駄にした後、暴動は小規模な出来事であり、警察は治安判事の召集を望ましいことではなく、不必要であると考えていたと知らされた[51]。

市当局はあくまでも警察力のみで暴動に対応しようとしており、これが治安判事には微温的に見えたわけである。

実際には7月21日に市警本部長はロンダ渓谷にいたフリース大佐に電話をかけ、市内の状況が極めて深刻なので、市長の名前で軍隊による支援を要請せざるを得ないと伝えていた[52]。その要請を受けて軍隊がカーディフ市に入ることになるが、市当局の不明瞭な争議処理を強く糾弾したのが、当のフリース大佐であった。彼は、争議解決後、陸軍省首脳に宛てて問題点をいくつか指摘している。それによれば、市当局・市警察と軍隊の間で十分な意思疎通が存在せず、指揮官はスト中の軍隊の配置に関して一切相談を受けなかった。そのため、緊急時に相互支援が効果的になされることはなかった[53]。軍隊がカーディフに派遣されたものの、それが有効に用い

第7章　1911年カーディフ港湾争議

られることはなかったのである。

　これとは別に、グラモーガンシャ警察長官も市の対応を批判している。彼は事態の深刻さを強調し、問題は「フーリガンとリスペクタブルな人々がいっせいに秩序破壊行動に出ていることである」と指摘し、「一般市民に対して、法と秩序を守る義務を促し、この目的のため、よりよい階級のものを組織することを呼びかける特別宣言」を出すよう求めている[54]。ここでは、中国人経営の洗濯屋襲撃という具体的な問題が捨象され、「よりよい階級」の組織化を通じて、「法と秩序」の一般論に市民の行動を回収しようとしている。中国人襲撃という事件は、治安当局の認識に大きな影響を与えなかったことになる。

　カーディフ市当局が争議終結後に採用しようとした路線は、実質的にここに示されたものであった。すなわち「一般市民」の組織化による治安維持であり、具体的には特別警官の大規模な任命である[55]。注目されるのは、住民による貨物列車襲撃から深刻な暴動が発生し、軍隊によって暴動参加者が射殺される事態にいたった南西ウェールズ・スランナスリの情勢に関する内務省の評価である。内務省はカーディフと同様に暴動が発生したこの町については、「特別警官は望ましくない」と判断し、共同体による自治的な治安維持活動に否定的な見解を示した。対照的にカーディフに関しては、多数の中国人経営の洗濯業者が襲撃されたにもかかわらず、こうした評価は下されなかった。これに応じて名乗りを上げた市民の数は8月下旬までに46名にのぼり、ウェールズでは突出した数になっている。それ以外に目立つのは、ニューポート18名、ペンブロークシャ15名、カマーゼン20名などであり、カーディフ市民の積極性が目立つ結果となっている[56]。

　このように、カーディフは、軍隊や首都警察のような外部の支援抜きに、いわば共同体として治安維持に責任を持つことを選択したわけである。こうした選択がなされたのは、争議中の当局の対応を批判する側も、非難の矛先をもっぱら「平和的ピケッティング」の取り締まりに向けていたことによる。争議の当事者であり、スト破り供給の張本人でもあった経営者団体の船舶連盟は、市当局と警察の比較的穏健に見える処理の手法を

173

強く非難した。それは内務省に対し、カーディフのゼネストに参加した多くの労働者は何ら不満を持つものではなく、「脅迫」によって、場合によっては暴力によって、強制的にストに加わらせられたと述べ、1906年労働争議法の不備とカーディフ市警察の不手際を強く批判した。これを受けて、内務大臣W・チャーチル（Winston Churchill）は、労働争議法の運用に関しては何らかの指針を与える方向で近く検討に入ると約束したが、警察の対応に落ち度を認めることはなかった[57]。しかし内務省でも、市当局の争議処理に関する苦情を深刻視する意見が強かった。そこで、チャーチルは、食糧品の市内搬入さえスト参加者の手中にあることを憂慮し、現状を「法と秩序の維持に失敗し、暴力による脅しと強制によってスト参加者の権利を認め」ていると述べるなど、暗に市の対応を非難する内容の書簡を、市長宛てに送った[58]。にもかかわらず、そこにも「中国人問題」に関する言及は一切見られないのである。

このように、中国人の被害に関しては、そもそものきっかけをつくった船舶連盟が何ら言及していないだけではなく、市当局の対応に批判的であった内務省も、カーディフ市当局の不手際とは認識してはいなかった。こうして、カーディフ争議の展開に決定な役割を果たした「中国人問題」は、対応を必要とする問題としては認識されないまま、放置されてしまったわけである。

もちろん、被害者が黙っていたわけではない。カーディフの中国人洗濯業者は、襲撃の直後から中国人通商信用協会を通じて、政府に損害賠償を求めるため、まず地方自治省に掛け合った[59]。同時に対応を求めた外務省からは、「中国臣民であれば、その利益の保護は領事館に求めるべきである。中国人を雇うイギリス臣民であれば、この種の問題は外務省ではなく、内務省によって取り扱われる」と指摘された[60]。地方自治省長官J・バーンズ（John Burns）からも内務省の管轄であると示唆された協会は、内務大臣チャーチルとの会合を要求した[61]。再三にわたり面会を求めた協会側に対し、内務省は「財産保護は市当局の任務であり、損害賠償を求めるならば地方警察当局に申し出る」よう、そっけない返事を送るのみで

第 7 章　1911年カーディフ港湾争議

あった。その後も内務省は、争議中の被害に関してはすべて地方警察当局の任務であるという姿勢を崩さず、中国人からの賠償請求に関してなされた自治体の決定には、一切口を挟むことはできないと釘をさしている[62]。

　中国人被害者に対する補償にはどの関係者にも冷淡な対応しか見られなかったのに対し、市の治安維持に関しては内務省・市当局のみならず、カーディフ市民の多くも積極的な姿勢を示した。ここから、中国人被害者を前にして、スト参加者・市民・治安当局に共犯関係があったことが見て取れよう。中国人襲撃は全国レヴェルでは対応が必要な問題としては処理されず、あくまでもローカルな問題にとどめられた。だからこそ、逆にカーディフにおいてはストの展開を決定付ける役割を果たすことになった。

　ただ、こうした動きをレイシズムの文脈のみで理解するのは十分ではない。カーディフ市民の標的となったのは、中国人だけではなかったからである。軍隊に先立ってロンドンから呼ばれた首都警察も、市民によって繰り返し襲撃されていた。7月21日の事件の際には、彼らに向かって「コックニーをしゃべるならず者」というやじが叫ばれた[63]。襲撃者たちにとっては、ロンドン訛りも外部の敵を識別する指標なのであった。

　また、より消極的な意味ではあるが、カーディフ市民の連帯が外に向けては開かれていなかったことを示す事例もある。ロンダ渓谷ではカンブリアン・コンバインを中心に、前年から炭鉱労働者がストを行なっていた。彼らはカーディフ・スト委員会に対し、自分たちの不満が解決されるまで、ストを継続するよう呼びかけたのである。いったんスト委員会によってこれが承認されたという噂が流れたものの、実際にはロンダ渓谷との共闘は成立しなかった[64]。このような対応を示し、争議を成功させたカーディフの港湾労働者が、翌年のロンドンからの呼びかけに応じなかったのは、まったく当然であったと言えよう。

おわりに

　1911年カーディフ港湾争議は、最終的に市内ゼネストの様相を呈した。食糧供給までスト参加者の手中に落ちたことで、市当局に妥結に向けた圧力がかかり、経営側から大幅な譲歩を引き出し、すべての港湾労働者を包括する妥結が成立して、終結した。ここでは、軍隊や警察が物理的に労働者の抵抗を排除するために用いられる局面はほとんどなかった。市長と市警本部長は、市内の各種業者から内務省に寄せられた警察の不手際に対する不満の声に細かく反論している。しかしピケッティングの際に「脅迫」があったという申し立てに対し、「警官はそれを目撃しなかった」と弁明するなど、予防措置にまで及ぶ警備体制を敷いていたわけではなかった[65]。

　労働組合として運動が、争議の基本的な前提を提供したことは間違いない。しかし逆にその枠組みに限定されなかったことが成功をもたらしたと言える。そこで重要だったのは、イギリス人の雇用を奪う中国人、警察に保護され、スト破りをするために夜間に隠れてドックに連れて来られる中国人、あるいはロンドン訛りで無関係の市民を小突き回す首都警察といったイメージの果たした役割であった。タッパーの演説に始まるイメージ操作は、標的を横滑りさせ、市当局の動きを制約し、もともと労働運動に対しては敵対的な論調をとっていた『ウェスタン・メイル』のような地方紙にも、カーディフ市民の行為の正当性を表明させることに成功した[66]。

　このように見ると、20世紀初頭までにウェールズ語話者の比率が激減し、伝統と固有の文化に依拠した共同性を維持することが困難になっていたカーディフ市民にとって、わかりやすい身体的特徴を備えた外部要因は、自らの共同性を再定義するにあたって、極めて有効に作用したと考えられるのである。労働運動はここを捉えて「階級的連帯」の勝利を叫んだのであるが、因果関係はむしろ逆なのであって、少数者の排除を通じて達成された争議の勝利こそ、外見的な「階級的連帯」をもたらしたと言うべきであろう。しかし市当局との関係や1912年の対応が示すように、その射

第7章　1911年カーディフ港湾争議

程は地域的な共同性を越えるものとはならなかったのである。

註

1) 拙稿「労働不安とロンドン港の労働組合運動」『西洋史学報』14号、1988年、31－52頁。
2) 拙稿「1912年ロンドン港湾ストライキ」『史学研究』187・8号、1990年、113-134頁。
3) 拙稿「襲われるユダヤ人／襲うウェールズ人 —1911年トリディガーにおける反ユダヤ人暴動—」岡住正秀ほか（編）『たたかう民衆の世界 —欧米における近代化と抗議行動』彩流社、2005年。
4) H.A.Clegg, *A History of British Trade Unions Since 1889*, vol. II, Oxford, 1985, p.33.
5) *South Wales Daily News*, 12,13/7/1911.
6) Cardiff City Watch Committee, *Minutes*, 10/8/1911; *South Wales Daily News*, 19/7/1911.
7) *South Wales Daily News*, 20/7/1911.
8) *South Wales Daily News*, 19/7/1911.
9) Cardiff City Watch Committee, *Minutes*, 10/8/1911.
10) *South Wales Daily News*, 21/7/1911.
11) *South Wales Daily News*, 22/7/1911.
12) *South Wales Daily News*, 22/7/1911; *South Wales Daily News*, 24/7/1911.
13) *Times*, 29/7/1911.
14) K.Coates and T.Topham, *The Making of the Labour Movement*, Nottingham, 1994, p.361.
15) PRO, HO45/10649/210615/77.
16) J.Lovell, *Stevedores and Dockers*, London, 1969, ch.2.
17) M.J.Daunton, *Coal Metropolis Cardiff 1870-1914,* Leicester, 1977, pp.182－3.
18) E・J・ホブズボーム、鈴木・永井訳『イギリス労働史研究』ミネルヴァ書房、1968年、第11章。
19) M.J.Daunton, "Inter-Union Relations on the Waterfront: Cardiff 1888-1914", *International Review of Social History*, 22－3, 1977, p.370.
20) *South Wales Daily News*, 19/7/1911.
21) PRO, HO45/10649/210615/82.
22) *South Wales Daily News*, 21/7/1911.

II部　社会の分節化と個

23) *Times,* 22/7/1911.
24) *South Wales Daily News,* 24/7/1911.
25) Report on Strikes and Lock-outs in 1911, *PP* 1912, Cd.6472, p.150.
26) *South Wales Daily News,* 24/7/1911.
27) *Times,* 24/7/1911.
28) *South Wales Daily News,* 24/7/1911; *Times,* 25/7/1911.
29) *Times,* 29/7/1911.
30) *South Wales Daily News,* 8/7/1911.
31) *South Wales Daily News,* 17/7/1911.
32) NUS, *The Story of Seamen,* London, 1964, pp.15-16.
33) A.Marsh, *The Seamen,* Oxford, 1989, p.71.
34) Coates and Topham, *The Making of the Labour Movement,* p.541.
35) Daunton, *Coal Metropolis,* p.182.
36) E.Tupper, *Seamen's Torch,* London, 1938, pp.40 − 1.
37) Clegg, *A History of British Trade Unions,* vol. II, p.34.
38) Marsh, *The Seamen,* p.56.
39) PRO, HO45/10649/210615/77.
40) *South Wales Daily News,* 21/7/1911.
41) PRO, HO45/10649/210615/111.
42) PRO, HO45/10649/210615/81, p.2
43) PRO, HO45/10649/210615/81, p.1
44) PRO, HO45/10649/210615/82.
45) PRO, HO45/10649/210615/111.
46) Cardiff City Watch Committee, *Minutes,* 10/8/1911.
47) PRO, HO45/10649/210615/137.
48) PRO, HO45/10649/210615/91.
49) *South Wales Daily News,* 20/7/1911.
50) *South Wales Daily News,* 7/8/1911.
51) PRO, HO45/10649/210615/141.
52) PRO, HO45/10649/210615/81.
53) PRO, HO45/10649/210615/123.
54) PRO, HO45/10649/210615/87.
55) PRO, HO45/10659/212856/38.
56) PRO, HO45/10659/212856/1a.
57) PRO, HO144/5491/212614/30.
58) PRO, HO45/10649/210615/100.

第7章　1911年カーディフ港湾争議

59) PRO, HO45/10649/210615/92.
60) PRO, HO45/10649/210615/112.
61) PRO, HO45/10649/210615/105.
62) PRO, HO41/34/343, 496.
63) *South Wales Daily News,* 24/7/1911.
64) PRO, HO45/10649/210615/91.
65) PRO, HO45/10649/210615/111.
66) *Western Mail,* 11/8/1911.

Ⅲ部　個の揺らぎと国民化

第8章　フランス革命の共同性と公共性
　　　　──宗教・教会史を軸に──

　　　　岡　本　　　明

はじめに　共同性と公共性

　斎藤純一『公共性』（岩波書店）は、共同性と公共性の違いを「閉じた領域をつくるのか、誰もがアクセスしうる空間であるのか」の点に求めたが、短く言い当てた表現である[1]。これを、成員「個人」を含め、またギルド、バイヤージュなどの存続したフランス近世の土俵で論じ直すと、共同性は、対内的にはこれらの共同体に属し共通利害・意識をもつ成員とこれを包含する組織の関係であり、それは同化の関係とみてよかろう[2]。また外部世界に対しては、排他的な関係として存在するが、それら総体を問うことが共同性の課題である。要するに共同性は問題が個別的に遍在している。

　近代の共同体は、国家が人的構成の総称である国民にとっての究極的な共同圏であり、法的にはまずその規範に入る点で近世のそれとは異なるが、その中になおさまざまな個別共同体が存在しており、ここに個人も包まれる。近代「市民社会」も一つの思念された共同体であり、市民社会論は封建的、より厳密には絶対王権と相互に支え合う社団の規範から解放され、国家と直接対峙する個人を想定する。そうすることにより、成熟した個人・市民社会を現出した国家とそうでない後進国家との対比を話題にしてきた。しかし、現実にフランス革命でも公共土木官は存続し、ユダヤ人長老協会のような中間団体は帝政期に復活した。国家と個人が直接向き合う関係とばかりいうのには無理がある[3]。その上、市民社会論を経済学的に解剖する純粋培養的な概念である「局地的市場圏」の有効性が疑問視さ

183

Ⅲ部　個の揺らぎと国民化

れ、またその論理からは20世紀帝国の問題を射程の中に含めることができず、その外延は国境を越え得ることなく、ナショナリズムに吸引されると思われる[4]。

翻って公共性論は、権力と私的人格との間には多層的な中間圏が横たわるとの認識に立ち、個と国家を無媒介的に対峙させる市民社会論特有の無機質な近代像に転換を求める。中でも歴史学での公共性論は、啓蒙主義・フランス革命という具体事象に素材を見いだし、独立と建国期のアメリカ、スコットランドを楕円の中に含むイギリスの改革思想、革命からナポレオン帝国へと時間的空間的拡大を示す。サークル、出版、結社での情報の送り手と受け手間のコミュニケーション、それらにより培われる連帯意識が公共性を創出する。伝達手段の拡大により、人間の公的存在と私的性格が交わる領域で国境を越える思想の公共圏を生み出す。

それはさらに帝国に服属する民族のナショナリズムを孕み変容する[5]。その中にあってカトリック教会は、信仰の共同体として国家を越えると見なされる反面、ナショナルな性格を帯びた共同体であり、最大の中間団体でもある。近世フランスのガリカン教会は、フランス王権・ローマ教皇との関係で独自の国家的性格を刻まれ、フランス革命でのカトリック教会史も、立憲化されたガリカン教会をスタート点としている[6]。

世俗性とカトリックをめぐる研究史では、世俗公共性とカトリシズムとをアンチテーゼとして捉え、革命から第3共和政までを俯瞰する傾向が一方にあるが、これにたいして、最近、教育史に両者の相互補完的関係を見いだし、教会もまた教育という中間的公共圏を創出する上で役割を果たしたことを主張する考え方が出されている[7]。

カトリックでは、内面の信仰の自由を初発の動機としながら、その帰結であるとともに、また「公共圏に否応なく入り込む」礼拝・祭祀の自由が問題になる。宗教と公共性は、一方で緊張を伴いながら、グレゴワールが案出した新しい市民公共圏の創出による両者の共存もまた考察対象になるのである[8]。1789年人権宣言も幸福をめぐる世界観の大転換を示すとは言え、「宗教的意見さえもの自由」(第10条)で保障しており、カトリック教会の

第8章　フランス革命の共同性と公共性

地位のまだ公式に定まっていない段階での控え目な表現である上に、カトリックに公的宗教の地位を承認しようとの議論を憲法に先送りした結果である一方で、「良心の自由」に包含することにより、公共性の一角を占めることを暗示していると見なすことができる[9]。本論はフランス革命期からナポレオン統領政期までに絞り、「共同性」を体現するカトリック教会にたいして、いかに公共圏がこの時期に構想されたかを論じ、そこで示される公共性のありかたを考察する。その際、権力が公的世論を先取りしたり、後おいする局面をも公共性として把握したい。

1　教会と公共性・共同性

(1) 聖職者民事基本法

　カトリック教会はまさに、絶対王政期の社団のひとつであり、革命によって社団ではなくなったが、絶対王権と結び付きのない（なくした）中間団体は、たとえばナポレオン期にユダヤ人長老協会のように復活したが、なによりもカトリック教会そのものが、教育・道徳を宣布して住民を組織することを考えれば、国家と私的個人の間の中間ゾーンに位置した。

　1790年7月の聖職者民事基本法に代表される立憲教会制は、ガリカニズムの極地であり、政府権力の手で公共性を持たせるものであった。この制度は、国の儀式をカトリックで行い、国王のもとに告解師を置き、聖職者に公務員としての地位を保障する一方で、外的表徴をたてての祭祀・礼拝を認めた。私的信仰の自由といっても、それは信者を互いに切り離すのではなく、信仰の自由で結ばれる「共同性」に立脚していた。ガリカニズムの極致とよんだのは、信者と教徒の関係に画期的側面がみられるためであり、両者は選挙制度という旧体制とは異なる原理下で共同性を維持した[10]。

　1791年8月9日、タレーランは憲法第1編2条に倣い、祭祀の自由により「聖職者を市民社会に結合」させ、世俗の有権者が聖職者を選出することにより、相互の絆を強めると説明した。この立法処置は、しかし立案者の意図を越えて事態の複雑化をもたらす[11]。

有権者は能動市民に限定されていたが、それでもこの選挙制度は、聖職者世界に世俗性・公共性の照明を当てることになる。「国家と教会の分離」でいえば、絶対王権の解消によりこれに付随していた教会特権を消滅させ、国家・教会両者の管轄の重なる領域での国家の優越性を確立した点では分離を果たした。しかし、聖職者＝公務員という資格付与によって「教会を国家の中においた」点は、非分離の部分を残すことになった。中間団体と公共性に引き寄せて言えば、この立憲教会は「革命により創造された中間団体」にあたり、教徒は信者の選挙によるのであるから、一般に信者個人は革命前の関係とは異なる結合形態のもとで存在することになった。次に公共性は、祭祀・礼拝は私的でなく共同的に公共空間に向けておこなわれるので、「聖職者の公的使命と信仰の自由の名でこの中間団体を覆って存在する」ことになった。しかし中間団体が公共性にたいして持ち出す問題があった。それは宣誓拒否聖職者が王党派の言辞を弄するか、王党派と目される人物との結託という人的結合の具体面であり、この場合、かれの施行する礼拝が礼拝の自由の名で擁護されるのか否かの問題が生じた。

現に1791年4月中旬、パリ中央左岸のテアタン教区教会で宣誓拒否聖職者が祭祀を行い、王党派の巣窟となっているとの噂が拡まり、のちの山岳派議員のオスランら左派セクションの市民が宣誓拒否聖職者の担当教会の閉鎖と祭祀の禁止を求めた。保守穏健派のバイイの市当局とパストレの県会当局は祭祀の自由の名でのかれらの祭祀を擁護し、立憲議会も宣誓拒否聖職者に「立憲聖職者の教会で」祭祀を行う道を許した[12]。

（2）ジロンド派の政教分離

立法議会期には、この弥縫策は長くは続かなかった。1791年10月26日、立法議会でジロンド県出身のフランソワ・デュコは「信仰の自由のみ」を主張し、教会を国家の中に置くのではなく、国家からの分離こそが必要であると述べ立てた[13]。公共圏から中間団体としての教会を除く考えがここに興り始めた。分離問題と礼拝の制限の問題は通底していたことになる。このデュコの「国家・教会分離論」にたいして、ジャンソネは、先に1791

年1月23日、ボルドー市当局総代として、聖職者民事基本法の誓約条項に従い、聖職者への宣誓の強制的性格を擁護し、3月16日には聖職者民事基本法を、教会から「宣誓を拒むなどの世俗的権力」を奪い、祭祀を本来の簡素な姿に戻しても、信仰は妨げられることはないとした[14]。ヴァンデー反乱の調査を行った後の10月9日、かれは宣誓拒否聖職者が反乱にかかわった地域では、騒擾の背後にいる貴族の謀議を抑えるなどして、信徒への教化を図り、「公共精神」を高める途をとるべきとした。ジャンソネはまた、11月3日、「宣誓拒否層のもとに従う民衆からは礼拝場所の移動で、立憲聖職者への不当な妬みと苛立ちが生じ、憲法への攻撃さえも許している」現実を憂慮して、祭壇の業務と祖国奉仕の両立を説き、聖職者を憲法に縛る聖職者民事基本法への宣誓（serment）強制を再び主張した[15]。

さらに、ジャンソネはフォーシェの≪宣誓廃止論≫を批判し、「かれのいう《宣誓の廃止》は間違いではすまぬ処置であり、これまでになくされたものとはいえ、特殊誓約である修道誓約そのもの以上に、公然かつ直接的に多様な宗教上の意見の自由を攻撃することになる」とした[16]。本来の宗教の自由を得るためには、民事基本法への誓約の徹底こそが必要と説いたのである。これを受けて1791年11月29日、立法委員会（フォレスチエ委員）の報告に基づき、宣誓拒否聖職者＝前年11月27日法による宣誓への強制を拒否した聖職者にたいして年金・俸給は支払われないこととなった[17]。この法律は宣誓拒否聖職者の公共圏での炙りだしであり、先の立憲議会の彌縫策の弱点を除くことであった。またこの立法処置は、よくみれば県会・ディストリクト当局等の地方行政機関に、宗教的意見が原因で騒乱が起こった場合、コミューン在住の宣誓拒否聖職者を、布告により民事裁判所へ告発するか、普段の居住地から暫定的に隔離する権限を与えた（第7条）ので、いわば行政機関を公共圏に引き込む意味をもった。

さらに、この議会審議で公共圏の内実も固まり始めたのが注目される。すなわち、かれらから奪われた年金が、貧民の慈善事業と健康を害している貧民への医療に充てられるとした（第5条）ことである[18]。これは5月27日の、能動市民20名以上の告発による宣誓拒否聖職者の国外追放の、ブ

III部　個の揺らぎと国民化

ノワストンの提案の議会決議へと続く。この時、署名を知らない能動市民のためにディストリクト書記による請願文の朗読までも便宜としてとられた。それは8月26日の宣誓拒否聖職者の1週間以内の県外への転出、2週間以内の国外退去命令への前段階であり、居住権の否認による公共圏からの締め出しが具体化することになる[19]。

(3) 民事局面―公共圏からの後退

　しかし、次の局面で事態はより深刻となる。解散直前の1792年9月20日立法議会で、戸籍に関する法律が議決され、宣誓拒否聖職者に代わって、立憲聖職者が結婚・出生・死去の儀式を受け持つことになっていた[20]。しかし、この法律は宣誓拒否聖職者そのものの摘発ではなかった。パリを例にとっても、「9月虐殺」後も、8月26日の先の法令にもかかわらず、宣誓拒否聖職者が密かに続けている祭祀を市当局は放置せざるを得ず、かれら拒否聖職者による死亡届も、死者が宣誓拒否聖職者による臨終儀式を行った場合もそれが無効か否かを糺すことなく受付けていた。拒否聖職者側からは、身元を隠して届け出ることがあり、結婚届についても同様であった。この戸籍民事化に関する法律は、そこで収拾されるものではなかった。戸籍管理業務などの民事上の職務を聖職者から奪うことは聖職者の公的有用性を奪い、公務員としての意味を小さくすることであった。

　1792年9月27日、国民公会でカンボンは、非宣誓聖職者の反革命派との結託を理由とし、聖職者への減俸（年金の1000リーヴル以下への減額も）を、また11月15日には、俸給の廃止・年金のみの支給を提案する。この提案はむろん、財政的要請に根拠があったが、聖職者の存立をもう一度、根底から問い直す契機になった。その意味で1792年の秋は重要局面であった。この提案にはシャボの賛成があり、かれは「給料を払う宗教があるということに、宗教的意見によってさえ（少数宗派者が）不安を覚えることがあってはならぬとの人権宣言箇条を侵すもの」としたが、クールトワの「他の生計手段がまだ考慮されていない現段階では、善き法の使徒・立憲聖職者にたいし国民を忘恩の徒にしてしまう」との主張で否決された[21]。

しかし、直後の11月17日には、国民公会は聖職者の結婚を承認し、その際の条件として、市町村住民に結婚聖職者への俸給を実質的に負担させる住民税の徴収という代償処置を伴わせた。これは聖職者も市民と差異なく妻帯という世俗生活を送ることであり、そうであるなら、政府が俸給を聖職者に捻出する制度の廃止は時間の問題となろう[22]。

（4）フォーシェの聖界・俗界両立論

次に、革命前、在俗聖職者となることを期待されながら僧院長となり、革命中も俗界と霊界の聖職者を兼ねたフォーシェに注目してみる。ブールジュの主任司祭職兼モンフォール＝ラコヌの修道院長から転じて1780年代後半に国王の懲戒師になったことから宮廷生活を知悉してしていた。このことは、1788年以後、その乱費を非難しただけでなく[23]、1791年6月の「ヴァレンヌ逃亡」に敏感に反応し、国王を度し難いとすることにも繋がっていよう。

革命中のかれには、「革命への貢献」を自ら実践し、立憲教会の堅持を訴えた立憲聖職者の像のほか、市組織法の策定にコンドルセとともに貢献したパリ・コミューン代議員の像、パレ・ロワヤルのフリー・メーソンを「社会サークル」の名をとる政治クラブに変えたサークル人（ジャーナリスト）、立法議会・国民公会議員の像がある。1791年秋、カルヴァドス県選挙人会から圧倒的支持で立法議会に選ばれたが、それは、宣誓拒否聖職者への微温的なフイヤン派の県行政府と、宣誓拒否聖職者のミサ挙行権を認めない県民多数派の対立の中での選出であった。フォーシェは、任地の説教壇上では僧帽を被り、立法議会では脱いだといわれる[24]。このことは説教壇では可視的に存在している「教会公共性」の中で語りかけたのであり、議会では教会なき「世俗公共性」に生きようとしたことを意味する。

だが、1792年夏からの民事の脱教会化はこの生き方を困難にした。客観的にみても、ジロンド派内で聖職者・摂理を巡る意見の不一致を露呈した。1792年4月下旬、ガデは議会で、ブリッソやゴルザは新聞紙上で、それぞれ、ロベスピエールやパリ司教ゴベルの「道徳革命」を一蹴し、「摂

189

理を持ち出すのは真の愛国者のすることではない」と反論した。他方、フォーシェはロベスピエールとは摂理の中身を異にしつつも、摂理そのものには執着を示した。ジロンド派、フォーシェのいずれにも共通のことは、教会から民事が離れる途上で立憲聖職者を公共圏に繋ぐ有効な方法を提示しえなかったことであった[25]。

　フォーシェは旧体制の聖界の紊乱を目にし、良心の呵責を感じつつ民衆説教に努めただけあって、聖職者と俗人の境界を認識していた。この境界線を認めた上で両世界を生きようとしたのがかれであった。俗事に世俗人として対するその姿勢は、あくまで聖職者として留まろうとするグレゴワールとは異なっていたが、聖職者の結婚に反対の点ではグレゴワールと同じであった[26]。聖職規律の刷新が妻帯にあるのでなく、逆に妻帯に聖職規律の弛緩を見てきたかれは、禁欲こそが刷新を意味するはずである[27]。1793年になっても聖職者の妻帯に反対の声をあげ続けたため、モンターニュ派の反感を買うことになる。

2　ロベスピエール

(1) 信仰の自由

　まず、かれの個人観をみる。ロベスピエールが、フォブール・サン・マルセルの一角にある1792年以後のフィニステール区の国民衛兵司令官ラゾウスキーを、ポーランド出身であれ、賞揚したことは知られている。近隣貧民の生活の面倒を見、清貧に甘んじ、愛国的決起のお手本を示したのが、その理由であった。またより広くは、フォブール・サンタントワーヌ地区にパリ全体の突角、革命の危機を鋭敏に受け止める探査機の役割を見いだした。フォブールは、ロベスピエールにとり中間団体ではなく公共圏を支える革命構図の重要な一角を構成していた[28]。

　ロベスピエールの「平等」は、平等主義一般への解消ではなく、法的平等を政治的平等へと読み替え、さらに一層深い次元に進めた「市民の資質としての平等」と定義した。また自由は、言論・出版の市民的自由から発

第 8 章　フランス革命の共同性と公共性

した政治的自由、それを起爆剤に実現する革命政府の自由にあることを衝いた。宗教・公共圏の問題でそれはどのような論理的形をとるか。それはどのような内面的自由に裏付けられた市民像を探ることである[29]。

　1793年11月21日、ロベスピエールは「信仰の自由」を擁護する演説をジャコバン協会でおこなった。この時、ロベスピエールは11月10日に挙行された理性の崇拝と、国民公会で審議中の、聖職辞退者への年金問題（広くは俸給削減問題）を念頭に置いていた。

　ロベスピエールは、議員が彼らの公務員としての献身を信じてもらえば、彼らは諸君に満足するであろうが、諸君の方ではそうはいくまいと推測し、「聖職者たちは、これまでずっと貰ってきた 7 万リーヴルという憲法にもとづく恩恵（=bénefice constitutionnel）にしがみついてきたが、それが通常規模都市の司教むけの額に相当する6,000リーヴルの年金に引き下げられるや、フイにしたと悔やみだし、今ではその代償を得たがっている」とし、「恐れるべきはもはやかれらの宗教的狂信ではなく、政治的野心である」と強調した。さらに、ヴァンデーの反乱はこの地を治めてきた王党派との結託という政治的原因によるものであり、祭壇そのものではなかったとする[30]。財政上の立場からのカンボンやフォレスチエの提案を前にして、信仰を、聖職者の政治行動＝反公共的行為との公共圏次元の行為そのものからは切り離し、その自由じたいは保証すべきであるから、あくまで財政的裏付けは与えるべきであり、それを取り払うことは、聖職者への攻撃を一層、危険な方向に向かわせるであろうと警告した。

　この警告は、財政上の問題を離れた場でも、かれが啓蒙思想の「形而上学」に反対し、信仰の自由を攻撃する誤った啓蒙思想の新しいファナテイズムを、「貴族精神」・「偽善」と言い表していることによっても裏づけられる。それに加えて、この問題での公人の責任を強調する。

　　啓蒙思想をとる者はみな、私的個人としてはだれでも自分の気に入る
　　意見を採り入れることが許される。それにたいし犯意を企てる者はだ
　　れであれ、ひとえに非常識の輩である。だが、公的人格や立法者でそ

のようなシステムを採ろうとする者がいれば、それは百倍の不謹慎といわれてしかるべきである。国民公会は決して単なる書物の著者ではなく、形而上学的システムの制作者ではない。諸権利だけでなくフランス人民の性格を尊重することを託された政治的・民衆的団体である。先に《最高存在 l'Être suprême》の面前で人権宣言を布告したことを何ひとつむだにすべきでない[31]。

(2) 宗教と道徳—融合

ところが、1794年5月7日、公安委員会の名でおこなったロベスピエールの演説「最高存在の崇拝」、厳密には「宗教・道徳理念と共和主義的原理の関係と国民祭典について」は、私的なカトリック信仰の自由から大きく踏み出す。この演説では古代の快楽主義と禁欲主義の間でとった偉人たちの態度への言及が目立つが、その連環上で革命期党派争いの背後に神的なものへの尊崇の念の有無の問題を探り当て、さらに聖職者一般を論難して、「最高存在の真の聖職者は自然である（が）、自然の神は現実の聖職者のものとはあまりにも異なる。聖職者が道徳を説くのは、インチキ医者が医を説くのと同じである」と断じた[32]。そのうえで、「最高存在の祭典」をおこなう根拠を、児童の教育は私人の情愛や「家庭の連邦主義」から隔絶し、共和国が引き受けるべきである。徳の心を体感するのは集団的祭典においてであり、市民はそこで共和国の崇高な理想と互いの道徳的向上心を確信し合う。児童もまた女性市民を介してその感動を共有するとしたのである。

信仰・礼拝の個別的自由が完全に忘却されたのではないが、宗教を公的道徳と結びつけ、領域を高次元—国家の公共圏に引き上げ、市民の集団的改造を目指しているといえよう。

ロベスピエールは結局、ジャコバン的公共圏つまり、国内の政治的自由を革命政府の自由につなぐ独自の公共圏に、外国出身者を愛国的市民の模範となる限りは抱合した。しかし、国境を越えた公共性を想定しえなかった。最高存在の崇拝に関する演説でも、最高存在が隣国の人民の前にもあ

るのではなく、「時代と国に関係なく、圧政者を倒した人民は、共和国祭典に参加してよい」[33]としたのであった。それは戦争の圧力下にカルノーが物的動員を担当したように、ロベスピエールも精神の動員というより「精神の凝集」を目指さざるをえなかったからであり、そうして創られる新生国家がかれの共同性の究極領域であった。

3　グレゴワールと教会再建—「自立」による「統合」—

（1）テルミドール期までのグレゴワール

　プロンジュロンは「政治的節操と一貫した教会政策を追及した」グレゴワールに高い評価をくだす。これまでの研究でグレゴワールは、テルミドール派主勢力の宗教政策とは距離をおきつつ、後期宣誓派の司教層を率いて、市民生活の共有空間での礼拝の自由を求めたことが知られている[34]。今少し、革命初期までかれの信仰観を溯ってみる。

　グレゴワールは聖職者民事基本法を基本的には擁護し、「宣誓の強制は良心の自由を脅かすものでない」としたが、俗人有権者が俗世の選挙人会で聖職者を選出する制度には、「長老派的教会」として批判的であった。現にそれは、聖職者世界の分裂を引き起こし、政治的対立に翻弄される脆さをまざまざと見せつけた。他方、模範的に一身の中に「聖職者—市民」を体現しようという気持ちは強かった[35]。

　すでに1791年6〜7月に王政反対を表明していたグレゴワールは、8月10日事件に際して、「死せる市民に捧げる演説で蜂起の共和派と、専制支配にひしがれた国民諸階層をキリスト教精神が慰める筈である」と述べているところから、共和革命を受け入れていることは明らかであり、これにキリスト教のお墨付きを与えたといってよいであろう。死者の慰霊は、背面に控える国民諸層を専制から解放した記念的事件、その大義への共鳴として示されるのである。しかし同時に、「篤い信仰心の支えなしに社会建造物を強化すると言い張る立法者は、いかにその罪多い動機を抱き狭い視野であることか」と述べ、変革が信仰に裏打ちされていなければならない

ことを説いている[36]。共和革命の公共圏のシンボルである結婚・埋葬の民事化、聖職者自身の結婚はかれにとり理想の蹂躙であった。民事からの聖職者の除外を深刻に受け止め、同時に聖務内容の「脱宗教化」に抵抗した。

共和革命によって動揺した立憲教会制度を、自らの求める立憲共和主義と結合しようとした点でフォーシェとは共通していた。しかし、フォーシェが立憲教会を前提に世俗と聖界のそれぞれの世界の共存を図りつつ、自らは分離した世界にそれぞれ身を置こうとしたのに引き換え、グレゴワールはカトリシズムの自存を認めながら、これで共和主義的事件を祝聖しようとし、積極的に統合することを悲願とし、自ら公共市民的聖職者の模範を示そうとした。

グレゴワールはこの立場を、共和革命以後、財政面の制約処置への抵抗と平等主義的攻勢の両面に抗して示そうとしたのである。1792年11月7日、パリ立憲司教ゴベルへの辞職強要のための国民公会召喚に際して、辞職強要は政治権力が介入すべき問題ではないとしたのがその現れである[37]。さらに、1792年11月20日のカンボンの聖職者俸給廃止提案に反対して、これを退けたのも当時の議長グレゴワールであった。前者は性格上、93年的状況の前兆であり、後者は1795年テルミドール派による対聖職者攻勢の前触れであった。グレゴワールは、これらを聖職の独立・政治的衝撃からの解放で凌ごうとした。

しかし1792年秋には凌ぐことのできたこの衝撃は、1793年に強まる「聖職者という存在じたいが平等精神に反する」とする平等民主主義の圧力となって聖職者にのしかかることとなった。この状況下でグレゴワールが、「キリスト教信仰から遵法精神が直接引き出される」と主張し続けることは、あくまで政治の圧力からの聖職の解放を意味した。

またテルミドール後、グレゴワールが「ヴァンダリスト」＝啓蒙の簒奪者として非難したロベスピエールの最高存在の崇拝は終わったが、習俗刷新を継承した新たな「最高存在崇拝」が挙行された。ここでグレゴワールをテルミドール派の一人と位置づける根拠もある。例えば、1794年9月29日に陽の目を見る国立工芸院（Conservatoire des Arts et Métiers）の設

第 8 章　フランス革命の共同性と公共性

立案は、市民を禁欲的モラルから解放した上で知的技術的能力を開発するとするテルミドール派の論理に沿っている。しかし、同派支配下の国民公会で旬日祭典、勝利を称える市民祭典は続けられた[38]。これに一定度、カトリック聖職者は参加したものの、グレゴワールにとりまだ順風とは言えず、1796年末までは状況は厳しいものであった。

（2）総裁政府期のグレゴワール

　当然のことながら、総裁政府期のグレゴワールの宗教・国家観はジャコバン独裁のそれとは違っていた。道徳観念として「民主政」でなく共和主義と言う言葉を好み、これが信仰の基礎にあるものとした。カトリック信者と共和主義市民の融和が一独立人格の中で行われ、信仰告白をする信徒により選ばれる聖職者が、司教区会議・全国司教会議に参加すべきであるとして、教会は組織性と規律性、すなわち共同性を回復することが期待された[39]。

　そもそも司教区会議は、司牧上と聖職者自身にかかわる規律を維持するため司教座司教が司祭・教会参事会員らを各司教座に招集する会議でありながら、18世紀の初期以後、下級聖職者は集まっても意見は反映されず、司教の意向を記す会議になったといわれ、さらに世紀後半期には会議招集さえみられなくなった。1794年以後はこの隙間を埋めるため、意志の相互伝達手段として教会の再興が求められたのであった[40]。

　かれにとって総裁政府期の課題は、幾重にも襲った教会分裂の修復であり、政府が礼拝・祭祀のための施設を聖職者・信徒に返還するよう働きかけること、その施設を公共空間として生かすことであった。一種の「集団指導制」(concertration ou collegialité)で導かれる世論が教会再建の礎であった。他方で、彼は総裁政府への戦術的判断と聖職者のアイデンテイテイの擁護の間で逡巡したが、それを聖職者の具体像に踏み入り、あくまで共和主義聖職者の名誉回復を掲げることによりくぐり抜けようとした。それが市民的自由と並ぶ信仰の自由の回復を意味した。テルミドール体制に忠誠契約をした1795-99年の立憲聖職者は、もはや選挙制度にもとづいて

III部　個の揺らぎと国民化

いない分、ブルジョワ市町村当局との協調関係を強めたが、それはおのずと世俗権力を頼る（presbitaire）傾向となって現れた[41]。グレゴワールは哲理的な市民宗教の創出には向かわず、1797年の総裁ラ・ルヴェリエール・レポーの敬神博愛教を「教皇庁の新手の道化の担いだ宗教」という意味で断罪した。「哲理によって政府の苗床に蒔かれた無政府の種が教会にも撒き散らされ、とりわけ教会分裂で助長され、現在、長老教会主義・世俗主義が教会を律すべき最も神聖な規則を踏みにじっている。教会は自らの統治機構をもたないも同然である」。「もし数いる司教が叙階や堅信の儀式のためにも全く必要とされぬ場合は、その執行にはごく少数の聖職者が求められるだけになろう。その者が権威を及ぼそうとする時は危険抜きにはすまぬであろう」[42]。

ここにはまだ第一統領のローマ教皇庁との和解の動きについての反応は伺えないが、コンコルダ体制—いま一つの「長老教会制度」—を目前にしたグレゴワール独自の道があった。すなわち、自己を律する独自組織としての教会と、教徒相互の水平的な、また教徒と信者の失われた共同性を回復することであった。中間団体とその共同性をまるごと公共圏に取り込む。グレゴワールの「統合」の思想は、コンコルダのもとでの祭祀者への就任を求められても、それを拒みうる独自の公共圏を追求するものであった。

4　ナポレオン国家と教会—再挿入

まず、ナポレオン国家における個人・共同性・公共性を、宗教に限定せずに論じておく。ナポレオン国家は反政治結社の原理を取る点でフイヤン体制と似ているが、民衆層を人民批准制という一つの政治的メカニズムに動員し、人民の武装力を軍事的に組織した点では、宮廷外交以来の平和的折衝力や内治の階層的高踏的秩序を尊重するフイヤン派的原理とは異質であった。旧貴族将軍の軍事的才能は、皇帝への強い忠誠心と引き換えに利用された。

第8章　フランス革命の共同性と公共性

　また、ジロンド派の、公論の武器である言論・出版の自由の無条件尊重、ついで議員身分の尊重という軛をかぶせたうえでの尊重とも程遠く、1810年にスタール夫人の「ドイツ論」の出版停止を命じるとともに、それをきっかけに占領地ドイツでも出版物の統制を指示した[43]。ナポレオン国家が究極ではブルジョワジーの利害を図る政権とされながら、狭い公共圏にブルジョワ自由主義を閉じ込め、代わってフランス・ナショナリズムに向かっては開いたと言えよう。しかしこの国家は、知的・学術的相互啓発・討議の場としての結社は許容した。そこでは中間団体は、アンシャン・レジーム期の慣習的で並列的な、評議とその結果としての判例の集積ではなく、新技術・工法の発明団体、公共土木官団のように判断と能力を問われる垂直的な行政装置として存在した。個人は才能を補い合って繋がり、帰属団体を介して国家と結ばれた。ナポレオン国家は中間団体を生かした機能主義的なコルポ・メリトクラシー国家であった[44]。

　次に、宗教に絞って考察する。中間団体の中で最大のものはカトリック教会である。この中間団体は、統領政のもとで、国家に精気を与える機構として復活したのである。この教会が、立憲教会期の中でも、民事から撤退を余儀なくされたり、俸給の打ち切りになった時期は、この中間団体の影は薄まったことにちがいなく、さらに「非キリスト教化」では、中間団体としての教会すら否定されたのであった。しかし、その後の情勢は厳しさを増す面と、緩和される面との両方があった。1795年、再建を願われて結局は教会施設の返換を受けたが、1801年7月のコンコルダ締結は、教皇の手をかりつつ、カトリック教会に組織性を回復し一定の公共性を付与する。公共空間の一隅を私的施設としての教会が占め直すことにより、国家・公共性と私的自由の間に新しい関係を構築し直した[45]。

　ポルタリスは1802年3月、祭祀の統一的再組織化を促す演説で、「法律は市民にかかわり、信仰は私人の心を占める……人道的政府の関心はそれゆえ、宗教諸制度を保護することにある。それはそうした宗教制度によってのみ、信仰心が生活の中に入りうるからであり、信仰心に認証と支えの役をする道徳と偉い真理が、宗教上の教義体系から離れて公共的信念の対

Ⅲ部　個の揺らぎと国民化

象となるからである」と原理を述べる[46]。国家の支える宗教制度が個人の信仰心を根ずかせ、それと結ぶ道徳が公共圏に個人を繋ぐという構造になる。

　ナポレオンのカトリック教会政策を共和的公共性の関係で言えば、やはり「再挿入 réinsération」(プロンジュロン)であろう[47]。再挿入という言葉は、優越者が少数者または相対的劣者の異文化を一つの秩序だった世俗生活圏に包含しようとする独自のしかたであった。これはフォーシェの、革命をキリスト教義として解釈した上で聖・俗界の両立を求めたこと、ロベスピエールの、宗教に道徳的要素を注入し、信仰市民を精神的に創り替える融合の途とは異なっており、グレゴワールの統合とは公共空間での祭祀施行の承認で一致するが、かれの共和主義と信仰の共存の企てとは区別される。「ナポレオン風の教会体制」と言われるゆえんである。聖職者民事基本法との関係では、ナポレオンは公職就任に宗派による差別をなくそうとしたので、「国家と宗教の分離」にかけては、聖職者民事基本法を一歩踏み出したといえるのだが、「市民がいかなる特性をもって宗教を抱き公共性に加わるか」の問いは「すり抜け」た。帝政期の「聖職者が結婚するか否かに出版物は触れる必要などない」との彼自身の認識もこの欠落部分を見なければならない[48]。また、ナポレオン民法典は行政当局が教会に代わって民事を処理する1792年夏以後の現実を継承したが、ドイツの占領地では戸籍を地方行政当局と教会の共同管理とした[49]。

　もちろん、ここでの国家と教会、教会と個人は無気質な関係ではない。信者は司祭の帰還を喜び、相互の共同性が階層制とともに復活した。カトリックを公的宗教としたのは帝政の偉大さを荘厳な儀式・装飾で誇示するためもあった[50]。それでも、カトリック教会がナポレオン公共圏に調和的に収まったとは考えない方がよい。1811年の全国司教会議は、「教皇の背後に結集して霊的権利を防衛しようとする」ウルトラモンタニスム運動を促し、ガリカン体制が「独特の転回を遂げて、ウルトラモンタニスム的反射を引き出す。」[51]

第8章　フランス革命の共同性と公共性

結　び

　まず、1792年の共和革命の意味を、聖職者の存在に即してまとめる必要があろう。ａ）聖職者民事基本法から立法議会初期までは、出生・埋葬などの一連の民事も旧体制以来、カトリック聖職者のもとにあった。そのことによってかれらは公共空間のベースを掌握していた。緩やかな公共圏への参加である。教会の共同性は公と私の間の中間団体として公共圏に食い込んで存在していた。ｂ）ところが1791年秋からは、立憲聖職者の公共圏への残留、宣誓拒否聖職者のそこからの放逐という二極分解が生じる。ｃ）さらに国民公会期には、初期の立法処置によって変化は促進され、民事世界からの聖職者全般の撤退が、俸給制のとりやめと連動して起こった。このｂ）とｃ）の間で共和革命が起こったわけであるが、先に生じていた聖職者内部の亀裂＝共同性の内部的動揺に促され、共和革命は民事からのカトリック教会の撤退に拍車をかけた[52]。その後は全面的な公共性の剥奪が襲った。

　次に最高存在崇拝の意味を問う。フランス革命は公共圏からいったん姿を消したカトリックに代えていかなる宗教で埋めるかの課題に取り組む。ジャコバン独裁は、近隣諸国民を引き寄せた解放思想をナショナルな公共圏へ押し返した。ロベスピエールはジャコバン公共圏に、愛国市民の模範となる外国出身者を抱合しつつ、徳と信仰心を結ぶ市民宗教を追求した。政治的自由から革命政府の自由への吸い上げと国土防衛から引き出した公共精神の動員であったため、国境を越えた公共性を想定しえなかった。この最高存在崇拝でこそ、「国家と公的市民が中間団体なしに」敬虔な祈りに身を置くことが構想されたが、それも市民生活に溶け込む国家宗教を求めて「中間領域」の創出をめざしたと言えなくもない。

　テルミドール後、グレゴワールは教会再建と中間領域の刷新を図って苦闘した。状況的には総裁政府末期の教会政策の揺れがそこにあった。ナポ

Ⅲ部　個の揺らぎと国民化

レオンのコンコルダ締結を見れば、最終的収拾局面でも「革命は中間団体を廃絶した」とは断定できないことになる。この時代は革命とは「もう一つ別のステージ」のように見えながら、国家・中間団体・個人の関係では、革命の孕んだ可能性の一番後にきた選択肢を示す[53]。ただ、コンコルダにより公共圏が一応の均衡を得たにせよ、公共性は共同性を下位概念として問われ続けよう。

註

1) 齋藤純一『公共性』（岩波書店、2004年）5頁；ユルゲン・ハーバーマス著、細谷貞雄、山田政行訳『公共性の構造転換』（未来社、1973年）第5、16章で公共圏の語が多用。共同体論、市民社会論については、拙論「近代公共圏の法と初期政治秩序」、安藤隆穂編『フランス革命と公共性』（名古屋大学出版会、2002年）所収、第5章注(1)-(6)、250-1頁に掲げた。最近では、吉田傑俊『市民社会論』（大月書店、2005年）301-5頁が平田清明、丸山真男論を軸に比較的よくまとめている。「公民」概念の非近代性への警戒からか、公共性論への突破口は開かれなかった。

2) バイヤージュのことは、*Archives parlementaires*, t.8.103-5；拙稿「1789年人権宣言の主権概念」『広島大学文学部紀要』1987年特集号、45-7頁；田村理「フランス革命期における《投票の秘密》―近代的個人の自立と孤立―」『創文』N° 455、2003年7月、1-5頁。

3) 人権宣言をそく現実態と解してはならないが、加藤克夫「第一帝政とフランス・ユダヤ人―同化イデオロギーと長老会体制の確立―」『島根大学法文学部紀要』1987年特集号、社会システム学科編第8号、2003年12月、全23-47頁。稲垣和久『宗教と公共哲学―生活世界のスピリツアリティー』（東京大学出版会、2004年）公共哲学叢書⑥、198頁で、樋口陽一『憲法―近代知の復権』（東京大学出版会、2001年）の「近代変革により中間団体を否定し、国家と個人が直接対峙することをその痛み（ジャコバン独裁を指す）とともに追体験すべき」（上記書、175頁）とした説への批判は有効。公共市民と私人の間に複層的な個人の存在形態にがあるとした前掲拙稿、209-10頁に富永茂樹書評『社会経済史学』70巻4号、（社会経済史学会、2004年11月）、107-9頁が目に留めた。

4) 拙稿「近代フランスの光と陰‐市民的公共圏と宗教・ナショナリズム」『創文』N° 417、2000年、特集Ⅰ・ヨーロッパ近代、9-12頁。

第8章　フランス革命の共同性と公共性

5）思想の公共性を歴史現実の場で考察した、寺田元一『編集知の世紀—18世紀フランスにおける〈市民的公共圏〉と《百科全書》』（日本評論社、2003年）。カフェ次にサロンが思索・議論の場となり、出版業者と繋がりをもったとして重視。第5章、119－25頁。
6）森口美都男「キリスト教と国家」桑原武夫編『フランス革命の研究』（岩波書店、1959年）所収、第6章全299-388頁中、337-45頁。
7）前田更子「19世紀前半フランスにおける公教育と国家—7月王政期のユニヴェルシテをめぐって—」『史学雑誌』第109編第6号（2000年6月）、1－36頁と阪本佳代「公教育大臣デュルイの女子中等教育（1867年）—《教会の膝元》か《ユニヴェルシテの腕の中》か—」『史学研究』第233号（2001年7月）、57－75頁。
8）松嶌明男「宗教と公共性」、安藤編前掲書所収、第4章、167－8頁；拙稿「近代公共圏の法と初期政治秩序」同書所収、第5章、234－40頁。上記森口論文では「聖職者民事基本法」は「聖職者俗事基本法」、松嶌論文では「聖職者公民基本法」となっている。
9）非キリスト教化・還俗（déchristianisation, laïcisation）の導きとしてはR.Chartier, *Les origines culturelles de la Révolution française* (Paris, Éditions de Seuli, 1990) p.116. Chap. V；人権言10条を巡る審議は『資料　権利の宣言—1789』富永茂樹編、京都大学人文科学研究所、2001年、II討論と宣言（8月22－23日）タレーラン＝ペリゴール、251頁が一部を示す；柳原邦光「革命暦第2年のキリスト教化運動とカトリック聖職者」『史学研究』180号、1988年7月、43－67頁が導入部として聖職者民事基本法に触れる。45－6頁。
10）立憲ガリカン教会の国家との強い協力関係の樹立を見る森口、前掲論文、337－8頁。
11）*Archives parlementaires,* t.30　pp.447-99　タレーラン
12）S.Lacroix, *Actes de la Commune de Paris,* (New York, 1974) Série I.t.3.pp.617, 626, t.4p.168. pp.170-5,pp.381-2,p.594,641；宣誓拒否聖職者の教唆に因るサン＝クルー門脱出の方が詳しいが、J-F.E.Robinet, *Le mouvement religieux à Paris pendant la Révolution française 1789-1801.* (New York, AMS Press, 1974) t.1. p.468, p.471 et séq.; T. Tackett, Religion, Revolution, and Regional Culture in Eighteenth-Century France, The Ecclesiastical Oath of 1791, (New Jergey, Priceton U.P. 1986.)
13）デュコ：*Les Grands orateurs républicains, t.VI Girondins,* préfacé par M. Lheritier, Monaco, Les Editions "Hemera", 1950) pp.152-61.
14）ジャンソネ：*Ibid.,* pp.173-86.
15）*Archives parlementaires,* t.33. pp.141-7（10月9日）, p.179（11月4日）,

Ⅲ部　個の揺らぎと国民化

pp.613-23,
16) ジャンソネ：Lheritier, *op. cit.*, p.186
17) フォレスチエは A. Robert et G. Cougy, *Dictionnaires des Parlementaires francais,* (Slatkine Reprints Genève, 2000) t.1. p.254.
18) 91年11月29日 法令 第 5 条 B.Melchoir-Bonnet, *Les Girondins* (Librarie Académique Perrein, Paris,1969) p.40.
19) *Archives parlementaires,* t.49.p.8（92年 5 月27日）; Robinet, *op.cit.*, t.2. pp.187
20) Archives parlementaires の該当するはずの1792年 9 月20日は、t.50, 51に記事がなく、t.49. p.117. 8 月30日、9 月 3 日に結婚、出生・死亡届けの手続きも規定。pp.325-26.
21) カンボン：*Archives parlementaires,* t.52. p.180; Chabot *op.cit.*, t.2.p.14.
22) 該当するはずの Archives parlementaires, t.53. に記載なく、Robert, *op.cit.*, t.1. p.561 の Cambon の項目も、宣誓拒否聖職者への態度は詳しくない。
23) Lacroix, *op.cit.*, t.1.p.37-38; t.3.p.112,564. 1791年 4 月、カルヴァドス県カーン司教区で聖職者に選出された後も、宮廷濫費の追及・聖職規律の刷新を説教と新聞で説き有権者を惹きつけた。シャルロット・コルデーもこの時、帰依したといわれる。R.Herman-Belot, L'abbé Fauchet, dans：*Les Girondins,* F.Furet et M.Ozouf(éd.) pp.329-346;
24) Herman-Belot, *op., cit.*, p.331; Robert, *op.cit.*, t.2.p.605-6.
25) R. H.-Belot, *op.cit.*, pp.331-33.
26) Robert, t.2. *op.cit.*, p.606; B.Michoir-Bonnet, *op.cit.*, p.213.
27) Robinet, *op.cit.*, t.2.p.40, pp.51-52.
28) *Œuvres complètes de M.Robespierre,* t.9.pp.472-3.「三月蜂起とアンラージェ」『史林』56巻 3 号（1973年 5 月）111頁。1793年のサン＝キュロットがもつアンラージェ分子との政治結合をジャコバンとのそれと比較する、最初の実質的な作品になった。
29) 拙稿「ジャコバン国家論」『季刊社会思想史』2 巻 1 号、163－188頁。多少難解であろうと、ジャコバン主義の「市民的自由から公共的自由へ」の概念が公共性論の萌芽となった。
30) Robespierre, *Texte choisi Ⅲ (1793-94),* préfacé et notes par J.Poperon, (Paris, Éditions Sociales) pp.81-5.
31) *Ibid.*, p.83-5.
32) *Ibid.*, pp.168-170, pp.172-3. 河野健二編、『資料フランス革命』岩波書店、1991年「最高存在の崇拝」501－17頁。本稿本文の訳出箇所は省略されており、「最高存在崇拝の真の聖職者（訳語では司祭）は自然である」に続く。

第 8 章　フランス革命の共同性と公共性

P.Gueniffey, *La politique de la Terreur, essai sur la violence révolutionnaire 1789-1794* (Paris, Favard, 2000) pp.313-4.
33) *Texte choisi, Ibid.,* pp.175-9.
34) B.Plongeron, *Théologie et politique au siècle des lumières 1770-1820* (Paris, Droz, 1973) pp.153-4.
35) Grégoire, *Essai sur la régénération physique, morale et politique des juifs,* Préface de Rita-Hermon Belot (Paris, 1988) p.101
36) BN.NLd[4]-4006 Compte rendu aux évêques réunis à Paris par Citoyen Grégoire, évêque de Blois de la visite de son diocèse. pp.1-24.
37) *Archives parlementaires* の該当巻 t.53には見当たらない。Robert, *op.cit.,* t.3. pp.247-9.
38) 山中聡「共和三年における旬日祭典の再建」『史林』87巻1号、2004年1月、68－9頁；グレゴワールの1794年8月31日、10月14日の反論 Plongeron, *L'Abée de Grégoire……, op.cit.,* pp.28-29.
39) Plongeron, *op.cit.,* pp.60-1.
40) du même, *Théologie, op.cit.,* p.74,76. 1800年3月25日アミアンに第2回全国司教会議の召集を求める書簡。1810年の『宗派の歴史』でも敬神博愛教を批判。この書物は同年中にフーシェ治安大臣により押収されたが、1814年に再刊された。*Ibid.,* p.178.
41) BN.NLd[4]-4061 Compte rendu par Citoyen Grégoire au Concile National des Travaux des Évêques réunis à Paris pp.1-4.
42) Tulard (éd.), *Dictionnaire de Napoléon,* (Paris, Fayard, 1987) pp.838-9.
43) H.Guillement, *Madame de Staël et Napoléon* (Paris, Seuli, 1987) pp.146-50; M.Kurzwerg, *Presse zwischen Staat und Gesellschaft, Die Zeitungslandschaft in Rheinland und Westfalen* (Paderborn, Ferdinand Schönigh 1999) S.161-165. この時期の西北ドイツの出版事情は、「ナポレオン帝国と公共性」で考察する。
44) G.Lefebvre, *Napoléon* (Paris P.U.F, 1969) p.127,158.
45) J.Tulard, *op.cit.,* pp.451-6. Concordatの項目；松嶌明男「1801年のコンコルダ（1）―交渉過程―」同「1801年のコンコルダ（2）―国内事情―」同「1801年のコンコルダ（3）―施行過程―」それぞれ、『白鴎大学論集』第13巻第2号1999年、213－87頁；第14巻第1号189-263頁、同年第14巻第2号2000年、225－96頁。公共性の観点からの集約が残る。
46) Plongeron, *Théologie et politique, op.cit.,* Documents, p.353.
47) *Ibid.,* pp.133.「コンコルダによって封印された宗教平和が、かなり短期間に終わるこの挿入に幻の希望を抱かせたかもしれないが、追放の身で洞察鋭

203

Ⅲ部　個の揺らぎと国民化

い聖職者は一体どんな教会の、どういう人々のための挿入かと自問したはずである」(プロンジュロン)。
48) *Correspondance de Napoléon Ier,* (New York, Ams) t.XV p.578; Plongeron, *op.cit.,* p.270. 1807年8月1日、新聞には聖職者、説教、宗教を話題にすることを禁じた。
49) B.Schneider, *Katholiken auf die Barrikaden? Europäischen Revolutionen und die Deutsche katholische Presse 1815-1848* (Paderborn Ferdinand Schöningh, 1998) S.181-4. Kapitel 2
50) G.Lefebvre, *op.cit.,* pp.172-3.
51) A.Soboul, Le *Premier Empire* (Paris, P.U.F. 1973) pp.106-7.
52) 共和政体と公共性を考えさせるものとして、森原隆「フランスのレピュブリック理念」小倉欣一編『近世ヨーロッパの東と西』(山川出版社、2004年)所収、217－40頁も参照。
53) 近年の革命史研究を総覧した、遅塚忠躬「日本におけるフランス革命研究の現状と課題」『専修大学大学院社会知性開発センター／歴史学研究センター年報：フランス革命と日本・アジアの近代化』所収1－14頁。革命200周年の国際シンポ時と比べ、「革命からナポレオン体制にいたる道筋を跡ずける」重要性が認識されたか否かが問題であり、リン＝ハントはそれを認識している。リン＝ハント著、松浦義弘訳『フランス革命の政治文化』(平凡社、1989年) 271頁。

第9章　19世紀フランス・ユダヤ人の
「個」と「共同性」

加　藤　克　夫

はじめに

　フランス革命期のフランスでは、「単一不可分の王国（ないしは共和国）」というスローガンに示されているように、「封建的・特権的な団体」（＝社団）のみならず、「個人が自由な意志で集った団体」（＝アソシアシオン）をも含め一切の中間団体の存在を否定し、「国家」と「諸個人」という二極構造からなる中央集権的国家の建設が追求された[1]。

　ユダヤ人の場合も例外ではなかった。フランスのユダヤ人は、1790年1月28日法と1791年9月27日法によって法的には解放された。その際ユダヤ人解放論者をふくめて最大の焦点となったのが、社団（コルポラシオン）のひとつである「ユダヤ人共同体」の存続問題であった。1789年12月23日、解放論者クレルモン・トネール（Clermont-Tonnerre）は国民議会でこう発言している。

　　ナシオンとしてのユダヤ人にたいしてはすべてを拒否しなければならない。個人としてのユダヤ人にはすべてを与えるべきである。……彼らは、国家のなかにひとつの政治団体を形成してはならないし、ひとつの秩序を形成してもならない。彼らはおのおのが個人として市民にならなければならない。……もし彼らがこうしたものとなることを望まないのならば、……彼らを追放しなければならない。……国家内国家が存在することは嫌悪感を抱かせる[2]。

最終的にすべてのユダヤ人の解放を定めた1791年9月27日法も、「一切の特権や特別措置を放棄するとみなしうるユダヤ人の諸個人」に市民権を与える、と規定し、ユダヤ人共同体の解体が解放の前提とされた[3]。当然のことではあるが、ユダヤ人の解放も革命の政治文化の影響を受け、解放後のフランス・ユダヤ人は、原理的には個として国民共同体に包摂されることになったのである。

　では、この原理は文字通り貫徹されたのであろうか。そうではなかった。第一帝政のもとで、中央集権的な長老会体制が成立し（1808年3月13日のデクレ）、フランスのユダヤ教徒は基本的にこの体制のもとに包摂された。長老会体制はユダヤ人を「国民化」するヘゲモニー装置として機能すると同時に、フランス・ユダヤ人は、長老会体制のもとではじめてひとつの「（宗教）共同体」に統合され、信仰を維持するとともに、共同性を育むことになったのである。

　そこで、本稿では、最初に、フランス・ユダヤ人の国民共同体への統合形態の特徴を長老会体制成立の経過とその機能を中心に概観する。ついで、共同性は集合的アイデンティティとして表出されるという視点から、19世紀末にフランス・ユダヤ人が育んだ特有のイデオロギーとしてのフランコ＝ユダイスムとそこに見られる重層的アイデンティティの構造を検討し、19世紀フランス・ユダヤ人の「個」と「共同性」の関係を考えることにしたい[4]。

1　長老会体制の成立―ユダヤ人解放の理念と実態の乖離

　アンシアン・レジーム期の各地のユダヤ人は、個別に国王の公開礼状によって居住が認められ、それぞれが社団のひとつとして「ユダヤ人共同体」を形成し、一定の自治権を有していた。だが、先に触れたように、こうした共同体は、解放時に基本的に「解体」されることになったのだが、北東部の一部地域では大きな困難に直面しながらもなお実質的には存続し続けた[5]。それは、これらの地域では反ユダヤ主義がなお根強く遍在し、

第9章　19世紀フランス・ユダヤ人の「個」と「共同性」

ユダヤ人の「同化」を困難にするとともに、ユダヤ人そのものも共同体での生活に執着する傾向がなお強かったという事情もあるが、いまひとつユダヤ人解放の本質にもかかわる重要な理由があった。それはユダヤ人共同体が抱えていた債務問題である。

周知のように、1791年3月のアラルド法と6月のル・シャプリエ法で同業組合（コルポラシオン）は廃止され、労働者や経営者が結社を結成することが禁止された。同時に、旧コルポラシオンの債務も国有化された。ところが、ユダヤ人側の再三の要求にもかかわらず、解放前からのユダヤ人共同体の債務の国有化は認められなかった[6]。ユダヤ人共同体はコルポラシオンの解散に関するデクレの対象外であり、したがって、その債務の国有化はできないとされたのである[7]。このため、多くの旧ユダヤ人共同体は債務を抱えてその返済に苦しむことになった。

なかでも深刻だったのがメッスのユダヤ人共同体であった[8]。革命前のメッスのユダヤ人共同体は、メッス市とメッス徴税管区のユダヤ人からなるフランス最大のユダヤ人共同体のひとつであった。メッスのユダヤ人共同体は、諸税や共同体の管理運営費などの費用を賄うために借金を重ねてきており[9]、恐怖政治後の累積債務は80万リーブルにのぼった[10]。このため、メッスのユダヤ人共同体は、旧共同体構成員とその権利の承継人が債務返済の連帯責任を負うと定めたが、共同体は法的には解体されており、共同体指導部の権威は弱体化していた。その結果、メッスのユダヤ人共同体は債権者から債務の返済を迫られる一方、メッス市以外の旧徴税管内のユダヤ人からは債務支払い義務の不当性を主張して訴訟まで起こされるなどの混乱が生じた。このため、当局は債務支払いの不当性を主張する訴えを退けて、支払いの連帯責任を命じている。こうした当局の方針を体系的な形で示しているのが、共和暦10年ニヴォーズ5日（1801年12月25日）法である[11]。同法は、旧メッス共同体の構成員とその権利継承者が債務の返済義務を負い、5名のユダヤ人からなる債務分担リスト作成委員会を組織して、負担能力に応じて分担額を決め、行政を通じて徴収すること、さらに元共同体の代表（syndic）は「共同体解体以後の管理状況や資金の用途を

Ⅲ部　個の揺らぎと国民化

知事に報告する」義務をもつと定めていた。債務問題を解決するには、ユダヤ人側も当局も旧共同体を活用せざるをえなかったのである。

だが、こうした解放後の混迷も第一帝政のもとで長老会体制が確立されて収拾されることになった。以下では、本稿の考察に必要な範囲で、長老会体制成立の経過とその特徴を概観することにしたい[12]。

政教条約を締結したナポレオンは、1802年4月8日法でカトリックとプロテスタント双方の教会体制を再編成した。さらに彼は、アルザスにおけるユダヤ人の債権をめぐる混乱やユダヤ人側からのユダヤ人の組織化要求を前にして、ユダヤ人問題の解決に着手した[13]。ナポレオンは、「ユダヤ人名士会」（1806年7月－1807年4月）、「大サンヘドリン」（1807年2月－3月）を相次いで開催し、「教義上の決定」を引き出している。

この「決定」の要点は、政教分離の原則を確認し、ユダヤ教徒は宗教的にはユダヤ教の教えに従わなければならないが、政治的には各国の法に従うことが宗教的義務であり、フランスはフランス・ユダヤ教徒の祖国である、と規定したことにある。これは、フランス・ユダヤ人の「国民化」と「同化」を正当化する公式の教義上の原則の確認であった。

こうしたユダヤ人側の意思を確認した帝政政府は、ユダヤ教徒の組織化に乗り出す。それが、1808年3月17日のデクレで成立した長老会体制である。この体制は、パリに設置された中央長老会を頂点とし、各地のユダヤ人共同体を管轄する地方長老会[14]からなる信仰共同体であったが、政府公認の半ば行政的な性格もあわせもつ中央集権的体制であった。そして、すべてのユダヤ教徒は基本的にこの体制のもとに包摂された。長老会体制は、ユダヤ教の信仰の維持・管理とユダヤ人を管理・統制（この機能は19世紀半ば以降緩和された）する体制であったが、同時に、ユダヤ人の「再生」と「国民化」を推進する体制でもあった。ラビは信徒に「教義上の決定」を教化することが義務とされ、各長老会はそれを監視する職務を担っていた。そしてこの体制の下で展開された種々の活動をつうじて、ユダヤ人の「再生」と「国民化」が推進された。トクヴィルは、近代の民主主義国家は中央集権化を強力に推進し、宗教を利用して国民の「魂の奥底」に

第9章　19世紀フランス・ユダヤ人の「個」と「共同性」

まで入り込もうとすると喝破しているが[15]、長老会体制もまたこうした機能を期待されて成立したのである。長老会体制は、ユダヤ人の「国民化」を推進するためのヘゲモニー装置であり、「国民化の鋳型」でもあった。

だが、同時に、長老会体制は、種々の活動をつうじて、フランス・ユダヤ人が独自の共同性を維持する場としても機能したことを忘れてはならない。フランス革命前のユダヤ人共同体はひとつの共同体に統合されてはいなかった。したがって、フランス・ユダヤ人は、長老会体制のもとで初めてひとつの「共同体」に統合されることになったのである。

「教義上の決定」と長老会体制の成立は、フランス・ユダヤ人の「再生」と「国民化」のためのイデオロギー的組織的基礎の確立を意味した。同時に、長老会体制のもとで独自の共同性も育まれたのである。

このように、フランス・ユダヤ人は、解放令の理念とは異なり、「個」として直接国家あるいは国民共同体に統合されたわけではなく、革命期の混乱をへて、1808年以降は一種の中間団体である長老会体制を介して国民共同体に統合されたのである。

そして、恥辱法[16]の廃止（1818年）、祭司の国家公務員化の実現（1831年）など法的平等が進展し、社会進出と国民への統合が進むと、19世紀末のフランス・ユダヤ人の間ではフランコ＝ユダイスムという独特のイデオロギーが形成された。

2　フランコ＝ユダイスムと重層的アイデンティティ

フランコ＝ユダイスムとは、ユダヤ的価値とフランス的価値を一体のものとしてとらえ、フランスへの帰属意識を明確にした近代フランス・ユダヤ人固有のイデオロギーであった[17]。高等研究院で宗教史教授を務め、フランコ＝ユダイスムのイデオローグの一人でもあったテオドール・レナック（Thédore Reinach）は、『民族独立の喪失から現代までのユダヤ人の歴史』（1884年。以下『ユダヤ民族の歴史』と略記）を著している[18]。本書で、レナックは、第二神殿破壊以降の各地のユダヤ人の歴史を概観し、何

Ⅲ部　個の揺らぎと国民化

世紀にもおよぶ「隷属の鎖」からユダヤ人を解放したフランス革命の発端となった「1789年は、フランスの歴史においても、ユダヤ人の歴史においても決定的な年であった」(284頁)と指摘する。そして、「記憶力に優れ、気高い現代のすべてのユダヤ人は、1791年のフランスの子であるといっても過言ではない」(293頁)、1791年以降、フランスにはいわゆるフランス・ユダヤ人はもはや存在しない。存在するのはユダヤ教を信仰するフランス市民にすぎない」(312頁)と断言し、フランス・ユダヤ人は自分たちを「ひとつの離散民族」とみなすことをやめて、「同国人から孤立させる恐れがある慣習、願望、特殊な衣装や言語」を捨て、フランスに「同化」すべきことを説いている(306頁)。これは、大サンヘドリンの「教義上の決定」の原理にそうものであり、フランコ=ユダイスムの特質を端的に示すものでもあった。

　このように、フランコ=ユダイスムは、国民国家の枠を超えた宗教と共通の歴史的記憶や文化を共有する「ひとつの離散民族」とフランス・ユダヤ人(レナックにしたがえば、フランスのユダヤ教徒)とを「差異化」(=「国民化」)するイデオロギーであり、フランス・ユダヤ人独自のアイデンティティの表出であった。そこでは、フランス革命を神の摂理とみなし、フランス革命と「出エジプト」、人権宣言とモーゼの十戒をなぞらえる言説もみられた。

　『アルシーヴ・イスラエリート』誌(以下、A.I.と略記)1889年6月6日号は、つぎのようなプラーグ(H. Prague)の論説を掲載している。プラーグは、5月11日に開催されたフランス革命100周年記念ミサでパリの大ラビ、ザドック・カーン(Zadoc Kahn)[19]がフランス革命を神の摂理によるものであり、「新しい過越祭」とのべたことに触れながら、「人権宣言を手にとってみなさい。そうすれば、真に人間的な、寛大な精神は……聖書の精神であることがわかるでしょう。……簡単にいえば、フランス革命にはヘブライ的性格がきわめてはっきり認められるのです」と明言する。そして、さらにこういう。「良きユダヤ教徒であることは、論理的には良きフランス人なのです。私たちのあいだでは、宗教は愛国主義と同じ意味なの

第9章　19世紀フランス・ユダヤ人の「個」と「共同性」

です」と[20]。プラーグによれば、フランス革命は神の摂理によるものであり、ユダヤ的精神の発露であった。ここでは、フランス革命以降のフランス的価値とユダヤ的価値は同一視されるだけでなく、むしろフランスの歴史はユダヤ人の歴史に回収されてしまっているといえなくもない。

何れにしても、フランコ＝ユダイスムは、19世紀末のフランス・ユダヤ人が育んだ「国民化」と「同化」を正当化し、フランス・ユダヤ人と他の国のユダヤ人とを差異化して、フランス（特に共和国フランス）への帰属意識を明示するイデオロギーであったといえよう。

だが、フランコ＝ユダイスムにおいても、国民国家の枠を超えた一定の宗教的民族的連帯が否定されるわけではない。たとえば、レナックは1901年版の『ユダヤ民族の歴史』で、シオニズムに触れ、ユダヤ民族精神は「1789年の原理と相容れない」（310－311頁）、現在、「ユダヤ王国を夢想している」者はほとんどいない（374頁）、と指摘する一方、人類全体が「ひとつの大きな家族」となるまでは、宗教、苦難の歴史、伝統を共有するものとしての「イスラエルの民」の連帯が存在することを否定していない（376－378頁）。これは、いわば下位意識としてのエスニック・アイデンティティの存在を認めたものといえるだろう[21]。

19世紀後半から末にかけてのフランス・ユダヤ人が、エスニック・アイデンティティを有していたことは他の事例からも明らかである[22]。一例として、1860年5月に結成された近代最初のユダヤ人の国際組織「世界ユダヤ連盟」（l'Alliance Israélite Universelle）を取り上げてみよう。同連盟は、1858年6月にイタリアのボローニャで発覚した「モルタラ事件」[23]を契機に、哲学教授有資格者のイジドール・カーン（Isidore Cahen）[24]らフランスの自由主義的な若い知識人が中心となってパリで設立された[25]。同連盟の結成を最初に呼びかけたのはカーンであった。カーンは*A.I.*誌（1858年12月号）で同連盟の結成を正式に呼びかけ、その目的を世界各地に「散在している」ユダヤ人を「ひとつの集団」に結集し、「公正かつ寛容な諸国」でなお残存している狂信や偏見と闘うとともに、「抑圧され、悲惨な状況におかれている国」では、「悪事を糾弾し、完全な謝罪と罪の宣告を勝ち

211

とる」ことと規定する。また、連盟の性格は「政府公認の組織」（長老会体制）とは異なって自由な組織ではあるが、「既存の組織」と補完し合う関係にあることが強調された[26]。

　イジドール・カーンらが国境を越えたユダヤ人の連帯と協調を実現しようとしたことはその目的から明白だが、カーンが内外のユダヤ人にたいして強い同属意識を抱いていることは、先の論説のなかで、ユダヤ人を「われわれと同じユダヤ教徒」、「ユダヤ人の兄弟たち」と呼んでいることからも伺われる。だが、それは、後のシオニズム運動のように国境を越えたユダヤ・ナショナリズムを志向したものではなかった。そのことは、カーンが、長老会とは一線を画しつつも、連盟は長老会と補完関係にあることを強調していること、あるいは当初一定の距離をとっていた長老会（「教義上の決定」を浸透させる役割を担い、フランコ＝ユダイスム形成の少なくともひとつの中心となった）と連盟とが1862年頃を境に協調関係を強め、中央長老会会長（1843–45）を務めたことのあるアドルフ・クレミュー（Adolphe Crémieux）が連盟会長（1863〜1880）に就任していることからも明らかである[27]。世界連盟の提唱者たちは、国境を超えたエスニック・アイデンティティを抱き、国際的な連帯と協調を推進しようとした。だが、それはフランコ＝ユダイスムの枠組みを超えるものではなかったのである。

　19世紀末フランスのユダヤ人はフランス共和国への帰属意識を強め独特のイデオロギー（フランコ＝ユダイスム）を育んだ。だが、他方で、彼らはフランスの国境の内と外でのいわば二重のエスニック・アイデンティティをも保持し続けた。「フランコ＝ユダイスムはなおひとつのユダイスムだった」といわれるゆえんである[28]。

　集合的アイデンティティは何らかの共同性を基礎にして育まれる。したがって、これまで検討してきたことから、フランス・ユダヤ人は、フランス国民共同体、フランス国内でのエスニック集団、さらには国境を超えたエスニック集団という、少なくとも三つの共同体、あるいは集団としての共同性を育んでいたといえよう。その中で最重要視されたのが国民共同体

第9章　19世紀フランス・ユダヤ人の「個」と「共同性」

であった。フランス革命以降、これを否定することは、そこで生活することができなくなることを意味したからである。そしてこうした三つの共同性を育む要として機能したのが、フランコ＝ユダイスムであった[29]。

こうしたフランス・ユダヤ人の集合的アイデンティティ（＝共同性）の構図は、19世紀末の厳しい反ユダヤ主義の台頭を前にしても基本的には変わらなかった。

3　試練にさらされるフランコ＝ユダイスム

19世紀末、フランスではドレフュス事件（1894年～1906年）にみられるように反ユダヤ主義が大きく高揚するとともに、モーリス・バレス（Maurice Barrès）に象徴されるような「大地と死者」を称揚する国粋的で排他的なナショナリズムが台頭する。この二つの現象は表裏の関係にあった。反ユダヤ主義は排他的ナショナリズムが孵化する触媒の役割を果たしていたのである。反ユダヤ主義と排他的ナショナリズムの台頭は、フランス・ユダヤ人にとっては大きな試練であった。フランスのユダヤ人社会ではフランコ＝ユダイスムが発展してフランスへの帰属意識を強めていた。その一方で、反ユダヤ主義運動が高揚し、ユダヤ人の追放が公然と叫ばれるようになったのである[30]。

「同化」の進展と「排除」要求の強まり。こうしたアンビヴァレントな状況を前にしてフランス・ユダヤ人はどう対応したのだろうか。フランコ＝ユダイスムはこの試練を前にして変質したのだろうか。フランス・ユダヤ人社会の二大誌 A.I. と『リュニヴェール・イスラエリート』（以下 U.I. と略記）の記事を中心にユダヤ人の世論の動向を追ってみよう[31]。

19世紀末の反ユダヤ主義運動高揚の契機となったのが、エドゥアール・ドリュモン（Edouard Drumont）の著書『ユダヤ人のフランス』（1886年）の刊行であった。これで一躍脚光を浴びることになったドリュモンは、1890年には反ユダヤ連盟を組織し、1892年には反ユダヤ主義紙『ラ・リーブル・パロル』を創刊するなど、急進的な反ユダヤ主義運動を展開し、

Ⅲ部　個の揺らぎと国民化

「反ユダヤ主義の教皇」と称されるようになる[32]。

　こうした反ユダヤ主義の台頭を前にして、フランスのユダヤ人社会は当初明らかに事態を軽視していた。たとえば、A.I. 誌は、同書刊行直後からその内容と反響に関する記事を掲載しているが、それによれば、同書には「ユダヤ教とユダヤ教を信仰している人びとにたいする考えられるかぎりのあらゆる攻撃、罵詈雑言、侮辱が凝縮されている」が、特別の特徴はなく[33]、この俗悪な作品には「侮蔑の沈黙」がふさわしい[34]、という。そして『ユダヤ人のフランス』刊行後、同種の文献が増大する傾向がみられることに危惧を表明したり[35]、良心の自由の尊重、市民の完全な平等という点で大革命の理念がなお十分に満たされていないと指摘するものの、革命フランスにたいする信頼は基本的に揺るがない[36]。

　こうしたなかで勃発したのがドレフュス事件である。1894年10月15日ドレフュス大尉が大逆罪の廉で逮捕され、12月22日、軍法会議で終身流刑の判決を受けた。フランスの世論を二分する大事件へと発展することになるこの事件も、当初は、『ラ・リーブル・パロル』紙など一部を除いて、ほとんど世間の注目を集めなかった。A.I. と U.I. 誌とも早くから事件の推移を追っているが、記事からは、反ユダヤ主義の高揚を警戒しつつも、その扱いにはとまどいを感じている印象を受ける。たとえば、A.I. 誌（1894年12月27日号）は、反ユダヤ主義キャンペーンの高揚を警戒しつつも、一人の「罪」をユダヤ人全体の罪とみなして攻撃する不当性を批判する一方で、微妙な情勢であることを理由に「沈黙」を守ることを説いている[37]。U.I. 誌も、基本的に同じ姿勢であった[38]。ユダヤ人社会は、判決を尊重し、世論の批判がユダヤ人全体に及ぶのを恐れ、いわば嵐が通り過ぎるのを待つ姿勢をとっていたのである。彼らは、反ユダヤ主義は外国（ドイツ）の産物であり、人権宣言を行って世界に範を示した人権の国フランスで反ユダヤ主義が根付くはずはないと考えていた。

　こうした姿勢に変化が見られるようになるのは、反ユダヤ主義が次第に激しさを増す1896年秋のことであった。ルヴァイヤン（lsaïe Levaillant）は、1896年9月11日号の U.I. 誌で、従来の反ユダヤ主義にたいする慎重

第9章　19世紀フランス・ユダヤ人の「個」と「共同性」

な姿勢を改めるように主張してこう指摘している。

　数年前から反ユダヤ主義が猛威をふるい、その影響が広がっているが、それは反ユダヤ主義を阻止するためにこれまで「真剣な努力がまったく行われなかった」からである。それは「数年前に反ユダヤ主義運動が姿を現したばかりのとき、とるべき行動について間違いを犯した」からである。なぜなら、反ユダヤ主義はプロイセン起源の産物であり、「フランスという寛大な国に根づくことはない」、「1789年の革命を遂行し、人権宣言を布告し、世界の人びとに寛容を説いた国民が、みずからの過去を裏切り、その原理を否定する」ことはあり得ない、と考えられたからである。こうして、「われわれは、この危機は一時的なものにすぎず、雷雨（l'orage）はやがてやむと考えていた」。ところが、「危機は逆に悪化し、雷雨は嵐に変わった」。反ユダヤ主義が持続し、深刻化しているのは、それが「ペテン師らの攻撃」にすぎなかったものから、「教権主義の復讐」に転じたからである。したがって「幻想を一掃し、情熱を掻きたて、危機に正面から立ち向かわなければならない」と[39]。ここには、19世紀末の反ユダヤ主義の台頭を前にしたフランス・ユダヤ人の受動的姿勢（「侮蔑の沈黙」）の背景が端的に示されている。彼らは、革命と人権の国フランスにたいする強い信頼から反ユダヤ主義の本質とその根深さを見誤っていたのだ。

　その後も、ルヴァイヤンは世論を動員しようとキャンペーンを続けた。1896年12月初旬、第一回反ユダヤ主義会議に触れて、「われわれは反ユダヤ主義が凱旋行進するのを放置し…ただ微笑んで肩をすくめているだけでいいのか。……われわれの自由と安全を守るのに……自分たちの力以外のものをあてにしてはならない」と訴えている[40]。だが、ルヴァイヤンの訴えはなお受け入れられなかった。彼は、1896年12月25日号の U.I. 誌で、われわれの警告はあまり関心を呼ばず、逆に「極端な悲観主義」だと批判されていると嘆いている[41]。

　1897年末頃まで、多くの人びとはドレフュスのことをもはや忘れ去っていた。後に熱心なドレフュス派に転じることになるレオン・ブルム（Léon Blum）は、1897年夏の休暇に高等師範学校の司書リュシアン・エール

215

Ⅲ部　個の揺らぎと国民化

(Lucien Herr) が訪ねてきて「ドレフュスが無実だということを知っているか」と問われたときの様子をつぎのように回想している。

> ドレフュス？ドレフュスって誰だっけ？ドレフュス大尉が逮捕され、有罪を宣告され、位階を剥奪されて、流刑に処されてからまもなく3年がたとうとしていた。このドラマは数週間世論を大きく騒がせたが、あっという間に忘れられ、跡形もなく消え失せてしまっていた。この間に、ドレフュスのことを考えたものは誰一人としていない。彼の名前にまつわるいろいろな出来事をつなぎ合わせるには、ほとんど忘れかけているかすかな記憶をたどらなければならなかった[42]。

一方、ドレフュス事件は、その後ドレフュスの有罪判決を疑わせる事実がつぎつぎと暴露されて、1898年に入ると急展開を見せ、ドレフュス派と反ドレフュス派の対立が激化していく。そして、同年初頭から春にかけて激しい反ユダヤ主義暴動が吹き荒れた。こうした状況に直面して、*A.I.* 誌と *U.I.* 誌では事態の深刻さと、ドレフュス裁判の不公正さが強調されるとともに、「良心の自由の支持者」との共同行動が提起されるようになる。

ルヴァイヤンは、1898年4月22日号の *U.I.* 誌で、来るべき総選挙への対応に触れてこう指摘している。反ユダヤ主義者がナショナリストと一緒になって展開しているのは、ユダヤ人にたいする「人種戦争、宗教戦争」であり、彼らは「フランスという祖国」からユダヤ人を追放しようとしている。そして反ユダヤ主義の影響はいまや議会や政府にまで及んでいる。こうした状況下で、「われわれが追求しなければならない唯一の目標」は、党派の枠を超えて「良心の自由の敵と良心の自由の支持者」を峻別し、「良心の自由の敵」と戦い、「フランス革命の諸原理」を擁護することである。フランスのユダヤ人は「他の一切の考慮を捨てて、（身の安全を守るという）最も重要な課題に取り組まなければならない」、と[43]。

「フランス革命の諸原理」を擁護し、良心の自由を守ることは「共和国の大義」を守ることでもあった[44]。そして、反ユダヤ主義者やナショナリ

第9章　19世紀フランス・ユダヤ人の「個」と「共同性」

ストとの戦いで、プロテスタント、カトリック教徒との「協力と同盟」が必要であるだけでなく、現実にそれが進展していることが指摘されるようになる[45]。

　1899年6月3日、破棄院がドレフュス事件の判決を破棄し、軍法会議に再審を命じると、ルヴァイヤンはこれを「真実と正義という大義の勝利」、「ユダヤ人の勝利」と讃え、われわれは「結果については何の心配もしていない、当然釈放ということになるだろう」と楽観的展望を語っている[46]。ところが、9月9日、レンヌで開催された軍法会議は改めてドレフュスに有罪の判決を下す。ルヴァイヤンはこの結果に驚愕すると同時に、反ユダヤ主義の根深さに改めて警戒するように呼びかけてこう指摘する。「あり得ないことが起こった。醜悪なことが司法の現実となった」。ドレフュスはユダヤ教徒とユダヤ人の象徴であり、「レンヌで判決が下されたのは、彼ではない。真の被告は……ユダヤ民族（le peuple d'Israël）である」。「狂信と不寛容な精神、宗教的人種的偏見」という「目に見えないが、より重要な告発者」がいた、と[47]。9月19日、ドレフュスは大統領の特赦によって釈放されるが、ルヴァイヤンはその後も「ドレフュスにとっても、フランスにとっても、そしてとりわけわれわれユダヤ教徒にとって、問題は終わってはいない」として、幻想をもつことを戒めている[48]。

　ドレフュス事件は、最終的には、1906年7月12日の破棄院による軍法会議の判決破棄とドレフュスの無罪判決で終わる。*A.I.* と *U.I.* 両誌ともこの結果を評価しているが、一方で、反ユダヤ主義にたいして警戒を呼びかけるとともに、フランスの現状にたいしては冷めた見方をしている。

　ルヴァイヤンは、1906年7月20日の *U.I.* 誌で破棄院の判決を取り上げ、この判決は「国家理性」への打撃であり、「正義と真実」の勝利、ドレフュスとユダヤ人の「復権」であるとして、「深い満足」と「喜び」を表明している。その一方で、「メシア時代の到来」、「正義の支配がずっと保証されている」と考えることを戒めている[49]。一方、*A.I.* 誌1906年8月29日号でプラーグは、ドレフュスにたいする無罪判決と復権は、狂信主義と古くからの偏見にたいする良識と公正な精神の勝利であり、「数年間さ迷い

217

つづけていたわが国は、ようやく1789年革命が切りひらいた輝かしい道に再び戻った」と指摘するが、他方で、冤罪の解決に十年を要したことを「忘れることはできない」と述べ、さらに露仏同盟を理由にしてロシアにおける反ユダヤ主義に沈黙している政府の姿勢を批判している[50]。

　解放後一世紀をへてなお激しい反ユダヤ主義が台頭するという事態を前に、ユダヤ人社会は、革命フランスとそこでの「解放」の実態に一定の疑念を抱くようになっていたことは明らかである。ただ、だからといって、先のプラーグの指摘にみられるように、フランス・ユダヤ人がフランコ＝ユダイスムを否定し、ユダヤ人としての「民族主義」に転じたわけではない。

　それはシオニズムにたいする彼らの評価からも明らかである。たとえば、*U.I.*誌1897年9月24日号は、バーゼルで開催された第一回シオニスト会議に触れ、同誌の立場は中央長老会の大ラビ、ザドック・カーンと同じであると表明した上で、カーンのあるインタヴュー記事を転載している。そこでカーンは、シオニズムが「ユダヤ人国家」の建設を提起することによって、抑圧を受けている地域のユダヤ人に希望と慰めを与えていることを評価する一方、すべてのユダヤ人を結集した「ユダヤ人国家」をパレスチナに建設することは不可能であり、フランスを祖国とみなし、「フランスと深く結びついている」ユダヤ人をも移住させるというのは「教義上の決定」にも反する、と批判的見解を表明している[51]。

　これにたいして、*A.I.*誌はより批判的であった。プラーグは「シオニスト」という題の論説でこう論じている。19世紀のシオニズムの直接の起源は、1880年代のロシアにおける迫害にあり、それは、厳しい抑圧と迫害の下で自分たちの「祖国」をもたない人びとの「祖国への憧れ」の表出であった。だが、「彼らのシオニズムは近代の諸民族の特色であるショーヴィニズムの一形態」であり、「ユダヤ人社会の利害を大きく損ない、その名声を傷つけ、効果よりも危険に満ちた」ものである。他方、フランスのユダヤ人は、1791年の解放以降、「フランスの完全な一員」となっており、祖国フランスと固く結びついている。したがって、こうした「危険に

第9章　19世紀フランス・ユダヤ人の「個」と「共同性」

満ちた」シオニズムには反対である、と[52]。

　ザドック・カーンや U.I. 誌がシオニズムの一定の役割を評価するのにたいして、プラーグは全面的に否定するという違いはあるが、シオニズムにたいして共に否定的であることは明白であろう[53]。事実、フランスでシオニズムを支持する人びとはごく少数にすぎず、シオニズム運動の提唱者ヘルツル（Theodor Herzl）も、「フランスのユダヤ人はこの計画に敵対的だ。予想していたとおりだ」と指摘しているほどであった[54]。フランコ＝ユダイスムは、19世紀末の激しい反ユダヤ主義の高揚を前にして傷つきながらも、なおフランス・ユダヤ人の心を深くとらえていた。むしろ彼らは、第一次世界大戦に積極的に参加して愛国心を発揮するなど、フランス共和国への帰属意識を強めさえしたのである[55]。

むすび

　これまでの考察から次の二点を確認することができるだろう。
　第一に、フランスのユダヤ人解放は、社団としてのユダヤ人共同体を解体し、個としてのユダヤ人を国民共同体に統合するという理念に立っていた。だが、実際には、フランス・ユダヤ人は、1808年に成立した長老会体制を媒介として「国民化」され、国民共同体に統合されたのである。長老会体制は、一種の中間団体として、国民共同体と「個」（あるいは「公」と「私」）を接合する役割をはたしていた[56]。
　第二に、フランス・ユダヤ人が他の国や地域のユダヤ人と自分たちとを「差異化」し、「国民化」するのを支えるイデオロギー上の基礎となったのが「教義上の決定」であり、それを基礎に19世紀末に開花したフランコ＝ユダイスムであった。そこではフランス国民共同体への帰属が強調されたが、同時に、そこには宗教と歴史の記憶にもとづく内外のエスニック集団としての帰属意識も組み込まれていた。フランス・ユダヤ人は、ユダヤ人としての国際的なエスニック集団―フランス国民共同体―国民共同体内の下位集団としてのエスニック集団（基本的には宗教共同体）という、少な

Ⅲ部　個の揺らぎと国民化

くとも、三つの集団、あるいは共同体に対応する共同性を育んでいたのである。そこでは、フランスを祖国とみなすなど、フランス国民共同体が最も大きなウエートを占め、内外のエスニック集団への帰属意識は、フランスへの帰属を傷つけない範囲で許容されたのである。そして、これら三つの共同性を繋ぐイデオロギーとして機能していたのが、フランコ＝ユダイスムであった。

　ただ、小稿では、ナショナル・アイデンティティとエスニック・アイデンティティを軸にフランス・ユダヤ人総体の共同性を考察したにすぎず、個々のフランス・ユダヤ人がこうした三つの共同性以外に、地域、階級、職能などさらに多くの種々の共同性を育んでいたことは論を待たない。また、詳論する余裕はないが、19世紀フランスのユダヤ人は長老会指導部やその周辺の知識人を中心に独自のイデオロギーと共同性を育み、それがフランス・ユダヤ人の多数を支配したが、その周縁には、ユダヤ教やユダヤ人社会とは一線を画して脱ユダヤ化する者からユダヤの伝統に忠実であろうとする者など、多様な人びとや集団が存在したことも忘れてはならない[57]。

　最後に、反ユダヤ主義とナショナル・アイデンティティやエスニック・アイデンティティの可変性の問題に触れて結びとしよう。

　ナショナル・アイデンティティやエスニック・アイデンティティは状況に応じて変化する。たとえば、作家のフレ（Fleg）ことフレゲンハイマー（Edmond Flegenheimer, 1874-1963）は、脱ユダヤ化していたが、ドレフュス事件を契機に自らのユダヤ人性を自覚し、その後ヘブライ語とユダヤ人の歴史を研究するようになり、シオニズム運動にも参加している[58]。フレのケースは、反ユダヤ主義に直面して自らのユダヤ人性を意識することを「強制」され、ユダヤ人としてのアイデンティティを自覚するようになった事例といえる。このように、フランス・ユダヤ人のアイデンティティもホスト国の対応との関係で変容するのである。第二次世界大戦後、ホロコーストの経験とイスラエル国家の成立、あるいはアルジェリアからのユダヤ人の大量移住もあいまって、フランス・ユダヤ人のフランスへの帰属意識は大きく揺らぐことになる。

第9章　19世紀フランス・ユダヤ人の「個」と「共同性」

註

1）高村学人「フランス革命期における反結社法の社会像―ル・シャプリエによる諸法を中心に」『早稲田法学会誌』第48巻、1998年、105－160頁。富永茂樹「中間集団の声と沈黙―1791年夏―秋―」『人文学報（京大人文研）』第88号、2003年、33－82頁、も参照。

2）*Archives Parlementaires de 1787 à 1860. Première Série [1787 à 1799]*, Kraus Reprint, 1969, t.X, p.756.

3）Décret de l'Assemblée nationale de 27 septembre 1791, dans Archille-Edmond Halphen, *Recueil des lois, décrets, ordonnances, avis du Conseil d'Etat, arrêtés et réglements concernant les Israélites depuis la Révolution*, Bureaux des Archives Israélites, 1851, pp.9-10.

4）19世紀フランスのユダヤ人の通史に関する参照文献については紙幅の関係もあって特にあげないが、有田英也『ふたつのナショナリズム―ユダヤ系フランス人の「近代」』（みすず書房、2000年）は、大いに参考にさせていただいた。

　なお、1890年代のユダヤ人の世論に関する主な史料として、当時のフランス・ユダヤ人社会の二大誌『アルシーヴ・イスラエリート』（*Archives Israélites* ［以下、A.I.と略記］）と『リュニヴェール・イスラエリート』（*L'Univers Israélite* ［以下、U.I.と略記］）を利用した。前者は、1840年に創刊され、自由主義的傾向が強い。後者は、1844年の創刊時には長老会に近い立場に立っていたが、19世紀末になると両誌の間で基本的な姿勢に大きな違いはなくなった。

5）Robert Anchel, *Napoléon et les juifs,* PUF, 1928, p.8. なお、革命前のユダヤ人の状況と解放論、および革命期の解放論議に関しては、拙稿「フランス革命前のユダヤ人解放論―『二つの解放の道』を中心に」『立命館文学』558号、1999年、195－216頁、同「『異邦人』から『市民』へ―大革命とユダヤ人解放」服部春彦、谷川稔編『フランス史からの問い』山川出版、2002年、23－47頁、参照。

6）たとえば、メッスのユダヤ人共同体は何度か債務の国有化を要求したが、却下され、債務の支払いに関する法が何度も出されている（Halphen, *op.cit.,* pp.8, 11-15.）。

7）Patrik Girard, *La Révolution française et les juifs,* Robert Laffont, p.249. このように旧ユダヤ人共同体の債務の国有化が否定されたということは、解

Ⅲ部　個の揺らぎと国民化

放令にもかかわらず、ユダヤ人は他の市民との完全な平等を認められたわけではないということであり、革命の理念と現実との間には乖離が存在したことを示している。

8）メッスのユダヤ人共同体の債務問題に関しては、Anchel, *op.cit.*, pp.519-530; Nathan Netter, *Vingt siècle d'histoire d'une communauté juive: Metz et son grand passé,* Jean Laffite, 1995 (première édition 1938), pp.207-229 も参照。

9）Abraham Cahen, Budget de la communauté des juifs de Metz, *Mémoire de la Société d'Archéologie Lorraine,* 3e série, 3e vol., 1875, pp.150-151.

10）Netter, *op.cit.*, p.207.

11）Arrêté relatif à la liquidation des dettes de la ci-devant communauté des juifs de Metz, du 5 nivôse an X, dans Halphen, *op.cit.*, pp.13-15. この法は、アルザスなどの他の共同体の債務問題処理のモデルとなった。

12）長老会体制の成立にいたる経過、その特徴と活動に関しては、拙稿「第一帝政とフランス・ユダヤ人―『同化』イデオロギーと長老会体制の成立」『社会システム論集（島根大学）』第8号、2003年、23-47頁、同「近代フランス・ユダヤ人のアイデンティティ試論―長老会体制とフランコ・ユダイスム」『立命館言語文化研究』第15巻4号、2004年、33−50頁、参照。

13）ナポレオン体制のもとでの宗教政策に関しては、松嶌明男「フランス統領政府期の教会の市民機構化―1801年のコンコルダ・交渉の第一段階」『史学雑誌』第105編第9号、平成8年、64−86頁、などの同氏の一連の研究、および、Jacques-0livier Boudon, *Napoléon et les cultes : Les religions en Europe à l'aube du XIXe siècle 1800-1815,* Fayard, 2002 など参照。

14）地方長老会は、発足時にはフランス本土で7だったが、1857年までに9に増大した。

15）トクヴィル、井伊玄太郎訳『アメリカの民主政治　下』講談社、1987年、536−537頁。

16）主にアルザスのユダヤ人を対象に、1808年3月17日に制定。

17）フランコ＝ユダイスムに関しては、有田、前掲書、拙稿「近代フランス・ユダヤ人のアイデンティティ試論」（前掲論文）など参照。

18）Théodore Reinach, *Histoire des Israélites depuis la ruine de leur indépendance nationale jusqu'à nos jours,* 2 ème édition, revue et corrigée, Achette, 1901 (1ère édition, 1884).

19）カーン（1839-1905）は、この直後に中央長老会大ラビに就任（1890-1905）している。カーンについては、Ph-E.Landau, Zadoc Kahn, grand rabbin de France, *Archives Juives,* No.27/2, 1994, pp.105-114 参照。

20) H. Prague, Causerie, 6 juin 1889, *A.I.,* t.L, pp.177-179.
21) ナショナル・アイデンティティ、エスニック・アイデンティティに関しては、アントニー・スミス、高柳先男訳『ナショナリズムの生命力』晶文社、1998年、参照。フランス・ユダヤ人のエスニック・アイデンティティに関しては、Phyllis Cohen Albert, Ethnicité et solidarité chez les juifs de France au XIXe siècle, *Pardes,* no.3, 1986, pp.29-53.; Paula E. Hyman, L'impact de la Révolution sur l'identité et la culture contemporaine des juifs d'Alsace, dans P. Birnbaum, *Histoire politique des juifs de France,* PFNSP, 1990, pp.21-38; Catherine Nicault, La réceptivité au sionisme de la fin du XIXe siècle à l'aube de la Second Guerre Mondiale, dans P. Birnbaum, *ibid.,* pp.92-111 なども参照。
22) 詳細は省くが、このことは、19世紀末のフランス・ユダヤ人の個人の名前に、ユダヤ系であることを示す伝統的なユダヤ的な名前か、世俗的な名前とユダヤ的な名前の合成名が多く、また改宗や異教徒との結婚が少なかったことにも伺える。
23) ボローニャのユダヤ人モルタラ家の若い女奉公人（キリスト教徒）が、同家の1歳の男の子に密かにキリスト教の洗礼を施していたことが発覚し、ローマ教皇庁の強硬姿勢もあいまって、国際的に論議を呼んだ事件。
24) イジドール・カーンは、優秀な成績で師範学校を卒業して哲学の教授資格を取得し、1849年10月にヴァンデ県のリセ、ブルボン＝ヴァンデ校の哲学教員に任命されたが、リュソン（Luçon）司教の反対を受けて教育・宗教大臣がトゥールへの配置転換を命じると、これに抗議して辞職している。彼は共和派との関係が深かった（Michel Graez, *Les juifs en France au XIXe siècle: De la Révolution française à l'Alliance israélite universelle,* Seuil, 1989 (original 1982), pp.297ff）。なお、「カーン事件」については、*A.I.,* t.IX, 1848, pp.617-665 なども参照。
25) ユダヤ国際連盟に関しては、Graez, *op.cit.*; Georges Ollivier, *L'Alliance Israélite Universelle 1860-1960,* Documents et Témoignages, 1959など参照。
26) Isidore Cahen, Mélanges: L'Alliance Israélite Universelle, *A.I.,* t.XIX, 1858, pp.692-702. カーンは、*A.I.* 誌の前号（1858年11月号）でユダヤ人自身の運動の組織化の必要を訴えていた（*ibid.,* t.XIX, pp.617-625）。
27) 後に連盟の書記になった作家シモン・ブロックは、ユダヤ世界連盟の結成を歓迎し、「あなた方の試みは愛国的行為である」と讃えている。(Simond Bloch, Alliance Israelite Universelle, *U.I.,* XVI, 1859-60, pp.652-654)。

　世界ユダヤ連盟の会員数は急速に増大し、1885年には30,310人に達した（Ollivier, *op. cit.,* pp.59-61）。そして、パリの本部以外に、ヨーロッパを中心

Ⅲ部　個の揺らぎと国民化

に各国に地域委員会が設置され、抑圧や迫害を受けた共同体や移民の支援などの種々の活動を展開している。なかでも重視されたのが、次世代を担う若者の教育であった。連盟は、北アフリカや中東などの各地に学校を設立し、ユダヤ人が居住している各国の言語、歴史、地理などを教えたが、そのモデルとなったのはフランスでの教育活動であった。

28) Dominique Schnapper, Les juifs et la nation, dans Pierre Birnbaum, *op. cit.*, p.309.

29) 有田は、フランス・ユダヤ人のアイデンティティを公（公共空間）―共（共同体的紐帯）―私（個人）の三極構造をなすとみなし、フランコ＝ユダイスムを「公―共―私を循環させる回路に他ならない」と指摘しているが（有田、前掲書、131－133頁）、そこではフランス国内での構造が主に念頭に置かれていると思われる。だが、19世紀末以降のシオニズムなどに見られるユダヤ・ナショナリズムの台頭を念頭に置けば、国境を超えたエスニック・アイデンティティ（有田もこのことを否定しているわけではない）を加え、四極構造をなすものと考えるのが妥当ではないだろうか。

30) たとえば、1896年11月にリヨンで開催された第一回反ユダヤ主義会議は、解放令の廃止と、それが実現する前にユダヤ人を公教育、司法、行政、軍から排除し、ユダヤ人商店をボイコットすることなどを決議している（B.-M., Le congrès de Lyon, 4 décembre 1896, *U.I.*, t.52, n.11, pp.325-330）。

31) フランス・ユダヤ人の世論に関しては、Philippe E.Landau, *L'opinion juive et l'affaire Dreyfus*, Albin Michel, 1995 も参照。

32) 拙稿「E.ドリュモン『ユダヤ人のフランス』を読む―19世紀末『もう一つのフランス』の一断章」『立命館言語文化研究』第8巻第2号、1996年、41－72頁、参照。

33) 15 avril 1886, *A.I.*, t. XLVII, n.15, p.119.

34) Isidor Cahen, Les méfaits de la plume, 29 avril 1886, *A.I.*, t.XLVII, n.17, pp.130-131.

35) Isidor Cahen, Causerie, 29 mai 1886, *A.I.*, t.XLVII, n.20, pp.153-155.

36) Isidor Cahen, Année 1887: Anti-sémitisme pratique, 6 janvier 1887, *A.I.*, t.XLVIII, n.1, pp.1-2 など。*U.I.* 誌も基本的に同じ受け止め方をしている。

37) Isidor Cahen, Sommes-nous défendus ?, 27 décembre 1894, *U.I.*, t.LV, n.52, pp.423-424 など参照。

38) L.Wogue, Le capitaine Dreyfus, 16 novembre 1894, *U.I.*, t.L, n.5, pp.131-133; id., Encore Dreyfus, 16 janvier 1895, *U.I.*, t.L, n.9, p,271, など参照。

39) B.-M., Les élections consistoriales et l'antisémitisme, 11 septembre 1896,

U.I., t.51, n.51, pp.740-743. B.-M. はルヴァイヤンの筆名である。彼は警察庁長官を務めたこともあったが、親ドレフュス的姿勢をとったために辞職を余儀なくされ、*U.I.* 誌の編集長として健筆をふるった。

40) B.-M., Le congrès de Lyon, 4 décembre 1896, *U.I.*, t.52, n.11, pp328-329.
41) B.-M., La terreur anti-sémite, 25 décembre 1896, *U.I.*, t.52, n.14, pp429-433.
42) Léon Blum, *Souvenir sur l'Affaire,* Gallimard, 1981 (première édition, 1935), p.37, 稲葉三千男訳『ドレフュス事件の思い出』創風社、1998年、12頁（ただし、訳文は引用者）。
43) B.-M., Les juifs et les élections, 22 avril 1898, *U.I.*, t.53, n.31, pp.133-136.
44) B.-M., Après le second tour de scrutin, 27 mai 1898, *U.I.*, t.53, n.36, pp.293-296.
45) B.-M., Symptôme, 23 décembre 1898, *U.I.*, t.54, n.14, pp.421-425 など参照。
46) B.-M.,Victoire juive, 9 juin 1899, *U.I.*, t.54, n.38, pp.361-364; Id., A propos du procès, 18 août 1899, *U.I.*, t.54, n.48, pp.809-813.
47) B.-M., A propos du verdict, 15 septembre 1899, *U.I.*, t.54, n.52, pp.809-813.
48) B.-M., Après la grâce, 29 septembre, *U.I.*, t.55, n.2, pp.37-41.
49) B.-M., L'affaire Dreyfus et le judaïsme, 20 juillet, *U.I.*, t.61, n.44, pp.485-488.
50) H.Prague, La morale de l'Affaire, 19 juillet 1906, *A.I.*, t.LXVII, n.29, pp.225-226.
51) B.-M., Le congrès de Bâle et le grand rabbin de France, et Interview de M. le grand rabbin de France, 24 septembre, *U.I.*, t.53, n.1, pp.5-13.
52) H.Prague, Les sionistes, 2 septembre 1897, *A.I.*, t.LVIII, n.35, pp.273-275.
53) *U.I.* 誌も、シオニズムに関連して、「われわれには他のフランス人と同じように愛してやまないひとつの祖国がある。われわれが二つの祖国をもつことはありえない」と指摘する論文を掲載している（J.L., Patriotisme et sionisme, 25 mars 1898, *U.I.*, t.53, n.27, pp.20-21)。
54) Theodore Herzl, *Journal 1895-1904,* Calmann-Lévy, 1990, p.72.
55) Pierre Birnbaum, Grégoire, Dreyfus, Drancy et Copernic: Les juifs au coeur de l'histoire de France, dans Pierre Nora (dir.), *Les lieux de mémoire III*, t.1, Gallimard, 1992, ff.593. 拙訳「ユダヤ人―グレゴワール、ドレフュス、ドランシー、コペルニック街」ピエール・ノラ編、谷川稔監訳『記憶の場―フランス国民意識の文化＝社会史　第一巻　対立』岩波書店、2002年、

Ⅲ部　個の揺らぎと国民化

321頁以下。
56）こうしたフランス・ユダヤ人の統合化の実態からみるかぎり、近代以降のフランスを、大革命時に追求された国家と諸個人の二極からなる中央集権的国家とみなすことは単純にすぎるといわなければならない。
57）こうしたさまざまな人びとやグループについては、有田、前掲書、を参照されたい。
58）Landau, *op.cit.*, pp.74-75.

第10章　ビスマルク帝国期の共同性と労働者保護
　　　　——職業協同組合を中心にして——

　　　　　　　　田　中　　　優

　　はじめに

　19世紀後半に急速に進行する工業化は労働災害という社会問題を発生させ、新生ドイツ帝国はこの問題解決のために、工場監督官（Fabrikinspektor）と職業協同組合（Berufsgenossenschaft）の二つの制度を創設した。社会問題は、帝国レヴェルでの国家機能の拡大、すなわち国民国家の形成によって解決されようとしたのである。本稿は職業協同組合をとり上げ、この共同性がどのように労働者保護システムとして法的に定着したのか、そのプロセスを明らかにする。そして、そのことを通して帝国という国民国家への下層民の統合を考察したい。

　労働者保護の法的定着を検討するにあたって注目すべきは、政治諸勢力を分立した社会文化圏（社会モラル・ミリュー）の視点から捉えるレプジウス（M.Rainer Lepsius）の見解である[1]。彼によれば、政治諸勢力の間に共通の政治文化は存在せず、政治諸勢力の活動は地域的にも政治的にも、宗教的にも社会的にも分立した社会文化圏に囲い込まれていたことを強調している。すなわち、政治諸勢力はそれぞれの社会文化圏のなかで固有の価値観を維持しつづけた、というのである。

　ところで、職業協同組合はこれまで、政治諸勢力が一致することのできる災害保険実行機関として、すなわち帝国議会での政治諸勢力の妥協の産物とみなされてきた。ただし、この妥協はもっぱら政策レベルで捉えられ、帝国の支配構造と関連させて把握することは少なかったように思われる[2]。

さて、政治諸勢力がそれぞれの社会文化圏内に留まっていたとすれば、帝国議会での彼らの妥協はどのように理解すればよいのか。

近年、「政治的ネーション〔形成〕の最も重要なシンボル」として、ビスマルク帝国期の帝国議会が注目され、それは分立した社会文化圏の合意形成に不可欠であったことが強調されている[3]。

この合意形成を考察するにあたって、レームブルッフ（Gerhard Lehmbruch）の主張は示唆に富む。彼によれば、分立した社会文化圏に対応しうる支配は、団体主義的交渉デモクラシー（korporative Verhandlungsdemokratie）に立脚して可能である。多数決原理に基づく支配はドイツにはなじまない。このデモクラシーに立脚した支配は、政治諸勢力それぞれの異なる価値観や要求の共存を許す合意を特徴とする[4]。

この合意のあり方をシェーンベルガー（Christoph Schönberger）はビスマルク帝国期の帝国議会の意思決定に見出し、そこでの意思決定とはビスマルク、官僚、政党、圧力団体それぞれの主張の調整に他ならなかった[5]、と主張している。

以上のような諸見解を踏まえながら、職業協同組合の法的定着のプロセスを解明しよう。

1　労働者と団体主義的結合

「労働者保護（Arbeiterschutz）」は、19世紀末から20世紀半ばまで使用された概念であり、今日ではそれは「労働保護」と表現されている[6]。したがって、「労働者保護」はほぼ半世紀の間使用された特殊な概念である。

労働者保護概念は、19世紀末、ヴェーバー（Alfred Weber）によれば、企業労働のコントロールのことを指す。それは、禁止や規制の対象として労働時間、日曜・夜間労働、児童労働、少年労働、女性労働等を、さらには、保護の対象として労働者の生命と健康の保護を内容としていた[7]。この指摘は、労働時間の規制と労働過程における労働者の生命・健康が人びとの間に共有される価値となったことを示している。

第10章 ビスマルク帝国期の共同性と労働者保護

では、こうした公共的価値が適用される主体を、なぜ「労働者」と表現したのであろうか。近年の研究は、19世紀の労働者の実態がまとまりのある階級からは遠くかけ離れた存在であり、いわんや彼らの間には共通の意識がなかったことを浮き彫りにしている。

「労働者」は、職工や衣服製造業者、製靴業者などの手工業者、仕立屋、家具工、あるいは手工業的小営業の職人、鍛冶工や旋盤工などの大企業従業員、奉公人、手仕事人、日雇いなど実にさまざまな技能や出自等を背景にもつ下層民の諸経験をひとつにまとめ上げる構成観念であり、その観念によって下層民の諸体験は互いにコミュニケーションが可能になった、と捉えられている[8]。したがって、「労働者」の創造を通して労働者保護という公共的価値の実現・達成は可能になったということができよう。

さて、労働者保護の法的定着を推進した政治勢力として、ビスマルク、官僚、保守党、カトリック中央党そして社会民主党が挙げられているが[9]、ここでは保守主義者とカトリックをとり上げ、彼らの労働者保護観を検討しよう。

まず、保守主義者の場合をヴァーゲナー（Hermann Wagener）を例にして示そう。ヴァーゲナーはビスマルクの社会政策アドヴァイザーとして知られ、労働者を組織する彼の考え方はビスマルクに大きな影響を与えたのであった。

ヴァーゲナーは次のように述べている。まとまった資本の力に対抗し労働者の団結を可能にするのは団結権であるが、これを基礎づけ正当化しているのは真のドイツ的性質の発展形態である「団体主義的結合(korporative Verbindungen)」に他ならない[10]、と。彼が主張する「団体主義的結合」は下層民を「労働者」に鋳直す任務が与えられているのだが、その場合、団体主義的結合は国家を前提にして考えられていた。ヴァーゲナーは、「旧い死滅した営業コルポラツイオーンが取り除かれた後、今日漂流している民衆の間で形成されつつある新たな組織にできるだけ再び団体主義的なかたちを与え、それらを国家（Staat）の当該機関と相互に作用させあうことが政府の任務である[11]」、と述べている。

229

Ⅲ部　個の揺らぎと国民化

　ヴァーゲナーの主張する団体主義的結合が国家と結合していたことを、彼が起草した1870年2月19日の産業協同組合（Gewerbliche Genossenschaft）法案に確認しよう。産業協同組合の特徴を簡単に示せば次のようになる。

　それは、事業主と労働者が紛争解決のために、かつ産業上の利益を促進する目的で創設する自主的組織であるが、法人格を得て国法の下に置かれる。協同組合の理事会は事業主と労働者から構成され、賃金や労働時間等の労働者保護に関する争いを解決し、疾病や廃疾あるいは貧困な会員の支援のための機関を設立する[12]。

　産業協同組合は会員相互の共同性と自治に支えられ、労働者保護等の問題の解決にあたるが、その力を活かすのは国家であると彼は考えた。たとえば、労働者保護を担当する国家官吏である工場監督官は、協同組合による自主的な問題解決に際し、労使のいずれか一方の要請にもとづき「指導者（Obmann）として関わることができる[13]」（第23条）、と規定している。

　ヴァーゲナーの構想した産業協同組合は、下層民を労働者に鋳直し、彼らを国家に引き入れるためのものだったのである。

　カトリックの場合はどうであろうか。カトリックは「労働者」に、平信徒たちを近代社会へ接合するシンボルとしての役割を担わせた。たとえば、モーザー（Josef Mooser）は次のように主張している。国家権力の強大化、資本主義的工業化、都市化によって引き裂かれ、かつ多様な存在である下層民が苦難を認識すると同時に、近代社会で生きる希望を見出すことができるシンボル、それが「労働者」である[14]、と。

　では、そうしたシンボルとしての労働者が、近代社会を生き抜くためにはどのような方法があるのか。中央党の帝国議会議員ヘルトリンク（Georg Freiherr von Hertling）が推奨したのが、これまた団体主義的結合であった。彼は次のように述べている。

　　リスクを協同して担い、そのことを通して個人にとってひどい損害の危険を少なくするため、一緒になろうとする関心をもつのは事業主だ

第10章　ビスマルク帝国期の共同性と労働者保護

けではない。労働者もまた同じ関心をもっている。すなわち、災害予防もしくは発生した労災のための補償という共通の利益のために、事業主と労働者は結びついているのだ。それゆえ、共同の絆が工業自体の環境から自然に成長し、ここで事業主と労働者を結びつけるのである……[15]。

その例としてヘルトリンクは鉱員共済金庫をとり上げ、それが労働者の物的支援のみならず、「労働者と雇用者との間のモラル的絆」をつくり上げている[16]、と主張した。このような「工業の環境から全く自然発生的に生じる団体主義的連盟（Verbände）」を通して労働者は近代へ接合されなければならず、したがって、「そのような自然発生的に生じた団体主義的形態のなかに含まれている有用さを強化し、援助し、拡大する」ことが重要である[17]、と彼は考えた。

ただし、そうした課題は、基本的には団体主義的結合である協同組合の自治を通して行われるべきであり、もし国家が介入するのであれば、そうした有用さは根絶されることになる[18]、と彼は主張した。

ヘルトリンクの批判する国家とは帝国のことである。帝国議会での災害保険法案審議に際して、彼が批判したのは帝国の中央集権化であり、他方、彼は連邦分立主義的（föderalistisch）立場から、その保険の脱中央権化を推奨していたのである[19]。

カトリック中央党は下層民を労働者に鋳直すために団体主義的結合を主張し、それを邦国（Land）の力によって確固たるものにしようとした。これに対して、保守主義者は団体主義的結合を保障する力を国家に求めた。ただし、その場合の国家とは帝国を指す。たとえば、ビスマルクは第3次災害保険法案審議の際に、国民自由党が推す私的保険会社を批判して次のように述べている。

> 若干の火災保険株式会社が稼ぐ莫大な配当金を、私は実際公共的モラルの原則に全く一致し得ないと思う。少なくとも国家は、この考えに

応じることはできない。しかし、国家は—国家はここで常に帝国（Reich）と考えているのだが—労働者が損害を被ったり老齢になった場合に、彼らを事故と困窮から保護する権利、すなわち国家的義務を実現するのか、あるいは株式会社の建設という成り行きに任せる義務を持つのかは何か別のことである[20]。

　保守主義者は、帝国の力によって団体主義的結合は確かな地歩を占めることができると考えた。保守主義者は団体主義的結合によって労働者を創造し、彼らを帝国という国民国家に結びつけようとしたのである。

2　労働者保護と協同組合

　労働者保護制定を求める世論の要請にこたえるかたちで、工場監督官が自立した制度として法制化されたのは1878年である。工場監督官の制度化の過程を見れば、基本的対抗軸はプロイセン首相兼帝国宰相ビスマルクとプロイセン商務省高等参事官ローマン（Theodor Lohmann）との間にあったが、ここに中央党がローマンと連携するかたちで加わり、ローマン構想の方向で工場監督官の法制化が実現した[21]。
　だが、工場監督官の法制化はビスマルクの意に沿うものではなかった。というのは、1878年法はビスマルクが嫌っていた、事業主による危険責任を制度的に認める方向を示したからである。
　1880年代に帝国議会に提出され、そこで可決された帝国の法律のなかでビスマルクのイニシアティヴのなかったものは何ひとつない[22]、といわれているが、彼は工場監督官に替わるオールタナティヴを事業主によって構成された協同組合による労災予防に求めた[23]。
　周知のように、災害保険法の成立は1881年の第1次法案から、1882年の第2法案を経て1884年の第3次法案が可決されるまでに、3年の歳月を要した。この間、協同組合による労災予防は、第1次から第3次までいずれの法案にも盛り込まれている。

第10章　ビスマルク帝国期の共同性と労働者保護

　ただし、協同組合による労働者保護の取り扱い方において、第1次法案と第2次法案及び第3次法案では異なる。そこでまず、1881年の第1次法案において協同組合による労災予防がどのように取り扱われていたのかを検討しよう。

　第1次法案第56条は最初の段落で次のように主張している。「空間的に区切られた地区（Bezirk）内の、同じ危険クラスの企業体の事業主は、災害の危険に対処するために相互に結合することが許される[24]」、と。

　では、「そのような協同組合」は何をめざすのか。その理由として第56条は次の点を挙げている。ひとつ。損害補償に必要な保険料金の支払いは、「協同組合によって行われるべき」であること[25]。

　もうひとつ。第56条は第5段落で次のように主張した。「労災予防を目的とし、結合した企業体を効果的に監督するのは協同組合である[26]」、と。このように、第56条は協同組合による労災予防を要求したのである。その根拠を、第1次災害保険法案理由書は次のように述べている。

> 災害保険協同組合はその他に、紛れもない長所をもつ。すなわち、協同組合金庫に支払われる保険料を最大限少なくすること、したがって協同組合に加入するすべての企業体の業務上の事故を減少させること、このことへの共通の関心が企業体同士の相互監視を誕生させ、同時に国家に次のような可能性を提供するであろう。すなわち、営業法第139b条にもとづき任命された監督官吏〔工場監督官〕の義務となっている機能の一部分を、そのような協同組合が独自に引き受ける可能性を[27]。

　このように法案理由は災害予防を経済効率の視点から捉え、工場監督官の機能の一部分を協同組合に移すよう主張した。ビスマルク政府は、工場監督官の機能を協同組合に吸収する方向で労災予防システムをつくり上げようとしたのである。

　だが、災害予防を担う協同組合が災害保険の実行機関である帝国保険機

233

Ⅲ部　個の揺らぎと国民化

関（Reichsversicherungsanstalt）の指導のもとに置かれるのか否か、第1次法案は明確に示しておらず、法案のいう協同組合方式による労災予防はさまざまに解釈された。中央党のヘルトリンクは法案を次のように解釈した。災害保険の実行機関に予定されている帝国保険機関は、「労働者と事業主との間によそよそしさと機械的態度」を割り込ませ、「労災に対する事業主のモラル上の責任感」を弱める力をもつので、法案第56条は機能しない[28]、と。さらに、彼は次のように続けた。

　　法案第56条は……こうした方向へ向け、守るに値するヒントを与えている。相互的労災予防協同組合の導入が改革であることは認める。しかし、この改革はまだ十分ではない。というのは、いまだに全般的中央集権化が残っているからである。自律したものが帝国保険機関にいまだに従属しているからである[29]。

この従属を断ち切り、協同組合の精神を活かすにはどうすればよいのかについて、彼は次のように述べている。

　　帝国による保険活動のコントロールに関して、われわれは帝国保険機関の考えに同意することを望むとすれば、それは補完的(subsidiär)なかたちにおいてであるかどうか、なお熟考しなければならないだろう。保険法案が示すかたちではなく、とりわけすべてのやり方の基盤としてはただ補完的かたちにおいてだけ……[30]。

労災予防に関し、補完的なかたちであれば帝国の介入を認めることもありうるとヘルトリンクは法案を解釈したのである。これに対して、社会民主党のベーベルは法案を帝国による労災予防の方向で捉え、次のように主張した。

　　賠償責任法の拡大と手を携えながら、さまざまの職業で帝国保険機関

第10章　ビスマルク帝国期の共同性と労働者保護

が設立されることは確かであり、かつ非常に容易にそうなりうるであろう……。そのことは、労災をできるだけ防止し回避するために経営内に予防措置を講じるべきだ、とのこの法案の主たる努力と一体であるに違いない[31]。

　ベーベルによれば、帝国保険機関は「工場監督官の支援を受け」ながら、「すべての現行の工場生活と営業生活に生じるあらゆる労災」の情報を入手し、労働者保護のために必要とされる「適切な指令を出すことができる」存在であった[32]。
　協同組合と帝国保険機関との関係は、政治諸勢力によってさまざまに解釈され、その関係について彼らの間に共通した認識があったわけではない。
　そのことを第8委員会での審議も示している。第8委員会で法案第56条の審議の際に、協同組合方式の労災予防を削除せよ、との修正動議が提出された。この動議に対して、法案作成者のローマンは、次のように反論した。「第5段落を削除する動議を改革と認めることはできない。連邦政府がまさにこの規定のなかに見いだそうとしているのは、営業施設の監督領域で自治が芽生えることにあるのだ[33]」、と。
　だが、ローマンの説明にもかかわらず、協同組合方式を削除することを求めた動議は可決された。その理由として挙げられたのは、「規則によれば、国家的監督は〔協同組合よりも〕もっと有効に機能するであろう。そこにあらかじめ考慮された機関が現に存在していることを……われわれは必要不可欠な前提とするであろう[34]」、である。これは要するに、工場監督官がしっかりと根をはり、もはや崩すことのできない制度となっているために協同組合方式の労災予防は必要でない、と主張しているのである。
　協同組合による労災予防のあり方が全面に登場したのは、1882年の第2次災害保険法案においてである。第1次法案から第2次法案へのビスマルク政府の転換は、災害保険の実行機関の問題と関わっている。
　災害保険の実行機関に関して、中央党と保守党そして帝国党が結びつ

235

き、政府が提案した帝国保険機関は邦国保険機関に修正議決された。しかし、帝国議会のこの修正を、今度は連邦参議院が否決し、結局 1 次法案は廃案となった。

だが、この過程で浮かびあがったのは、協同組合方式の保険実行機関であれば政府は諸政党との合意を得られる可能性がある、ということであった。

しかし、ビスマルクはあくまでも帝国による保険管理を主張し、1881年10月の帝国議会選挙を戦った。結果は彼の敗北、中央党の勝利である。中央党は100の大台に議席を乗せ、法案成立の鍵を握る地位に立つ[35]。

こうした情勢は、協同組合へのもともとあったビスマルクの関心[36]を大きく膨らませ、同年11月17日、皇帝教書が発布された。それは次のように主張している。

> 国家的扶助のために、適切な手段と方法を見つけることは、キリスト教的国民生活（Volksleben）の倫理的基礎の上に立つすべての公共団体（Gemeinwesen）の、困難ではあるがしかし最高の任務のひとつである。この国民生活の実際の諸力と結びつき、これらの諸力を、国家的保護と国家的助成のもとに団体主義的協同組合の形式でひとつに結集すれば、……国家権力のみでは到底成し遂げることのできないような諸課題の解決をも可能にする[37]。

この皇帝教書の発布は災害保険の実行機関として協同組合を採用するのに大きな力となった。ただし、「国家的保護と国家的助成のもとに団体主義的協同組合」をとの表現や、「団体主義的協同組合」の内容について、政治諸勢力はそれぞれに解釈することになる。

さて、上述の皇帝教書の発布は、協同組合が労災予防の機関になるきっかけをつくった。ビスマルクはヘルトリンクの質問に対して、1882年1月9日の帝国議会で、工場監督官とは別の組織が労災予防のために必要である[38]、と答えている。これは第 1 次法案を審議した第 8 委員会での決定、

工場監督官は崩すことのできない制度として根づいている、をビスマルクは尊重するとともに、工場監督官と並んで（災害保険の実行機関としての）協同組合にも労災予防の役割を担わせようとの彼の意思の現れであった。

1882年3月8日帝国議会に提出された第2次法案は、労災予防とその監督を経営協同組合（Betriebsgenossenshaft）と経営団体（Betriebsverband）に担わせているが[39]、しかし保険組織の複雑さのために帝国議会の支持をうることなく廃案になった。

1884年3月6日帝国議会に提出された第3次法案は、第2次法案よりもずっと簡明な組織構造をつくり上げていた。保険の実行機関と保険財政の両方を職業協同組合（Berufsgenossenschaft）が担い、それが労災予防規則を交付する権限（第78条）と、その規則の実施を全権委員（Beauftragte）を通して監督する権限をもつ（第82条）[40]、としている。この規定は、基本的に第2次法案の内容を受け継いだものであった。工場監督官とは別の労働者保護組織を第2次法案がはじめて立ち上げ、第3次法案がその実現、すなわち工場監督官と協同組合の二元的労災予防システムの実現をめざしたのである。

3　職業協同組合の構造化、邦国そして帝国

災害保険第3次法案をもとに協同組合方式による労災予防が確定する。以下、その法的定着の過程を（1）労災予防への帝国の介入、（2）労災予防への労働者の参加について検討しよう。

まず、（1）労災予防への帝国の介入について。これは、労災予防を担当する職業協同組合と帝国との関連づけをめぐる問題として捉えられた。第3次法案によれば、職業協同組合は帝国全土で産業分野ごとに事業主が自発的に形成する組織で、内部的には地域セクションと危険クラスに応じ分節化した構造をもつ（第9条、第18条、第28条）。

職業協同組合は地域や邦国の枠組みを超えた共同性で、帝国と結びつくことを特徴としている。たとえば、法案第87条は、「この法律の厳守に関

Ⅲ部　個の揺らぎと国民化

して、協同組合は帝国保険庁（Reichsversicherungsamt）の監督を必要とする」、第90条は「労災予防規則の認可にかかわる問題が生じた時、……帝国保険庁の決定が条件となる[41]」、と規定している。この規定を受けて第87条の最終段落は、職業協同組合による労災予防規則の公布は「帝国保険庁の認可を必要とする[42]」、と規定した。

職業協同組合を帝国保険庁の監督下におく必要性を、法案理由は次のように述べている。

> どのような産業施設が保険の義務を負うのかの決定は、帝国全体で統一的に把握されなければならない。協同組合同士の争いや事業主と協同組合との争いは、公の権威を備えた主務官庁の場で解決される必要がある。さらに、この種類の決定のためには、協同組合に与えられるはずの補償範囲を顧慮すれば、帝国という領域のための中央官庁が不可欠である[43]。

政府案は、災害保険という新たな社会問題解決のための協同組合を支える力として、帝国を主張したのである。

さて、法案理由は、職業協同組合が労災予防規則の公布権限とその規則の実施監督権をもつ根拠を次のように述べている。

協同組合の場合には、組合が代表する工業部門の状況について会員は正確に把握しうると同時に、労災予防への関心を高めることによって、「公布される保護規則はより大きな寛大さと、より大きな厳格さの丁度中間を占める」ことになる[44]、と。

このように協同組合の自治による労災予防の「実り豊かさ」が強調される一方、その自治は、帝国の監督下に置かれなければならなかった。法案理由によれば、それは協同組合が公布する規則は営業警察（Gewerbepolizei）にとって、および営業法のさらなる発展にとって重要だからであった。と同時に、そうした規則を公布する権限を合目的ではなく、あるいは公正ではなく使用する可能性が排除されてはいないと考えら

第10章　ビスマルク帝国期の共同性と労働者保護

れるからであった[45]。

　協同組合の自治は帝国の公共機能と絡ませて主張され、その機能を支えるものとして捉えられていたのである。

　しかし、こうした協同組合自治のあり方は中央党には受け入れがたい提案であった。ヘルトリンクは次のように述べている。

> 連邦政府は団体的形成の思想を以前よりもずっとまともに捉えており、そのことは喜ばしいことである。だが、この思想を発展させるやり方が中途半端なのだ。すなわち、団体的思想が官僚主義的に中央集権化する傾向によって、再三再四おおい隠されているのである。そのことが私には残念でならない[46]。

　ヘルトリンクは政府案の官僚主義的中央集権化傾向を批判するのだが、その根拠として彼が挙げたのは帝国保険庁がもつ行政機能と裁判機能であった。彼は帝国保険庁の行政機能として、協同組合規則や規則改正の認可、危険度に応じた協同組合同士の結合の認可、協同組合公布の労災予防規則の認可を、裁判機能として、資産をめぐる協同組合間の争いの裁定、協同組合職員の義務と権利についての裁定、規則の解釈や選出の有効性についての裁定を挙げている[47]。

　とりわけ、ヘルトリンクが問題にしたのは帝国保険庁の行政機能であった。彼は次のように述べている。

> 連邦政府案で考えられている帝国保険庁は支邦国家（Einzelstaat）の権限に介入している。帝国保険庁は個々の邦国（Bundesstaat）の上級及び下級の行政官庁と直接に交渉をもち、邦国官庁（Landesbehörde）の仲介なしに、後進的な協同組合に対して規制手続きを開始することができる。それは、協同組合理事会のメンバーに対して1,000マルクまでの罰金刑を科すことができる。もとより、そのことによって支邦国家からそれまでもっていた何かが奪われるわけではない。なぜなら、

239

Ⅲ部　個の揺らぎと国民化

全く新しいテーマが取り上げられているからだ。しかし、そのことが問題なのではない。ここでは、今までに先例がない方法で、支邦国家がもつ内政的権限への介入が企てられているのだ。おそらく、この余りにも行き過ぎた徹底さが利用されるのだ[48]。

災害保険という新たに誕生した領域を政府は帝国の公共機能と結びつけたのに対して、中央党はそれを邦国の公共機能に結びつけようとした。邦国の独立性を擁護する中央党の主張は、バイエルンやバーデンの各邦国の支持を得ていたのである。法案を審議した第7委員会第1読会の議論の経過について、1884年5月17日連邦参議院バイエルン代表ヘルマン（Josef Hermann）はバイエルン内務大臣フォン・ファイリッチュ（Max Freiherr von Feilitzsch）に次のように報告している。

> 審議後、〔中央党〕フォン・フランケンシュタイン氏は私にプライベートにこう語った。自分は賭けてもよいのだが、邦国保険庁（Landesversicherungsamt）の設置認可なくして、その法案は成立しないであろう、と。彼はこの理念の実際の担い手のように思われる……フォン・フランケンシュタイン氏は自らの「連邦分立主義的考え」を、とりわけバイエルンの独立性のために、第1次法案が示した帝国保険機関に反対して申し述べた考えを、帝国保険庁に転用したように思われる[49]。

職業協同組合と帝国との間に邦国を介在させる中央党の考えは保守党と帝国党に支持され、これら3党と政府との間で妥協点を見出すために内密の話し合いが行われた、とベルリン在住のバーデン公使フォン・ビーバーシュタイン（Adolf Frhr. Marschall von Bieberstein）は5月20日にバーデン首相トゥルバン（Ludwig Turban）に次のように報告している。

> 帝国政府側と3党の委員会員は法案成立をめざし、第1読会後にまだ

第10章　ビスマルク帝国期の共同性と労働者保護

解決されていない相違点について意見の交換を望んだ。それは、もし可能ならば共同の合意のもとで、委員会第2読会向けの動議を提出するよう確認するためであった[50]。

　諸政党との妥協によって法案を成立させようとする政府の意図は、法案審議をはじめた第7委員会での政府代表ボエーティッヒャー（Karl Heinrich von Boetticher）の発言のなかに認められる。第7委員会第1回会議報告（3月28日）は次のように述べている。

　　次官（Staatssekretär）フォン・ボエーティッヒャーはこう発言した。政府は法案について決して討議しないとの立場はとらない。政府は対案を事実に即して吟味するであろう。したがって、私は委員会を構成する各会派がやがて集約しまとまった動議を提出するよう要請する[51]。

　諸政党との間に一致点を見出し法案を成立させる、これが政府の基本的立場であった。内密の話し合いを経て、5月20日第7委員会第2読会に提出された3党共同の修正動議は、帝国保険庁による職業協同組合の監督に加えて、次のように指摘している。

　　邦国政府は自国領域内向けに邦国保険庁を設立する。邦国保険庁は、自国の領域を超えることのない職業協同組合の監督を行う。この職業協同組合の業務にかかわる条項について、帝国保険庁に委託された権限は邦国保険庁に受け継がれる（第91a条）[52]。

　修正動議は職業協同組合を監督する機関として帝国保険庁の他に邦国保険庁を置き、そのことによって政府にも中央党、保守党、帝国党にも受け入れられる法案となった。邦国保険庁の設置は任意ではあったが、その設置によって職業協同組合を邦国レベルでは帝国の力から切り離すことがで

きると3党は考えたのである。たとえば、修正動議は第87条の最終段落のいわゆる帝国保険庁の認可部分を削除し、それに替えて、認可賦与の申請のためには規則がおよぶセクションの理事会の、ないしは協同組合理事会の鑑定を受けた意見が添えられなければならない[53]、を挿入している。

　他方では、政府にとって邦国保険庁の設置は、職業協同組合への帝国の力を削ぐものではなかった。たとえば、第90条の「労災予防規則の認可にかかわる問題が生じた時、……帝国保険庁の決定が条件となる」、はそのまま生かされたのである。いずれの立場からも解決可能な修正動議は第7委員会第2読会で受け入れられ、1884年7月6日の災害保険法として定着した[54]。

　次に、（2）労災予防への労働者参加について。第3法案第79条は、労働者参加について次のように規定している。

　　労災予防規則は帝国保険庁の認可を受ける前に、下級行政官庁を介して、関係する労働者委員会（Arbeiterausschuss）、あるいはこれらがグループに分かれている場合には労働者委員会グループに報告し、その鑑定を受けなければならない[55]。

　そして法案理由は、労働者の参加がなぜ労働者委員会のかたちをとらなければならないのかについて、次のように述べている。

　　労災予防規則は経営内の労働者がとるべき態度や違反の際の罰金刑を定めるためのものである。と同時に、それは労災が生じた際に、法にもとづく補償の権利を労働者から奪わないがためのものである。したがって、予防規則を公布する以前に被保険者の適切な参加を通し、恣意と不公正が生じないよう安全策が講じられなければならない。それゆえ、予防規則が帝国保険庁の認可を受ける以前に労働者委員会の鑑定が必要なのだ。こうすることによって、労働者は労災予防へ関心をもつようになるばかりか、労災予防規則が協同組合の給付能力にどの

第10章　ビスマルク帝国期の共同性と労働者保護

ような影響を及ぼすかについて関心を抱くようになるのである[56]。

　また、政府代表ボエーティッヒャーは第7委員会第1読会で、「〔事業主と労働者とは利害が分かれており〕事実分離しているものは、同じく分離して組織されなければならないのだ[57]」、と労働者委員会の必要性を主張した。
　法案理由やボエーティッヒャーの主張は、資本と労働との間を均衡させようとするものであり、実際に誕生しつつある労働者委員会の活動を背景にしてなされたものだった。例として、ボエーティッヒャーはシュレジェンのコッツエナウにあるマリーエン製錬工場の労働者委員会を挙げ、その活動を紹介しながら次のように述べている。

　　これまでの多くの報告から私がよく知っている工場指導部の証言のみならず、このいわゆる最年長者の一団〔労働者委員会〕の会員たちとの個人的接触を通して、もしわれわれがドイツ全体にそのような制度をもつならば、好都合以外の何物でもない、かつ雇用者と被雇用者との間の和平にとって有益以外の何物でもないと固く確信するに至った[58]。

　ボエーティッヒャーの発想は、資本と労働の対立を前提としていた。そこで、その対立を抑えるために、彼は事業主の組織と労働者の組織が合意を形成するシステムを職業協同組合のなかに見出したのである。しかし、こうした資本と労働の合意形成の場としての共同性の捉え方は、中央党にとって受け入れがたいものであった。ヘルトリンクは次のように主張している。

　　政府案が示した労働者委員会は、協同組合のほかの組織として考えられている。したがって、労働者委員会はやがて協同組合に敵対することになるであろう。それゆえ、労働者をそのように組織することは、雇用者と労働者との間の好意的協調を促進することに寄与するどころ

か、むしろ両者の関係に害を与える結果になるのは必定である[59]。

ドイツ工業家中央連盟（Centralverband Deutscher Industrieller）も労働者委員会の設置に反対し、次のように連邦参議院に請願した。

> 労働者が災害保険の管理運営に企業家と共同して、ひとつの同じ組織に加わることは決して邪魔になることではないと思われます。経験からして、労働者はその維持に向け拠出を行わなければならない制度の場合には、立派な管理運営者となります。雇用者と労働者のこの団体は相互の歩み寄りに道を開き、平和的なものの考え方に活動の余地を与えるでしょう。他方、雇用者と労働者がそれぞれ特別な団体に別れて組織されることは、必然的に困難な争いの根源を持ち込むに違いないと思われます。<u>したがって、労働者委員会をどんなことがあっても除去し、協同組合の管理運営組織を、雇用者によってかつ被雇用者によって共同で占めるようお願い申し上げます</u>[60]。

中央党とドイツ工業家中央連盟の主張には、資本と労働の合意形成という発想はない。彼らは、事業主と労働者は利害の対立しないひとつに結ばれた運命共同体であると捉え、そうした発想から職業協同組合への労働者参加を主張したのである。

ドイツ工業家中央連盟の要求を背景に、5月6日第7委員会に国民自由党と中央党の修正動議が提出された。それは次のような内容をもつ。

> すべての協同組合理事会とセクション理事会のなかに協同組合が設立される地区の労働者が代表されなければならない。その代表者の数は、議長を除き、事業主によって選ばれた理事会員の数と同数でなければならない。労働者から選ばれた会員は、事業主によって選ばれた会員と同じ権利と義務を持つ[61]。

第10章　ビスマルク帝国期の共同性と労働者保護

　この修正動議が主張する協同組合観と、政府代表が主張する協同組合観が第7委員会第1読会で衝突した。修正動議の審議後、表決が行われ13対11票で修正動議が勝利したかに見えた[62]。だが、これによってことが決したわけではなかった。委員長の提案にもとづき小委員会の設置が決まり、第41条の修正が法案のその他の条文にどのような結果をもたらすかについて、小委員会は次の会議で報告することになった[63]。

　第41条に関する第7委員会第1読会での修正を受けて、第79条が審議された。そこでまた、労働者委員会を削除し、そのかわりに、職業協同組合理事会への労働者代表の参加を主張する委員と、労働者委員会の重要性を強調する政府代表が衝突した。表決の結果、労働者委員会を削除する主張が「かなり多数」で受け入れられた[64]。だが、ここでもこれで第79条が決着したのではなかった。第7委員会報告は次のように述べている。

　　票決によって、法案修正者たちは、第79条から労働者委員会が削除されると考えた。しかし、これに対してある委員が異議を申し立て、別の見解を対置した……だが、その見解は賛同を得られず、……第79条の第1段落から第3段落までが削除された。修正動議提案者は、削除した項目のところに自分たちのみならず、委員会多数も受け入れることができる、労働者を組み込んだシステムにふさわしい修正提案を第2読会に提出することになった[65]。

　第7委員会第2読会に向けて政府側と中央党、保守党そして帝国党の間で、上述した内密の話し合いがもたれ、労働者委員会の削除について話し合われた。中央党議員たちは、いかなることがあっても労働者委員会は容認できないと主張しながらも、次のような態度を示した、とバーデン公使はバーデン首相に報告している。

　　中央党議員たちは形式的には第1読会の決議に固執しない様子でした。ただし、労働者委員会が思いとどまられるのであれば、労働者代

245

Ⅲ部　個の揺らぎと国民化

表の別の組織であってもそれに賛同すると思われたのです。これに応えて〔帝国内務省経済第2部局長〕ボッセ（Robert Bosse）はこう主張しました。委員会決議は、協同組合理事会の常任会員として、労働者を彼らの利害と全くかかわりのない決定に参加させ、そのことによって別の方向へ余りにも行過ぎている、と。そこでボッセは、彼のこの考えにも委員会決議にも立脚することができるとともに、例の疑念をも晴らす中間の道を考えました。われわれは次のように決定することができます。すなわち、協同組合理事会は労働者階級出身の代表によって補強（verstärken）されねばならない、と。同時に、労働者は仲裁裁判所に、帝国保険庁に、そして労災の調査に代表を送る権限をもつ、と。そうすれば、労働者代表を個別に審議することはもはや生じないでしょう。むしろ、この提案は委員会決議の考えに立脚しているのです。ただし、協同組合理事会のすべての決定に労働者代表を参加させない限りでのみ、その決議を制限してはいますが。この提案が……全員一致で同意されました[66]。

　ボッセの提案は労働者委員会の削除を主張する見解を支持する一方、仲裁裁判所等への労働者参加によって資本と労働の均衡を主張する見解にも配慮した。この内密の話し合いを踏まえて作成された3党の修正動議第41条は、次のように述べている。

　　［1］仲裁裁判所の陪審員（Beisitzer）の選出（第46条）、労災予防向けに公布される規則の鑑定（第78・81条）、帝国保険庁の非常勤委員2人の選出への参加（第87条）、これらを目的として、すべての協同組合セクションに、そして協同組合がセクションに分かれていない場合は協同組合に労働者代表が選出される。
　　［2］代表者の数は、事業主によってセクション理事会ないしは協同組合理事会に選出される会員の数と同数でなければならない[67]。

第10章　ビスマルク帝国期の共同性と労働者保護

　修正動議第41条は労働者委員会を削除し、それにかえ労働者代表を組み入れることによって中央党の主張に沿うものであった。と同時に、仲裁裁判所陪審員の選出への労働者代表の参加等を踏まえ、理事会に選出される事業主の数と労働者代表の数は「同数でなければならない」との表現は、職業協同組合を事業主と労働者の合意形成の場として捉える政府側にも受け入れられるものであった。

　第41条の修正に応えるかたちで第79条は、「労災予防規則について協同組合理事会ないしセクション理事会が審議・決定するために、第41条で表示された労働者代表は参加を求められることができる。その際、彼らには完全な投票権がある[68]」、と規定した。これらの修正動議は第7委員会第2読会で認められ[69]、災害保険法として定着したのである。

　おわりに

　ビスマルク帝国期の支配は、政治諸勢力の合意形成を特徴とする。そのことを、帝国議会でのビスマルク政府と中央党を中心とする諸政党との間での、職業協同組合をめぐる交渉デモクラシーに確認することができた。
　労働者保護という公共的価値の実現を職業協同組合に託すことにおいて、政治諸勢力の間には共通した認識があった。しかし、協同組合の構造や公法団体としての位置づけについて、政治諸勢力はそれぞれ独自の構想をもち分立していた。それぞれの職業協同組合構想は、社会文化圏の分立に対応して異なる姿をとったのである。分立した社会文化圏の存在は、職業協同組合の構造や位置づけについて、政治諸勢力のなかのある勢力の見解が他の勢力の見解を屈服させるかたちではなく、いずれの価値観や要求をも共存させる妥協の方法を重視させた。災害保険法第3次法案を審議した帝国議会第7委員会第2読会報告は、政府側と中央党、保守党そして帝国党の内密の話し合いが行われたの後に提出された3党合同の修正動議が、委員会で可決された様子を次のように伝えている。

III部　個の揺らぎと国民化

　　職業協同組合理事会の構成について、労働者代表の数と企業家選出理
　事の数を等しくするとの合同提案は、「審議に際し、第1読会で政府
　案を支持していた委員の喝采を博した。その提案は……対立している
　考え方のいずれもが受け入れることのできる調停になった」[70]。

　この報告は、政治諸勢力それぞれの価値観や要求の共存を許す支配が形
成されたことを示している。ただし、こうした合意のあり方は、帝国指導
部のイニシアチブがあってこそ可能であった[71]、とシェーンベルガーは主
張している。君主主義的官僚主義的支配は交渉による合意形成メカニズム
を通して補完され、かろうじて安定を保つことができた、というのであ
る。このテーゼはビスマルク帝国期からヴィルヘルム帝国期にわたる社会
政策の分析によって、あらためて検証されなければならないであろう。
　とまれ、労働者の創造と職業協同組合への組織化は、政治諸勢力それぞ
れの社会文化圏に対応しつつ固有のあらわれ方をしたのであって、この分
立した職業協同組合構想を共存させることによってのみ労働者保護の法的
定着は可能であった。ここに、職業協同組合が帝国のみならず、邦国に
よっても保障される道が選択された理由がある。職業協同組合の法的定着
は、下層民を帝国に統合した国民国家的共同性を強めながらも、それを未
完のままにしたことを物語っているのである。

註

1) M.Rainer Lepsius, "Parteisystem und Sozialstruktur:zum Problem der Demokratisierung der deutschen Geschichte,"Gerhard A.Ritter (Hrsg.), *Deutsche Parteien vor 1918,* Köln: Kiepenheuer u.Witsch, 1978, ss.56-80. わが国では、木谷勤「ドイツ帝国と国民統合」柴田三千雄他編『シリーズ世界史への問い10　国家と革命』岩波書店、1993年、56－80頁がある。Hans-Ulrich Wehler, Deutsche *Gesellschaftsgeschichte, Bd.3, Von der Deutschen Doppelrevolution bis zum Beginn des Ersten Weltkrieges 1849-1914,* München: C.H.Beck, 1995, ss.1243-1249 は活字メディアを重視し、諸政党はそれぞれの活字メディアを用いて固有の公共圏を形成した、と主張している。ヴェーラー

第10章　ビスマルク帝国期の共同性と労働者保護

は、活字メディアによる社会文化圏の強化を公共圏として捉え、分立した公共圏に注目する。

Karl Christian Führer/Kunt Hiekethier/Axel Schild, "Öffenlichkeit-Medien-Geschichte. Konzept der modern Öffenlichkeit und Zugang zu ihrer Erforschung," *Archiv für Sozialgeshichte,* Bd.41 (2001), ss.1-38 は、ドイツの活字メディアが社会を均質化する方向にではなく、社会文化圏の構築に寄与したことを強調している。

2）わが国においては、参照、木下秀雄『ビスマルク労働者保険成立史』有斐閣、1997年。

拙稿「災害保険法成立の意義―19世紀末葉ドイツにおける国家的統合の一考察―」『西洋史学報』12（1986年）、36－53頁も参照。

3）Andreas Biefang, "Der Reichstag als Symbol der politischen Nation. Parlament und Öffenlichkeit," Lothar Gall (Hrsg.), *Regierung, Parlament und Öffenlichkeit im Zeitalter Bismarcks,* Parderborn/München/Wien/Zürich: Ferdinand Schöningh, 2003, ss.23-42.

4）Gerhard Lehmbruch, "Die korporative Verhandlungsdemokratie in Westmitteleuropa," *Schweizerische Zeitschrift für Politische Wissenschaft,* 2 (1996), ss.19-41.「西中欧における団体主義的交渉デモクラシー」ゲルハルト・レームブルッフ／平島健司編訳『ヨーロッパ比較政治発展論』東京大学出版会、2004年、65－92頁。レームブルッフは団体主義的交渉デモクラシーの起源を、16世紀のアウクスブルク宗教和平と17世紀のウェストファリア条約に求めている。

5）Christoph Schönberger, "Die überholte Parlamentarisierung. Einflussgewinn und fehlende Herrschaftsfähigkeit des Reichstags im sich demokratisierenden Kaiserreich," *Historische Zeitschrift,* Bd. 272, Heft. 3 (Juni 2001), s.623-66.

6）Lothar Machtan, "Der Arbeiterschutz als sozialpolitisches Problem im Zeitalter der Industrialisierung," Hans Pohl (Hrsg.), *Staatliche, städtische, betriebliche und kircheriche Sozialpolitik vom Mittelalter bis zur Gegenwart,* Stuttgart, 1991, ss.111-136.

7）Alfred Weber, "Die Entwicklung der Deutschen Arbeiterschutzgesetzgebung seit 1890," *Jahrbuch für Gesetzgebung, Verwaltung und Volkswirtschaft im Deutschen Reich,* XXⅠ (1897), 1145-1194, hier 1146.

8）Thomas Welskopp, *Das Banner der Brüderlichkeit. Die deutsche Sozialdemokratie vom Vormärz bis zum Sozialistengesetz,* Bonn: J.H.W.Diez, 2000.

Ⅲ部　個の揺らぎと国民化

9) Machtan, Arbeiterschutz, ss. 111-136.
10) *Quellensammlung zur Geschichte der Deutschen Sozialpolitik 1867 bis 1914*（以下、*Quellensammlung Sozialpolitik* と略記），I.Abt., Bd.1, Nr.32, s.88. なお、わが国のヴァーゲナー研究として、参照、坂井栄八郎「シュルツェ＝デーリッチュ、フェルデナント・ラサール、そしてヘルマン・ヴァーゲナー――プロイセン憲法紛争期ドイツ自由主義の『第三身分』的社会思想をめぐって――」同『ドイツ近代史研究　啓蒙絶対主義から近代的官僚国家へ』山川出版社、1998年、171－218頁。
11) *Quellensammlung Sozialpolitik,* I.Abt., Bd.1, Nr.62, s.182.
12) Ebd., Nr.62, s.183-88. この協同組合構想は、ビスマルクが1870年2月19日プロイセン国務省宛に出した所見のなかに含まれている。したがって、ビスマルクはこのヴァーゲナー構想を受け入れていたものと思われる。
13) Ebd., Nr.62, s.187.
14) Josef Mooser, "Volk, Arbeiter und Bürger in der kathorischen Öffenlichkeit des Kaiserreich. Zur Sozial-und Funktionsgeschichte der deutschen Kathorikentage 1871-1913," Hans Jürgen Puhle (Hrsg.), *Bürger in der Gesellschaft der Neuzeit,* Göttingen, 1991, ss.257-73, hier 268.
15) *Stenographische Berichte über die Verhandlungen des Reichstags*（以下、*Sten.Ber.RT* と略記），4.LP, Ⅳ. Sess. 1881, Bd.1,s.690.
16) Ebd.
17) Ebd.
18) Ebd.
19) 災害保険法第3次法案を審議した1884年3月28日帝国議会第7委員会第1読会で、ヘルトリンクは、「連邦主義的原理を養護して、帝国保険庁（Reichsversicherungsamt）の権限は各支邦国家（Einzelstaaten）の自立性が損なわれないように制限されなければならない」（*Quellensammlung Sozialpolitik,* Ⅱ.Abt., 2.Bd., 1.Teil, Nr.152, s.546,Anm. 5)、と主張している。
20) Ebd., Nr.148, s.537f.
21) 工場監督官制度の法的確定については、参照、拙稿「ビスマルク帝国期の公共性と労働者」岡本明編『ナポレオン帝国と公共性』（ミネルヴァ書房、2006年刊行予定）。
22) *Quellensammlung Sozialpolitik,* Ⅱ. Abt., Bd.2,1.Teil, ⅩⅩⅧ.
23) Rolf Simons, *Staatliche Gewerbeaufsicht und gewerbliche Berufsgenossenschaften. Entstehung und Entwicklung des dualen Aufsichtssystems im Arbeiterschutz in Deutschland von den Anfängen bis zum Ende der Weimarer Republik,* Frankfurt am Main: Haag + Herchen, 1984, s.55.

第10章　ビスマルク帝国期の共同性と労働者保護

24) *Sten. Ber. RT,* 4. LP, IV. Sess. 1881, Bd.3, Nr.41, s.227.
25) Ebd.
26) Ebd.
27) Ebd, s.234.
28) *Sten. Ber. RT,* 4. LP, IV.Sess. 1881, Bd.1,s.690.
29) Ebd.
30) Ebd.
31) Ebd, s.749.
32) Ebd, s.754.
33) *Sten. Ber. RT,* 4.LP, IV. Sess.1881, Bd.4, Nr.159, s.844.
34) Ebd.
35) 拙稿、災害保険法、44頁。
36) 木下、労働者保険法成立史、149頁。
37) *Sten. Ber. RT,* 4.LP, IV. Sess. 1881/82, Bd.1, s.2.
38) *Sten. Ber. RT,* 5. LP, I. Sess. 1881/82, Bd.1, s.489.
39) *Sten. Ber. RT,* 5. *LP,* II. Sess. 1882/83, Bd.5, Aktenst. Nr.19, s.181.
40) *Sten. Ber. RT,* 5. LP,. IV. Sess. 1884, Bd.3, Aktenst. Nr.4, s.61f.
41) *Sten. Ber. RT,* 5. LP, IV. Sess. 1884, Bd. 3, Aktenst. Nr.4, s.63. 法案理由によれば、協同組合の分節化構造は組合の自治を円滑に展開するために必要であった。地域セクションについては組合業務の簡略、迅速、実際の面から、危険クラスについては保険コストの面から、それぞれの必要性が主張されている（Ebd., Aktenst. Nr.4, s.75f.）。
42) Ebd., Aktenst. Nr.4, s.62.
43) Ebd., Aktenst. Nr.4, s.88.
44) Ebd., Aktenst. Nr.4, s.86.
45) Ebd., Aktenst. Nr.4, s.86f.
46) *Sten. Ber. RT,* 5. LP, IV. Sess. 1884, Bd.1, s.63.
47) Ebd., s.64.
48) Ebd.
49) *Quwellensammlung Sozialpolitik,* II. Abt., 2.Bd., 1.Teil, Nr.171, s.584, Anm.4.
50) Ebd., Nr. 175, s.600.
51) Ebd., Nr.152, s.546f.
52) Ebd., Nr.176, s.611.
53) *Quellensammlung Sozialpolitik,* II. Abt., 2.Bd., 1. Teil, Nr.176, s.610.

III部　個の揺らぎと国民化

54) Ebd., Nr.179, s.619; Nr.186, s.647-51.
55) *Sten. Ber. RT,* 5. LP, IV. Sess. 1884, Bd.3, Aktenst.Nr.4, s.62.
56) Ebd., Aktenst. Nr.4, s.87.
57) *Sten. Ber. RT,* 5. LP, IV. Sess. 1884, Bd.4, Aktenst.Nr.115, s.882.
58) *Sten. Ber. RT,* 5. LP, IV. Sess.1884, Bd.1, s.60f.
59) Ebd.
60) *Quellensammlung Sozialpolitik,* II.Abt., 2.Bd., 1.Teil, Nr.142, s.503f.
61) Sten. Ber. RT,5. LP, IV. Sess. 1884, Bd.4, Aktenst.Nr.115, s.877.
62) 政府案の労働者委員会構想は自由思想家党の支持を得ていた（Ebd.）。*Quellensammlung Sozialpolitik,* II. Abt., 2.Bd., 1.Teil, Nr.164, s.569f. では、修正動議の表決が12対11票になっている。
63) Ebd., Aktenst.Nr.115, s.877.
64) Ebd., Aktenst.Nr.115, s.882.
65) Ebd., Aktenst.Nr.115, s.882f.
66) *Quellensammlung Sozialpolitik,* II. Abt., 2.Bd., 1.Teil, Nr.175, s.602.
67) Ebd., Nr.176, s.608.
68) Ebd., Nr.176, 610.
69) Ebd., Nr.178, 618f.
70) *Sten. Ber. RT,* 5.LP, IV. Sess. 1884, Bd.4, Aktenst. Nr. 115, s.878.
71) Schönberger, Die überholte Parlamentarisierung, s.661f.

第11章　ヴァイマル共和国とナチス時代における自然治癒医療の一側面
――「個」の揺らぎから「民族の共同体」を求めてナチズムへ――

田　村　栄　子

はじめに

（1）「医学・医師・医療とナチズム」研究史

　ドイツの教養市民層とナチズムが深い関係にあったことは、いまや自明のこととされている。医師もその例外ではない。ナチス時代、第二次世界大戦開始時の1939年に、ドイツの男性医師の49.9％はナチ党、36.3％はナチス・ドイツ医師同盟（Nationalsozialistischer Deutscher Ärztebund）に加入していた。それに対して、女性医師は、前者に19.7％、後者に11％加入していた[1]。

　彼／彼女らのナチス犯罪への加担、すなわち「医師・医学とナチズム」についての研究はまだまだ不十分とはいえ、ドイツにおいてはようやく1980年代後半からそれなりに進展してきた。それには、88年11月9日、「クリスタルナハト（水晶の夜）」（＝ポグロムの夜）50周年に際してベルリーン医師会が、ドイツの医師がナチス犯罪の重要な一翼を担ったという「過去の重荷」に「悲しみと恥じ」を感じていることを確認した[2]ことも大きく関わっていよう。わが国においては木畑和子氏が、ナチスの強制断種・不妊手術や「安楽死」殺人、保健・衛生行政、予防医学などについて精力的に研究を進めてきた。芝健介氏は、ニュルンベルク継続裁判の第1号事件・医師裁判において被告とされた医師の、ナチス国家における戦時医療体制のもとでの親衛隊（ＳＳ）・軍・強制収容所・企業との深い関係およびホロコーストへの能動的関与を解明した[3]。

III部　個の揺らぎと国民化

　木畑、芝両氏の研究は、人種論的な反ユダヤ主義である反セム主義思想を強くもったプロフェッションとしての医師のナチス犯罪を鋭く検討したもので、「医師・医学とナチズム」問題にとってはもっとも重要なことである。本稿はそれを確認した上で、国家により認知された自然科学としての医学や医師（＝エスタブリッシュメント）を批判しつつ医療改革運動として19世紀後半から台頭した自然治癒医療（Naturheilkunde）（＝オルタナティヴ医療）もホーリズムの視点から、ナチスの医療犯罪の領野の拡大・強化に少なからぬ寄与をした、ということを社会史的に明らかにしようとするものである。

　その際、自然治癒医療者の数人がナチスに主導的に加担し、戦後も活躍していることがわかっているが、自然治癒医療者が全体としてどの程度能動的にナチスに向かったかということは、解明しがたい。後述の自然治癒医療研究者が嘆くように、自然治癒医療はオルタナティヴ運動であることから裾野が広いという事情とニュルンベルク裁判において裁かれることがなかったこと、戦後も堂々と医療に携わっている人々が多いという事情のために、この運動の史料収集・整理はきわめて不十分である。本稿では主として「自然治癒医療」という思想と実践がどのようにナチスとからまったかを明らかにする程度にとどまらざるをえない。その担い手には、自然治癒療医療者のみならず医師・医学の現状に批判的な医師も含まれることになる。

　この問題にもっとも早く1970年代から着手したのは、「ドイツの医学史および公認の科学史からの全きアウトサイダー」であるヴァルター・ヴトケ・グローネベルク（Walter Wuttke-Groneberg）である[4]。さらに後述のロバート・ユッテ（Robert Jütte）などの研究がある[5]。わが国においては、自然治癒医療とナチズムについての研究はほとんどない。服部伸氏は、医師やホメオパティーの養成・資格制度やホメオパティー医および協賛者の運動とともに治療師のそれについても社会史的に研究を進めてきた[6]。

第11章　ヴァイマル共和国とナチス時代における自然治癒医療の一側面

（2）本稿の課題

　今日、西洋医学への批判から、自然治癒医療は、オルタナティヴ医療あるいはホリスティック医療としてますます人びとの高い関心を集めている。ヨーロッパにおいて、大学教育を受けていない治療師に患者の治療を認めているのはスイスとドイツのみである[7]ということは、ドイツにおいては自然治癒医療が歴史的経験的に高い評価を受けてきたことのあらわれであろう。しかし、週刊誌『シュテルン（stern）』の2004年１月の特集号において、オルタナティヴ医療史研究者である先述のユッテ教授は、以下のように言っている。今日「中立的に表象される概念である『全体医学（Ganzheitsmedizin）』は、イデオロギー的には、ナチズムとの情熱的な関係という高価な負担を負っている」[8]、と。

　本稿は、一言でいえば、今日好意的評価を受けているオルタナティヴ医療としての自然治癒医療と、ナチスと共振し、ナチスに歓迎された自然治癒医療という両側面を、自然治癒医療に内在するアンビヴァレント（反対的傾向併存）性に求めて、それをヴァイマル共和国とナチス時代の医学・医師・医療の世界のなかで考察しようとするものである。

　その際、本稿の考察の出発点は、19世紀後半にドイツにおいて一定の興隆を見た自然治癒療法が、憲法上「個人」という概念が初めて謳いあげられたヴァイマル共和国において、新たな関心を呼び起こしたという事実にある。このことは、「個人」の病気を個別の器官疾患として見る西洋医学への不信の高まりを示すものであるが、それに直面した医師自身も医師過剰現象も加わって「医学・医療の危機」を強く意識するのである。

　結論を先取りすれば、こうして西洋医学への不信や医学の危機を感じるもののなかで、ドイツ民族の「共同体」によって、この不信や危機からの脱出をはかろうとするものはナチズムへ接近していく。そしてナチス時代には共振・共同の度合いを強めていくのである。

　以下ではまず、19世紀末のドイツ医学界における自然治癒療法の位置を検討し、それをホーリズムという視点から見ていく。

Ⅲ部　個の揺らぎと国民化

1　前世紀転換期ドイツにおける自然治癒療法とホーリズム

(1)　19世紀後半以降のドイツにおける医師・医療の三つの態様と養成・資格

　既に自然治癒医療という概念を使ったが、それはどのような内容をもって出発し、どのようにして地歩を確立してきたのであろうか。まず行論に必要な限りで、ドイツの19世紀中頃から20世紀初頭の医師の三つの態様と養成・資格についてみておこう。ユッテの『オルターナティヴ医学』(1996年) は、ドイツ近代の医学・医療に係わる名称の成立過程が、医学・医療の世界における病気の治療法についての激しい対立構造を伴っていたことを示してくれる。

　まず第一に正統医学＝「学校医学（Schulmedizin）」があげられる。ここで医師とされるのは、1852年に医師養成所が廃止されて以降は、大学の医学部卒業者のみとされた。

　細胞病理学者のルドルフ・フィルヒョウ（Rudolf Virchow, 1821-1902）は、それまでのロマン主義的な医学を脱した自らの医学を「自然科学的医学（naturwissenscaftliche Medizin）」または「医科学（medizinische Wissenschaft）」と称したが、制度的には「国家医学（Staatsmedizin）」である。彼は1873年の自然研究者と医師の集会で、病気を病んでいる特定の箇所の細胞に関連づけることを「古い治療からの転換」と名付けたが、それは身体全体を個別の局所に還元して、病気と身体の全体的な関連を問う姿勢を弱めることにもなった。1863年に自然治癒医療は、このような病気観をもち患者に権威主義的に対応する「国家医学」を攻撃して「学校医学」という言葉を使っていたが、ホメオパシーも76年にそれを使った。世紀転換期には「学校医学」という言葉が一般的に使われるようになった[9]。

　1899年には、連邦参議院指令により、医師・歯科医・薬剤師の国家試験受験が女性にも開放され、1900／09年には、ドイツ全土において女性にも大学の門戸が開放された[10]。

　次いで第二に、大学で正規の教育を受けた点では、学校医学の医師と同じ資格を有するが、治療法としては、正統医学に対するオルタナティヴの

第11章 ヴァイマル共和国とナチス時代における自然治癒医療の一側面

立場を取る「ホメオパティー医」がある。

その創始者とされるザムエル・ハーネマン（Samuel Hahnemann, 1755-1843）は、旧医学は病気の原因を取り除くという「逆症療法（Allopathie）」をしていると批判して、数々の臨床実験を繰り返し、各地を転々として自説を確立していった。1810年の主著『合理的治療法』によって広く知られるようになった。彼の説は、患者の症状と同様の患い（Homöopathie）を引き起こす薬剤によって、いわば第二の病気をつくって元の病気を追い出すというものであった。病気の真の原因は、有機体としての人間の霊的な生命力が破調をきたしたにすぎないのである。1830年代のコレラ流行時に彼の論は人々にうけいれられるようになっていった[11]。

内部的対立をも含みつつも、ホメオパティー医とその信奉者は、「学校医学」の傲慢さや治療法への批判に基づいて「素人医（Laienarzt）」運動を展開し、大学での講座設置や病院建設を要求した。1921年にシュトットガルトにホメオパティー病院が完成した[12]。

第三に前二者とは異なり、国家による承認を受けないで「自然治癒療法」を行う「素人医」（＝「もぐり医」）が存在する。これは、治療法的にも医師の社会的権威に対してもオルタナティヴである。この治療法としては冷水療法を中心に、薬草療法や食餌療法などがあり、これによれば身体の一部は他のすべての部分と解きがたく結びついており、病気は不健康な態度や生活様式による有機体の自己回復力の弱さの結果とされる。

19世紀初頭からこうした自然治癒療法のさまざまな運動があり、それらは1888年にライプツィヒにおいて「健康増進と薬のない治療法の諸協会のドイツ同盟」に結集し、これは1900年に「自然なライフスタイルと治癒様式の諸協会のドイツ連合」へと改称した。1889年に142の地方組織と1万9000人の会員であったのが、1913年には885の地方組織と14万8000人の会員を擁するにいたった。

この同盟の1889年の幹部構成員のなかでは民衆学校（Volksschule）教師が18.8％と圧倒的に多いが、1908年のドイツ連合の会員の職業分布では、自営的・被雇用的手工業者が32％と圧倒的に多く、民衆学校教師・地方公

務員も5％強を占めていた[13]。彼らは「学校医学」の「もぐり医者」規制立法行動にも抵抗した。この運動の主張や活動内容を詳しく検討したコルネリア・レギーンは、この同盟は、健康を害する工業社会の諸現象に抵抗したが、政治的基本態度は「社会改革的リベラリズム」であり、「社会の民主化」と「個人の権利」を要求した、と結論づけている[14]。

この同盟は市民的組織であるのに対して、1908年にはザクセンとテューリンゲンにおいて、プロレタリア的色彩の濃い「民衆健康諸協会同盟」が結成された。リーダーの民衆学校教師であるヘルマン・ヴォルフ（Hermann Wolf）は、「学校医学は資本主義社会の構成要素」であり、「認可医は搾取者だ」と攻撃した。彼は、労働者階級の生活状況の改善のために「健康制度の国家化」を要求していた[15]。

こうした三形態の医師はすべて、1869年の北ドイツ連邦の営業条例が踏襲された第二帝政・ヴァイマル共和国においては、営業を認められていた。すなわち、医業に関する「学校医学」の排他的特権はなかった。

しかし、このときに「Kurpfuscher（もぐり医者）」という言葉が導入されたことで、それまでは医師・外科医・薬剤師として認可されていない「治療者（Heiler）」に使われていた「Pfuscher（やっつけ仕事をする医師）」などがもつ内容とは異なって、認可医は、この言葉でもって自然治癒療法者の「治療の権限や医学的能力を疑問視する」見方、すなわち蔑視する方向を強めていった[16]。

（２）自然治癒医療とホーリズム

前節の自然治癒医療像からは、ナチズムとの親近性はそれほど強く浮かび揚がってこない。そればかりではなく、自然治癒医療と対抗関係にあった「学校医学」の側が自然治癒医療に接近していく姿も浮かび揚がってこない。

ここで、ドイツ前世紀末には、青年運動、生（Leben）改革運動、教育改革運動、芸術における表現主義運動などさまざまな改革運動があったことを想起しよう。近代化の全面開花の頃に、こうした近代化批判の運動が

第11章　ヴァイマル共和国とナチス時代における自然治癒医療の一側面

あったのはドイツにおいてだけではないが、ドイツにおいては近代化が急激に展開されたために、それへの批判の思想・運動は「文化批判」（文化の名において文明を批判）思潮と称されて一定の広がりをもった[17]。以下では自然治癒療法もその一つと考えて、それが後にナチスへ接近していく姿を総合的に分析するという本稿の課題に接近するために、「ホーリズム」という概念を挿入する。

なお論を進める前に、ここで冒頭のユッテの「全体医学」という言葉について、行論に必要な限りで氏の分析にふれておこう。第二次大戦後、自然治癒医療を称揚する医学者は、ナチス時代から連続しているが、彼らはナチス時代の「新ドイツ治療学」・「生物学的医学」に代えて、「全体医学」という言葉を使った。そこには「中立」を装うニュアンスがあり、80年代には、右翼急進主義に関わったものもいる。全般的には「オルタナティヴ医学」というタームは、エコロジー運動で使われたために「学校医学」はそれを避けて「全体医学」を使ったという事情もあった。80年代以降は、さまざまな「全体的な」治療方法を個人的なやり方で利用する意味で使われるようになった。ここでの「全体的な」というのは、多くの場合、「自然な」ということである[18]。

話をもとに戻せば、「ホーリズム（Holism）」というタームは、1926年に、哲学者のJ.C.スマッツが、ドイツ・ロマン主義哲学にまで溯って検討して初めて使ったそうである。これは前世紀転換期からナチス時代のドイツの医学・自然科学を考察する場合によく使われるようであるが、筆者が興味をもったのは、このタームの多義性を主張する論者のいることであった。ある論者は、例えばナチスと一体化した有名な物理学者カール・ケッチャウ（Karl Kötschau、後述）と、ナチス政権初期に非ユダヤ人教授として罷免された、平和主義的・民主主義的な発生学者・哲学者のハンス・ドリーシュ（Hans Driesch）という二人のホーリスティック教授を論じている[19]。

またある論者は、「モダニティに対するホーリズムの二つの異なったレスポンス」として以下のようにいう。一つは「モダンな社会生活がもたら

す分散化と破壊的な質にもかかわらず、個々の全体性（individual wholeness）の充実と確実さ」を求めるものであり、もう一つは、「国民・人種・宗教的コミュニティ・自然というようなより大きな存在のなかに個人を没入」させるものである。戦間期に前者はマルキシストや福祉国家的リベラルの発想であり、後者は右派のイデオロギーであった[20]。

　このような論を参考にすれば、第一次大戦敗北後のドイツ・ヴァイマル共和国においては、二方向へのホーリズム志向が高まったときであるといえよう。次章においては、これについて検討する。分析の便宜上、政治思想・運動的内容を含意した「右」「左」というタームを使用するが、実態は截然と区別しうるものではなく、相反する価値が同居しうるということは両者の境界があいまいであるという意味を内包しているということでもある。

2　ヴァイマル共和国における
　　人間的・学問的「個」の揺らぎから「共同性」への希求

（1）個々の人間の「共同性」への希求──ホーリズムの二形態

　近代化が個人の人間関係へ与えた影響は、伝統的な家族的・共同体的な人間関係の揺らぎである。前世紀末1873－76年、「文化批判」派の代表的論客であるフリードリヒ・ニーチェ（Friedrich Nietzsche,1844-1900）は、そうした時代状況を以下のように告発した。「われわれは打ち砕かればらばらになっており、全体としては内部と外部に半ば機械的に分割され」「内容の充実した緑なす『生』が保証されていない」[21]、と。ポストモダニズム以降、ニーチェの再評価が高まっているが、同時代的には彼は、悲観的保守革命的な方向を志向するものに影響を与えた。

　他方1887年に、社会民主党員の社会学者であるフェルディナント・テニエス（Ferdinand Tönnies,1855-1936）は『ゲマインシャフトとゲゼルシャフト』を公刊して、それまでの有機体的な人間結合に基づく集団・社会（ゲマインシャフト、Gemeinschaft）から、一定の目的に基づく集団・社会

第11章　ヴァイマル共和国とナチス時代における自然治癒医療の一側面

（ゲゼルシャフト、Gesellschaft）への移行を理論的に解明しようとしたが、これは「右」方向の共同体創出だけではなく、「左」方向の共同体創出の思想・運動にも影響をあたえた。

　ヴァイマル共和国は、その憲法第二編第一章において、ドイツの憲政史上初めて「個人」の権利を規定した。これに期待をよせ、「個」に基づいた「新しい人間」の創出を期待した改革教育学左派のパォル・エストライヒ（Paul Oestreich, 1878-1959）が、教育における「全体性の回復」を両親の代表機関、生徒自治会、学校自治運営体の創出に求めた[22]のもその一つの例であり、アルフレート・アドラー（Alfred Adler, 1870-1937）の「個人心理学（Individualpsychologie）」もその例である。彼は「個人」とは「分割出来ないindividuus」というラテン語からきていると考えた。子どもが、教育されがたい状況にあるのは、母や普遍的なものとの結びつきがうまくいかないからであるので、教育者や両親はねばり強く子どもに「共同体感覚（Mitmenschlichkeit）」を培わせることが重要だと説いた[23]。両者ともに個人を重視しつつその全体性の回復を、個をとりまく能動的な関係の創出に基づいてやろうとしたのである。

　帝政から急に民主主義国家になったヴァイマル共和国の時代は、社会的人間関係的には「古いゲマインシャフト」が解体しつつあり、「生成しつつある（werdend）ゲゼルシャフト」へと移行しつつある大衆社会時代でもあった。そうしたなかで人びとは「共同性」の喪失感覚をもたざるをえなかった。エストライヒやアドラーは、前章末のホーリズム論を参照すれば、「個」を基盤にしつつ新しい「共同性」を打ち立てようとする、「左」からのホーリズムといえよう。こうした方向に対して、「自分党と名のるすべてのもの（alle Ich-Parteien）」が「人類の改革」に乗り出している（宗教・文化哲学者エーベルハルト・グリーゼバッハ　Eberhard Grisebach）といって、「個」を攻撃する空気も強まった。ヴァイマル末期には、「ドイツ意識をもったドイツ・フォルク共同体」の創出を唱えるナチス教員同盟が教師・民衆の支持を集めていく[24]が、これらは「個人」を「フォルク（民族）」という「より大きな存在」に没入させようとする「右からの」

Ⅲ部　個の揺らぎと国民化

ホーリズムである。

(2) 自然治癒医療への国民の期待

　ヴァイマル期の医師・医学・医療の世界に目をうつそう。まず「左」のホーリズムともいってよい、医師集団のなかの少数派の動きがある。男性医師により抑圧されていた女性医師の少なくない部分は労働者層女性との「共同性」を強め[25]、「社会主義的医師協会（Verein sozialistischer Ärzte, 1923年発足）」に集う医師は、「全保健機構の社会化」「民衆の健康の真の向上と貧苦の国民層の利益代表」を目指して、国民大衆との「共同性」を強めようとした[26]。

　これらに対して、医師の多くは「危機」に直面していると感じた。それは、大戦中や共和国初期の医師の態度や医療への不信から国民のなかに医師よりも自然治療医療への期待が高まったことに起因している。戦時下、1917-18年の間にドイツ兵士の間に広がった「戦争ノイローゼ」に対して、従軍医師は電撃療法を施すが、それは、その療法への恐怖から兵士を前線へもどすことが目的であった。また精神科医や疾病保険医が診断書の申請をしてくる人びとを「すぐに泣き言を言う」「根拠のない」仮病使いとみなした。またチフス・結核などの死亡が減少したが、ジフテリア・癌などの死亡や自殺率も高まった。学童の栄養状態もよくなく、そのため子どもの頭痛・貧血・めまいが増えた[27]。

　こうした事態に直面して、国民の間では学校医学への不信が増大し、自然治癒医療者の数も増加した。人口1万人に対するもぐり医について見れば、1909年の0.7人から1931年には2.2人に増え、10人の医師に対するもぐり医の割合は、同じ両年の比較では、1.5人から2.9人に増えた[28]。別の統計によれば、もぐり医は、1927年に1万1,761人であったのが、4年後には1万4,000人に増えた。ドイツ人の半分は非医師を頼っていたといわれる[29]。

　自然治癒医療者への期待感は、帝政期からのそれを継承し、増幅させたものである。

　例をあげよう。①12種類の無機塩を医療処置の中心と考える「生化学同

第11章　ヴァイマル共和国とナチス時代における自然治癒医療の一側面

盟（Biochemischer Bund Deutschland）」は、28年に19万人弱を擁し、『生化学誌』は24万部を発行していた。メンバーには小市民や一般職員層が多く、人口5000人以下の地方都市で活発な活動が展開されていた。②「ノイガイスト（Neugeist, 新精神）」は、アーリア＝ゲルマン種族の思想と感情から生じた、精神‐経済的改革運動であり、労働を宗教的に美化し、病気を破壊的で消極的な思考・感情から生ずるものと見て、沈黙・精神集中・自己暗示によって治療しようとした。機関誌『白旗』は1927年に170万部、32年に430万部発行されていた。これには改革商品通信販売の専門店が関与していた。③「ヴォルムート療法」（Wohlmuth株式会社発行の『自然に即した治療および生活の方法を内容とする大衆向け科学月刊誌』のタイトル）は、102の症例をあげて直流弱電流の効用を説き、生活改革と企業関心をつなげた。27年に販売された器具の数は、50万といわれる。

　これらは全体として、人間という総体について解明すると宣言すると同時に、その処方としての物品・器具の販売を進めることで、学校医学への対抗と同時に、大資本の製薬会社に対する中小会社の製品販売戦略をも内包していた[30]。

　帝政期からヴァイマル期に、ライプツィヒ大学に自然治癒学講座を設置しようとする運動の中心となったのは、社会民主党議員であったように、「左」においても、人間の全体性回復をめざす自然治癒療法への関心・運動は、一定の広がりをもっていたのである[31]。

3　「医学の危機」からナチスの「民族共同体」へ

（1）「学校医学」から「自然治癒医療」へ——エルヴィン・リークの『医師とその使命』

　前章のような状況のなかで学校医学のなかから、機械的・科学的な「医学の危機」を訴え、自然治癒医療へ接近する声が出てきた。

　ダンツィヒの外科医・産婦人科医のエルヴィン・リーク（Erwin Liek）の最初の書物『医師とその使命——一人の異端者の思想』（1926年）は、翌年には第6版が出版され、1—6版であわせて2万7000部出版された[32]。

263

そこに表明された彼の基本思想は、当時巷に溢れている「医学者（Mediziner）」に反対して「医者（Arzt）」に共感するところにある。そして「こうした考えは多くのものがもっているが、ただこの認識に対してどう対応するかが異なっている[33]。」自分こそは「国家的に保護された考え方に反対する異端者」だというわけである。要点は以下の3点である。

①今日の医学は「機械的・技術的な唯物論」となって魂を失い、「学問のために犠牲を強いるもの」に堕落している。治療は手術的・解剖学的になり、立身出世をねらう野心家に今日の医学界は支配されている。「真の医師」は、偉大な「直感力」をもち、「指導的人格の持ち主」である町医者だ。②疾病保険・社会保険は、「虚弱化」「寄生」を助長し「労働意欲・健康回復意欲をなくさせる」。③「健康になろうという意志が薄弱であったり、欠如しているから、肉体にも欠陥が生じる」。そのようなものに対応することは「すぐれた意欲をもつもの」を「虚弱な生命しかもたないもの、生活不能者のために犠牲にする」ことになる[34]。

そして彼は、1930年に自然治癒医療を賛美した『自然治癒医療の驚異』を出版して以下のように述べた。

> ハーネマン（上述のホメオパティー開始者）は驚くほど賢い人間であり、鋭い思想家であり、秀でた医者である。学校医学は、自然治癒医療やその教理を一世紀にもわたって無視するという不当なことをしてきた。ようやく数年前からホメオパティーに秘められているすぐれた点を全医療に役立てるようになった。……あらゆる病気は例外なく魂の妨害によりもたらされたものであり、したがって医師の仕事は「心的な」方向へ移行させる、すなわち身体的にも精神的にも作用をおよぼすことである。ハーネマンは、この「医師の人格的方程式」を徹底的に見通していた[35]。

後にナチス医師として活躍するリークは、このように近代医療および当時の医師の問題点を指摘するだけではなく、それを「医の社会化」への攻

第11章 ヴァイマル共和国とナチス時代における自然治癒医療の一側面

撃と連動させた。

　リークだけではなく、当時医師・医学の批判をするものは、「医の社会化」をも批判していた。1929年にすでに「新ドイツ治療術（Neue Deutsche Heilkunst）」という言葉が医師のなかから登場し、「治療師の治療知識と学校医学の治療知識の総合」という言葉も登場していた[36]。そうした声が主旋律となっていくのは、ヒトラー政権成立後である。

（2）医師会連合の「医師条例」制定要求と医師過剰問題

　上記のように学校医学への信頼が揺らぎ、国民が身体の異常に対する治療を自然治癒療法者に求めていく傾向が強まるなかで、学校医学医師の経済的身分的危機意識が強まった。この危機に対して医師はまず「ライヒ（国）医師条例」制定を求める方向へ動いた。

　医師は、1869年の営業条例に対して不満をもち続けていた。というのは、これによれば、「医師」は「営業者」と同等の位置におかれ、医師への尊厳が奪われ、「医師」と「無資格医」（自然治癒療法者）の区別が消え、無資格医が規制されないからである。

　全医師の95％を擁しているドイツ医師協会連合（Deutscher Ärztevereinsbund, 任意加入）の1924年の第43回大会において、医師条例の制定要求が最初に出され、翌年の大会においては、第1条を「ドイツの医師の天職（Beruf）は、ドイツ・フォルク（民族）への健康奉仕」とすることが確認された。その後議論が積み上げられていくが、31年の第50回大会において「われわれは大衆のなかで自分たちの身分を高めようと欲するのではなく、フォルクの魂とフォルクの最高の財産である健康のために闘うことで身分を浮かびあがらせよう」「医師はフォルクの最高の指導者である。」と大会アピールが発せられた[37]。

　ヴァイマル時代にこの条例は制定されることはなかったが、こうした議論は医師集団に対して二つの作用をおよぼした。「ドイツ」「フォルク」が強調されることで、社会主義系・ユダヤ系医師への嫌悪感があからさまに示されることに歯止めがきかなくなる空気を助長することになったことで

265

III部　個の揺らぎと国民化

ある。二つ目は、その圧倒的多数が国家国民党（Deutschnationale Volkspartei）支持であった医師集団が、ナチスへと流れていく水先案内をすることになったことである。

「ドイツ」「フォルクの指導者」意識を強めていく医師をさらにおそったのが、医師・医学生の「過剰の危機」である。上記のように帝政末期の1909年にはドイツ全土において女性にも大学の門戸が開かれた。ヴァイマル時代には、学生数が増大するが、とりわけ女子学生が増大し、その末期には全学生の2割を占めるにいたった。さらに末期には、男子学生においても法学専攻よりも医学専攻生が増えるが、女子学生においても医学専攻女子学生が文学・言語・歴史専攻を越えた。

29年10月の世界恐慌の影響のもとで、失業の危機は医師にも及んだ。こうしたなかで、ユダヤ系学生や女子学生の排除を要求するナチス学生同盟（26年2月発足）が、各大学の自治会選挙において大躍進していき、31年7月の全国自治会連合の学生大会において、議長の座を手中にした。大学のナチス化は急速度で強まり、学生のなかからユダヤ系学生や女子学生の排除を要求する声が強まっていった[38]。

医学生・医師は、29年8月発足のナチス・ドイツ医師同盟に馳せ参じていく。

4　ナチス政権下の「新ドイツ治療学」——「学校医学」と「自然治癒医療」の統合

(1) 非ナチス的医師の排除とドイツ的医師の身分保障、「新ドイツ治療学」の推進

1933年1月30日に発足したナチス・ヒトラー政権は、「非ナチス」的医師を排除して、ドイツ的医師を「民族（Volk）の健康の奉仕者」にとどまらない「国民（Nation）の良心」と称揚し、「もぐり医師」との差別化をよりいっそう鮮明にさせたが、その一方で、医療イデオロギーとしては、「学校医学」を攻撃して、それと「自然治癒医療」との統合をはかるという二面政策をとっていく。以下では、この錯綜した状況を見ていく。

①非ナチス的医師の排除

第11章　ヴァイマル共和国とナチス時代における自然治癒医療の一側面

　ナチス政権は、発足直後の4月7日に「職業官吏の現状回復に関する法律」を発布した。この法律は「共産党あるいは共産党の補助・代理組織に属する官吏」や「非アーリア系の官吏」を排除するものであったが、ここに示されているようにナチスにとって「敵」すなわち「非ドイツ的」とされたのは、政治的左翼＝マルクス主義者とユダヤ系であった。

　とりわけ首都ベルリーンは、ヴァイマル時代には都市の空気も行政当局もリベラルであったので、1933年には政治的・思想的「敵」とされた400-500人の医師と約3500人のユダヤ系医師（約40％）がいたが、彼らは、排除の対象とされた。彼らのドイツ国外への亡命が始まるが、彼らの追放により空いた席には、ナチス党員の若い医師が就任した[39]。

②医師の身分保障によるナチス国家への統合

　「非ドイツ的」医師のこのような排除は、その他の医師のナチス体制への強制的同質化と平行してなされた。これを遂行する最高の指導者はゲアハルト・ヴァーグナー（Gerhard Wagner）であった。彼は、1929年発足のナチス・ドイツ医師同盟の創立時からのメンバーであり、32-39年の間委員長の地位にあった。ヴァーグナーは非公式に「ライヒ（帝国）医師指導者（Reichsärzteführer）」に任命され、33年4月24日にはドイツ医師協会連合、ハルトマン同盟（Hartmannbund, 1900年創設、疾病金庫の問題や医師の労働条件改善に取り組む）、ナチス・ドイツ医師同盟と協定を結び、この「医師の中央組織」の内務省の特別委員に任命された。さらに33年8月には、保険医の全国組織としてドイツ保険医連合（Kassenärztliche Vereinigung Deutschland, KVD）がヴァーグナーのもとに作られた。これはハルトマン同盟が31年に組織していた6000の地方の金庫医連盟をそのまま使ったものである。準国家的組織ともいいうるドイツ保険医連合が疾病金庫と交渉することになったので、医師の立場は強化された[40]。

　ヴァイマル時代の医師・医療の「社会化」「自治体化」からの解放の先頭にたったヴァーグナーが、医師諸団体と協定直後に、「ドイツの医師への呼びかけ」として発したのが、ヒトラーが要請する基金への応募要請であった。こう檄をとばした。「あらゆる階級と身分とのわかちがたい共同

の記念」として、「頭脳と肉体の労働者の結合のしるし」として、「日々のパンのために闘う」「労働の戦士」に対して、医師諸団体から5000ライヒスマルクの基金をするので、それに続いて自発的に基金するように[41]、と。

医師の身分問題の先頭に立つハルトマン同盟の事務長のカール・ヘデンカンプ（Karl Haedenkamp）は、33年4月15日の機関誌において「新国家における医師」と題して、以下のように医師の任務、医師の現状批判、医師身分の確立を訴えた。

> 人格（Persönlichkeit）思想の奨励は医師の職業の、過剰に強調される技術化と専門化を追い払うことになろう。きわめて良質の高い設備や薬や治療手段の過剰ではなく、医師の人格から発する生き生きした人間的な力が病を治すのである。……器官を部分的に扱うことで人間を忘れるのではなく、身体と精神の統一、すなわち患者の全人格を意識して、医師の真の仕事の必然的な基盤にもどることは、もぐり医師に対する闘いのなかで可能となる。国家の援助も必要だ[42]。

ここには、学校医学に対する批判が見られる。そしてそれは、医療的には、自然治癒医療への接近であるが、医師制度としては、医師協会連合が発足以来求めていた、もぐり医師に対する規制の要求となっている。ヘデンカンプは、33年7月14日に制定された「遺伝病の子どもの出生を予防する法律」（いわゆる断種法）を「全国家政策の転換点」と称賛して国家への忠誠を表明した。こうして、35年12月13日に「帝国医師条例（Reichsärzteordnung）」が制定され、翌年4月1日に施行された。これにより、医師は、営業の自由を取り決めた営業条例から脱退して、帝国医師会議所（Reichsärztekammer）に組織された[43]。

③「新ドイツ治療学」―「学校医学」攻撃と医療イデオロギーの統一

制度的には、医師（＝「学校医学」）身分は、もぐり医師（「自然治癒医療」）との差別化を国家的に保障されるが、イデオロギー的には、両者は

第11章　ヴァイマル共和国とナチス時代における自然治癒医療の一側面

統一される。

　リークの学校医学批判は、「手術的・解剖学的」治療批判を「医の社会化」批判とリンクさせていたが、学校医学を「反ゲルマン的」と批判することから「新ドイツ治療学（Neue Deutsche Heilkunde）」が登場する。前述の自然治癒医療運動の団体「ノイガイスト」の機関誌『白旗』の1933年のある号において以下のように述べられている。

> 古い政治システムは根っこから腐敗していたので蹴散らされ、学校医学は自然や生（Leben）から離れているので、蹴散らされる。……学校医学は、営業の自由の廃止を要求しているが、それは彼らが、ユダヤ的に汚染され、物質主義的方向を向いて毒医学に捕らわれているからだ。……死に向かいつつある機械的唯物的時代の非ドイツ的で、親ゲルマン的な思想・感情から離れている学校医学は、自然の方向を向いたドイツ治療術に取って替わられねばならない[44]。

　この治療学は、体系的にまとめられたというものではない。むしろ体系的ではないが故に、制度的には対立する「学校医学」と「自然治癒医療」をイデオロギー的につなぐためには好都合であったといえよう。「ドイツ治癒術（Deutsche Heilkunst）」は、あっという間に「新ドイツ治療学（Neue Deutsche Heilkunde）」となってナチスの医学・医療のイデオロギーとして公的関心の中心となっていった。

　「学校医学」を治療方法においてのみならず、「唯物的」「機械的」「還元主義的」「非ドイツ的・ユダヤ的・反ゲルマン的」、「健康保健によりかかりすぎ」と批判することは、ナチスの反合理主義、反ヴァイマル国家思想と矛盾なくつながる。こうして人間を部分のつなぎ合わせとみる機械的科学的思考方法に基づいた「学校医学」に対して、人間を純粋に直感的に有機的全体とみる「新ドイツ治療学」は医学的ホーリズムとして、ナチスの政治的全体主義とつながることになったのである。

　「新ドイツ治療学」は、1935年に一つの頂点をなす。ナチスが突撃隊過

Ⅲ部　個の揺らぎと国民化

激派を一掃し、経済の回復を達成して、体制の安定を築き始めた頃である。ヴァーグナーは35年に、「新ドイツ治療学の帝国活動共同体（Reichs-arbeitsgemeinschaft für Neue Deutsche Heilkunde）」を発足させ、その指導をイエナ大学の有名なホリスティック物理学者であるケッチャウ（前述）に委ねた。そして翌年4月のその第一回大会において彼は、「この共同体は、学問的医学の外にではなく、学問的医学に支えられて、何世代もの間フォルクのなかに根付いてきた医学に関わるあらゆるものを総合するのである」[45]、と述べた。

この頃、ナチス学生が発行していた『若き医師』の編集者が、「ドイツの医学者の雑誌」と「ドイツ学生団の公的機関誌」との併存となり、ホメオパシーや自然治癒医療の記事が増えてくる[46]。若い医師に、それらを公的に鼓吹することを目指したのである。

こうしてナチス時代に、ダッハウ強制収容所に大規模な薬草園が親衛隊長ハインリヒ・ヒムラーのもとにつくられたり、禁酒・禁煙運動、がんなどの成人病を生活習慣病とみる見方が広がったり、全粒粉パン運動が広がったりしていくのである。「新ドイツ治療学」はイデオロギーレベルにとどまらず、「予防医学」として制度化され、国民にも受容されていくが、健康福祉関係の予算削減にも貢献していく[47]。

（2）ナチスの国家的健康政策と、治療師法

以上のようにナチスは、医師を「国民の政治的健康指導者」と位置づけたのであるが、そのことは、ヴァイマル時代に「医学の危機」に見舞われた医師にとって大きな福音であった。1934年7月3日に、ナチスの健康政策を支える部局として、国立保険衛生局がつくられた。医師には、そこに関与する国家官医や行政単位毎に設置された保険衛生局の官医として働く途も用意された。後者は、37年には745局設置され、そこでは1523人の官医が働いていた。43年にはその数は、1100局、2600人の主任に加えて1万人の副主任と増大した[48]。こうした官医として働くもの及びナチス国家の中枢である親衛隊で働く医師は、相対的には、断種法、安楽死政策、ホロ

第11章　ヴァイマル共和国とナチス時代における自然治癒医療の一側面

コースト、人体実験に深く関わっていく[49]。

　他方、「学校医学」が「もぐり医師」として蔑視し、その排除・根絶に躍起となっていた「自然治癒医療者」に対しては、1939年2月17日、帝国首相、内務大臣、首相代理、学問・教育・フォルク（民族・民衆）啓蒙大臣の署名つきで「医師免許のない治療学の職業活動に関する法（治療師法 Heilpraktikergesetz）」が発布された。これについては前述の『若き医師』誌上においては、こう述べられている。このことはヴァーグナーが長年心にとめていたことであり、「ナチズムの業績原理」からして当然のこととして、「自然治療学の医師」が誕生した[50]、と。

　この法律の発布をどう評価するについては、筆者は論じる十分な材料をもたないが、行論からえられる論理的帰結としては、『若き医師』の評価にさしあたり同意しておく[51]。

　ナチス国家においては、治療法的に学校医学と自然治癒医療が融合しただけではなく、医業に携わる者においても、学校医学＝西洋医学＝医師と自然治療医療者＝もぐり医はともに、それ相応の地位を与えられ共存したのである。

おわりに

　以上、ナチス時代の医師・医療について見てきた。ドイツの医学・医療は19世紀から「学校医学」と「自然治癒医療」の対抗状況に彩られてきた。

　ヴァイマル時代に、敗戦の影響と民主主義的な社会になって「個」が揺らいだと思う国民は学校医学より「自然治癒医療」に救いを求めるが、国民からの離反や「医師過剰」現象のなかで「医師」としての「個」が揺らいだと感じた学校医学の側は自然治癒医療への関心を強め、ナチスの「民族共同体」に接近していった。

　ナチス時代は、「学校医学」と「自然治癒医療」の総合としての「新ドイツ治療学」が国家の医学・医療とされた。そして両者ともにナチス犯罪

Ⅲ部　個の揺らぎと国民化

に加担していくのである。ここからナチズムには、「近代」的側面と「反近代」的側面が共存していることがみてとれる、といえよう[52]。

註

1) M.H.Kater, Medizin und Mediziner im Dritten Reich, in: *Historische Zeitschrift* Bd.244, 1987, S.158.
2) Ch. プロス／G. アリ編、林功三訳『人間の価値―1918年から1945年までのドイツの医学』風行社、1993年、冒頭の「ベルリン医師会の声明」。
3) 木畑氏の最新の研究としては、木畑和子「民族の『健康』を目指して」川越・矢野編『ナチズムのなかの20世紀』柏書房、2002年（以下、「民族」と略記）、158－187頁、同「第三帝国期の予防医学」『ヨーロッパ文化研究』22, 2003年（以下、「第三帝国」と略記）。芝健介「『ホロコースト』と『戦犯裁判』」『科學医學資料研究』30-6, 2002年。
4) Walter Wuttke-Groneberg, *Medizin im Nationalsozialismus*, Tübingen 1980（以下、*Medizin* と略記）;ders., " 〃 Deutsche Heilkunde 〃 und 〃 Jüdische Fabrikmedizin 〃 ", in: Hendrik van den Bussche (Hg.), *Anfälligkeit und Resistenz,* Berlin・Hamburg 1990, S.23-54（以下、Deutsche Heilkunde と略記）；ヴァルター・ヴトケ-グローネベルク「撃破の力、忍耐の力」フーベルト・カンツィク編、池田・浅野監訳『ヴァイマル共和国の宗教史と精神史』お茶の水書房、1993年、393-426頁（史料不十分の指摘は407頁）。
5) Robert Jütte, *Geschichte der Alternativen Medizin*（以下、*Alternativen* と略記), München 1996, S.44-46; Lars Endrik Sievert, *Naturheilkunde und Medizinethik im Nationalsozialismus,* Frankfurt a.M.1996; Martin Dinges (Hg.), *Medizinkritische Bewegungen im Deutschen Reich (ca.1870-ca.1933),* Stuttgart 1996.
6) 服部伸「医師資格の制度と機能」望田幸男編『近代ドイツ＝「資格社会」の制度と機能』名古屋大学出版会、1994年、199－236頁（以下、「医師資格」と略記）；同『ドイツ「素人医師」団』講談社選書メチエ、1997年（以下、『素人医師』と略記。ナチス時代については19-20頁）；同「治療師の養成・資格制度」望田幸男編『近代ドイツ＝資格社会の展開』名古屋大学出版会、2003年、108－140頁（以下、「治療師」と略記。ナチス時代については132－133頁）；同『近代医学の光と影』山川出版社、2004年（以下『近代医学』と略記）。
7) Diethart Krebs/Jürgen Reulecke (Hg.), *Handbuch der deutschen*

第11章　ヴァイマル共和国とナチス時代における自然治癒医療の一側面

Reformbewegungen 1880-1933, Wuppertal 1998, S.83. 服部「治療師」によれば、戦後西ドイツにおいては、一部条項の廃止を伴いつつナチス時代の「治療師法」がそのまま継続された（134頁）。

8) Alternative Medizin — Was sie wirklich kann, in: *stern* NR.3 (8.1.2004), S.51.

9) Jütte, *Alternativen,* S.23-35. ロマン主義医学については、川喜田愛郎『近代医学の史的基盤』（下）、岩波書店、1977年、578-594頁参照。

10) 拙稿「ドイツにおける女性の大学教育の開始と急増、危機」『大学論集』29、1999年、210頁。

11) Jütte, *Alternativen,* S.23-27; 川喜田（下）、594-597頁、服部『近代医学』、46-53頁。

12) 服部『素人医師』、121頁以下。

13) Cornelia Regin, *Selbsthilfe und Gesundheitspolitik. Die Naturheilbewegung im Kaisereich (1889 bis 1914),* Stuttgart 1995, S.45-85.

14) *Ebd.,* S.290-334, 453.

15) Krebs u.a. (Hg.), S.81f.

16) Jütte, *Alternativen,* S.21.

17) 参照、拙著『若き教養市民層とナチズム』名古屋大学出版会、1996年、47-48頁、竹中亨『帰依する世紀末』ミネルヴァ書房、2004年。

18) Jütte, *Alternativen,* S.55-63.

19) Anne Harrington, *Reenchanted Science. Holism in German Culture from Wilhelm II to Hitler,* Princeton 1996, pp.188-193.

20) Christopher Lawrencer/George Weisz, *Greater than Parts. Holism in Biomedicine 1920-1950,* New York/Oxford 1998, p.7.

21) 『ニーチェ全集　4　反時代的考察』ちくま学芸文庫、1993年、207頁（原著：1873－76）。

22) 参照、拙稿「改革教育学運動とナチズム」『静岡英和女学院短期大学紀要』29、1997年。

23) A. アドラー、岸見一郎訳・野田俊作監訳『個人心理学講義』一光社、1996年、254-257頁。

24) 参照、拙稿「『教育の限界』論争とナチ教員同盟の思想」宮田光雄・柳父圀近編『ナチ・ドイツの政治思想』創文社、2002年、141-178頁（グリーゼバッハの発言は、148頁）。

25) 参照、拙稿「『医の既存世界』を越える『女性個人の身体』論」望田・田村編『身体と医療の教育社会史』昭和堂、2003年、286-312頁。

26) 参照、Franz Walter, *Sozialistische Akademiker-und Intellektuellerorga-*

nisationen in der Weimarer Republik, Bonn 1990, S.131ff. 1928年に850人、32年に1500人の医師が所属し、その50％は社会民主党所属、20％は共産党所属、他は無党派であった。

27) ヴトケ‐グローネベルク、395-401頁、プロス、8-11頁。
28) Beate Waigand, *Antisemitismus auf Abruf,* Frankfurt am Main 2001, S.70.
29) Jütte, *Alternativen,* S.44.
30) ヴトケ‐グローネベルク、407-416頁。
31) Marina Lienert, "Naturheilkunde ist keine Wissenschaft?", in: Dinges, S.59-78.
32) Michel Tehs, *Erwin Liek: Weltanschauungen und Standespolitik,* Frankfurt/M. 1994, S.22.
33) Erwin Liek, *Der Arzt und seine Sendung,* München 1926, S.94 zitiert nach Tehs,S.114.
34) Liek,S.26-85.
35) Ders., *Das Wunder der Heilkunde,* München 1930, S.157.
36) Jütte, *Alternativen,* S.45.
37) Waigand, S.39-58.
38) 参照、拙稿「女性の大学教育」213－217頁、拙著、304－388頁。
39) W.Benz (Hg.), *Die Juden in Deutschland 1933-1945,* München 1996, S.282-288; R.Jütte, *Geschichte der deutschen Ärzteschaft*（以下、*Ärzteschaft* と略記),Köln 1997, S.151, 拙稿「ナチス時代の女性医師の状況・思想・仕事」『佐賀大学文化教育学部研究論文集』6-2、2002年、176-178頁。
40) Reichsministerium des Innern In Vertretung gez. Pfundtner, in: *Ärztliche Mitteilungen* 34. Jg., Nr.19, 13. Mai 1933, S.415; さらに参照、木畑「民族」、170-172頁。
41) Dr.Wagner, Aufruf an die deutsche Ärzte,in: *Ärztliche Mitteilungen* 34.Jg.Nr.19, 13. Mai 1933, S.415.
42) Dr.med.Haedenkamp, Der Arzt im neuen Staate, in: *Ebd.,* 34. Jg.Nr.15,15.Apr.1933,S. 333.
43) Sievert, S.149ff.; Harrington,pp.181-186.
44) Wir wollen eine Deutsche Heilkunde,in: *Die Weiße Fahne* 14(1933), S.354-357 zitiert nach Wuttke-Groneberg, *Medizin,* S.142ff.
45) Sievert, S.149ff.; Harrington, pp.181-186. ケッチャウなどの新ドイツ治療学の推奨者が戦後「全体医学」を主張して蘇ったこと、ネオ・ナチとも関係があったことについては、参照、Jütte, *Alternativen,* S.57-62.

第11章　ヴァイマル共和国とナチス時代における自然治癒医療の一側面

46) *Der Jungarzt* (*Zeitschrift der deutschen Mediziner*), 1.Jg.(1933) として発行されていたものが、1935年夏学期号（4.Folge, S.S.1935, H.11/Apr.1935）から、サブタイトルに「ドイツ学生団の公的機関誌（*Amtliche Organ der deutschen Studentenschaft*）」を併記するようになった。
47) 参照、Wuttke-Groneberg, *Medizin,* S.187;Ders., Deutsches Heilkunde, S.33-37; Sievert, S.149ff.; 木畑「第三帝国」；R.N. プロクター、宮崎尊訳『健康帝国ナチス』草思社、2003年、藤原辰史『ナチス・ドイツの有機農業』柏書房、2005年。
48) 木畑「第三帝国」、182−183頁、Jütte, *Ärzteschaft,* S.182.
49) 参照、芝、182頁、186頁以下。
50) Ein neues Gesetz, in: *Der Jungarzt,* 6.Jg., H.7, März 1939, S.249ff.; Gesetz über die berufsmäßige Ausübung der Heilkunde ohne Bestallung (Heilpraktikergesetz), in: *Ebd.,* S.252f.
51) 木畑「民族」においては、内務省や旧来の専門家は、自然療法の大学カリキュラムへの介入を排除するためにこれを作成し「民間療法の自由にピリオド」を打った、と評価されている（176頁）。
52) 参照、田村栄子「『ナチズムと近代』再考」『歴史評論』645、2004年１月。

あ と が き

　本論集は、平成13年度から3か年の間、日本学術振興会の科学研究費補助金を得ておこなわれた共同研究「近代欧米における個と共同性の関係史の総合的研究」（基盤研究Ｂ（１）、研究課題番号13410113）の成果の一部をとりまとめたものである。ここに、研究会のメンバーと研究活動の記録を書き留めておく。

平成13年度
第1回研究会　6月16・17日（広島市、広島大学東千田キャンパス）
・高田　実「近代イギリスの福祉における個・アソシエーション・国家」
・田村栄子「ヴァイマル共和国における＜個＞と＜共同性＞の関係史の一側面―改革教育学系教育運動と心理学のなかの一例」
・楢原　茂「フランスにおけるアソシエーション史研究の現状―19世紀農村社会史の視角から」
第2回研究会　8月23・24日（東広島市、広島大学）
・前野弘志「古代ギリシアにおける碑文建立と民主政」
・山代宏道「中世イングランドにおける＜個＞と＜共同性＞―宗教的視点から」
・佐藤眞典「中世イタリアにおける＜個人＞＜公共性＞＜国家＞」
・山田園子「ジョン・ロック『寛容論』（1667）四手稿における非国教徒観の変遷」
・友田卓爾「現今の＜市民社会論＞の問題関心とイギリスの社会改革の動向について」
・岡本　明「フランス革命と市民的公共圏」
・長田浩彰「ナチ第三帝国における＜個＞と＜共同性＞の関係史の一側面」

- 中野博文「20世紀アメリカにおける自由主義の伝統」

第3回研究会　12月15・16日（北九州市、北九州市立大学）
- 野嶌一郎「17世紀イギリス政治思想史における＜公共性＞の問題」
- 井内太郎「租税国家論の射程―個と共同性の関係史の構築の試み」
- 岡本　勝「アメリカにおけるテンペランス運動と市民社会」
- 田中　優「三月前期プロイセン官僚と結社―労働階級福祉中央協会を中心にして」
- 安原義仁「チュートリアル・クラス運動における＜個＞と＜共同性＞の関係をめぐって」
- 松塚俊三「『歴史のなかの教師―近代イギリスの国家と民衆文化』について」
- 東田雅博「帝国、女性、公共圏」
- 加藤克夫「マイノリティと＜公共圏＞の拡大―19世紀ユダヤ系フランス人の＜同化＞と反ユダヤ主義」
- 久木尚志「1911年ウェールズにおける反ユダヤ人暴動」

平成14年度

第4回研究会　7月20・21日（東広島市、広島大学）
- 槙原茂著『近代フランス農村の変貌―アソシアシオンの社会史―』（刀水書房2002年）の合評会

第5回研究会　10月12・13日（東広島市、広島大学）
- 前野弘志「名誉の共同体―碑文建立と民主政―」
- 山代宏道「中世イングランドにおける個と共同性―イースト・アングリアの事例から」
- 佐藤眞典「中世都市からルネサンス都市への移行に見る共同性と個―ブルーニの『フィレンツェ市賛美演説』とアリスティーデスの『パンアテナイコス』―」
- 友田卓爾「イギリス革命期請願運動にみる個と共同性」
- 山田園子「ジョン・ロック『寛容論』（1667-75年）の課題と背景」

あとがき

第6回研究会　12月21・22日：（松江市、島根大学）
・井内太郎「近世イギリスにおける課税の政治学―合法性、公平性、自立性―」
・岡本　明「公共圏の狭隘化―フランス総裁政府から統領政府・帝政期の個人・市民・公共社会（1795-1815）―」
・高田　実「イギリス近代の福祉における個・中間団体・国家」

平成15年度

第7回研究会　9月5・6・7日（東広島市、広島大学）
・野嶌一郎「17世紀イギリスにおける＜公共性＞概念の転換」
・岡本　勝「アメリカ植民地社会におけるタヴァン―共同性を育む自由な活動の空間―」
・樌原　茂「アソシアシオン論のスペクトル」
・加藤克夫「フランス・ユダヤ人の＜同化＞と二重のアイデンティティ」
・田中　優「ドイツ帝国建設期の社会政策の一特質―労働者保護と共同性―」
・東田雅博「帝国・公共圏・女性―イザベラ・バードとリトル夫人の場合―」
・安原義仁「オックスフォード最初のチュートリアル・クラス奨学生をめぐって―個人の上昇か集団としての向上か―」
・中野博文「革新主義期アメリカにおける公共性の転換」

第8回研究会　12月20・21日（福岡市、福岡大学）
・田村栄子「ヴァイマル共和国における＜医学の危機＞のなかの＜個＞と＜共同体＞」
・長田浩彰「共同性に引き裂かれる個―第三帝国下のユダヤ人キリスト教徒の事例を通じて」
・松塚俊三「19世紀のイギリス社会と民衆の政治文化」
・久木尚志「1911年カーディフ港湾争議」

　共同研究会はこのように多彩な顔ぶれであったので、同一の研究領域の専門家集団にはない「味わい」があった。「一つにまとまる」というより

も、「いろいろある」といった研究会であった。研究会で提示された多様な問題意識や方法論は、既存の枠組に縛られない自由な思考を刺激してくれた。また、研究会が楽しい雰囲気であったのは、適当に混ざり、違うリズム、違う文化で生きる、ある種のチャランポラン性によるものであろう。そうした「個」の持ち味を活かしながら「共同」成果に挑戦したのが本書である。

　諸般の事情から、共同研究を牽引してくれた多くの方々に執筆していただけなかったが、研究会での対話や著書・論文を介した研究交流のおかげで本書は完成した。編者として、ここに厚く謝意を表したい。

　また、本書の刊行にあたり、お力添え下さった渓水社の木村逸司社長に深甚の謝意を表したい。出版事情が厳しい折り、木村氏にいただいた快諾は、何よりも心強い後押しであった。

平成18年2月10日

編者　友田　卓爾

執筆者紹介

友田卓爾　ともだ　たくじ
1943年生まれ。広島大学総合科学部教授
主要著書・論文：『レベラー運動の研究』（渓水社　2000）、「イギリス革命初期における民衆の政治化と国王・議会の危機意識―ホワイトロック『メモリアルズ』にみる革命的危機」（山代宏道編『危機をめぐる歴史学―西洋史の事例研究』刀水書房 2002）、「イギリス革命におけるニュース報道と職人ウォリントン」（『地域文化研究（広島大学総合科学部紀要Ⅰ）』31巻　2005）

井内太郎　いない　たろう
1959年生まれ。広島大学大学院文学研究科助教授
主要論文：「近世イギリスにおける国家と社会―10分1税・15分1税の課税問題を中心として」（佐藤眞典先生御退職記念論集準備会編『歴史家のパレット』渓水社 2005）、「16世紀半ばイングランドの財政危機と財政改革の理念」（『広島大学大学院文学研究科論集』65巻特輯号　2005）、「エリザベスⅠ世治世期における国家財政運営と財政的ナショナリズム」（『西洋史学報』33号　2006）

山田園子　やまだ　そのこ
1954年生まれ。広島大学大学院社会科学研究科教授
主要著書・論文：『イギリス革命の宗教思想』（御茶の水書房　1994）、『イギリス革命とアルミニウス主義』（聖学院大学出版会 1997）、「トレヴァ＝ローパーと『虚構のスペクトル解体』」（岩井淳・大西晴樹編『イギリス革命論の軌跡』蒼天社出版　2005）

岡本　勝　おかもと　まさる
1951年生まれ。広島大学総合科学部教授
主要著書・論文：『アメリカ禁酒運動の軌跡―植民地時代から全国禁酒法まで』（ミネルヴァ書房　1994）、『禁酒法―「酒のない社会」の実験』（講談社　1996）、「アメリカ合衆国における初期反タバコ運動―社会文化的秩序の維持をめざして」（『地域文化研究（広島大学総合科学部紀要Ⅰ）』30巻　2004）

東田雅博　とうだ　まさひろ
1948年生まれ。金沢大学文学部教授
主要著書：『大英帝国のアジア・イメージ』（ミネルヴァ書房　1996）、『図像のなかの中国と日本　ヴィクトリア朝のオリエント幻想』（山川出版社　1998）、『纏足の発見　ある英国女性と清末の中国』（大修館書店　2004）

安原義仁　やすはら　よしひと
1948年生まれ。広島大学大学院教育学研究科教授
主要著書・訳書：『エリート教育』（共著、ミネルヴァ書房　2001）、M. サンダーソン『イギリスの大学改革1809-1914』（翻訳、玉川大学出版部　2003）、『国家・共同体・教師の戦略―教師の比較社会史』（共編著、昭和堂　2006）

久木尚志　ひさき　ひさし
1962年生まれ。北九州市立大学外国語学部教授
主要著書・論文：『たたかう民衆の世界』（共編著、彩流社　2005）、「世紀転換期ウェールズにおけるペンリン争議」（『社会政策学会会誌』3号　2000）、"The Penrhyn Slate Quarry Disputes: A Reappraisal"（『北九州市立大学外国語学部紀要』114号　2005）

岡本　明　おかもと　あきら
1943年生まれ。広島大学大学院文学研究科教授
主要著書・論文：『ナポレオン体制への道』（ミネルヴァ書房　1992）、「近代公共圏の法と初期政治秩序―1789年人権宣言から総裁政府まで」「ナポレオン国家と公共圏」（安藤隆穂編『フランス革命と公共性』名古屋大学出版会　2003）、「日仏絶対王政確立期の類比的研究」（『文化交流史―比較プロジェクト研究センター報告集』創刊号　2004）

加藤克夫　かとう　かつお
1945年生まれ。島根大学法文学部教授
主要論文：「フランス革命前のユダヤ人解放論―『二つの解放の道』を中心に」（『立命館文学』558号　1999）、「『異邦人』から『国民』へ―大革命とユダヤ人解放」（服部春彦・谷川稔編『フランス史からの問い』山川出版社　2000）、「第一帝政とフランス・ユダヤ人―『同化』イデオロギーと長老会体制の確立」（『社会システム論集（島根大学法文学部）』8号　2003）

田中　優　たなか　まさる
1945年生まれ。岡山大学教育学部教授
主要論文：「保守主義者の社会秩序観に関する一考察」（『西洋史学報』28号　2002）、「パウペリスムスと自由主義者」（『研究紀要（鳴門教育大学）』17巻　2002）、「官吏と労働階級福祉中央協会―三月前期プロイセンにおける支配の一特質」（『西洋史学』207号　2002）

田村栄子　たむら　えいこ
1942年生まれ。佐賀大学文化教育学部教授
主要著書・論文：『若き教養市民層とナチズム』（名古屋大学出版会　1996）、「『教育の限界』論争とナチ教員同盟の思想」（宮田光雄・柳生圀近編『ナチ・ドイツの政治思想』創文社　2002）、『身体と医療の教育社会史』（共編著、昭和堂　2003）

西洋近代における個と共同性

2006年3月10日　発　行

編者代表　友　田　卓　爾
発 行 所　株式会社　溪水社
　　　　　広島市中区小町1－4（〒730－0041）
　　　　　電話（082）246－7909／FAX（082）246－7876
　　　　　E-mail:info@keisui.co.jp

ISBN4-87440-916-4　C3022